KB066494

호암상 수상자 11인의
수상한 생각

호암상 수상자 11인의 **수상한 생각**

1판 1쇄 발행 2020. 12. 9.
1판 3쇄 발행 2024. 1. 11.

글쓴이 김성훈 백영심 서도호 현택환 오준호 이동한
        김민형 김필립 강수진 김영기 승현준
인터뷰 우종학

저작권자 ⓒ 호암재단

발행인 박강휘 고세규
편집 김인애 강미선 디자인 이경희 마케팅 이철주
발행처 김영사
등록 1979년 5월 17일 (제406-2003-036호)
주소 경기도 파주시 문발로 197(문발동) 우편번호 10881
전화 마케팅부 031)955-3100, 편집부 031)955-3200 | 팩스 031)955-3111

이 책에 나온 사진은 글쓴이 또는 저작권자에게 제공받은 것입니다.
이 책은 저작권법에 의해 보호를 받는 저작물이므로
저자와 출판사의 허락 없이 내용의 일부를 인용하거나 발췌하는 것을 금합니다.

값은 뒤표지에 있습니다.
ISBN 978-89-349-9263-9 03040

홈페이지 www.gimmyoung.com   블로그 blog.naver.com/gybook
페이스북 facebook.com/gybooks   이메일 bestbook@gimmyoung.com

좋은 독자가 좋은 책을 만듭니다.
김영사는 독자 여러분의 의견에 항상 귀 기울이고 있습니다.

이 도서의 국립중앙도서관 출판시도서목록(CIP)은 서지정보유통지원시스템 홈페이지
(http://seoji.nl.go.kr)와 국가자료공동목록시스템(http://www.nl.go.kr/kolisnet)에서
이용하실 수 있습니다.(CIP제어번호 : CIP2020037626)

호암상 수상자 11인의

수상한 생각

김성훈
백영심
서도호
현택환
오준호
이동한
김민형
김필립
강수진
김영기
승현준

인터뷰 **우종학**

김영사

차례

2015 Ho-Am Prize Laureate in Medicine

암치료의 패러다임을 바꾼 발견

김
성
훈
—

의학

어떤 일을 재미로 하는 사람은 아마추어입니다.

재미를 넘어 극기의 고통을 감내하는 것이 프로입니다.

1958년 서울 출생

1981년 서울대학교 약학과 학사

1991년 미국 브라운대학교 분자유전학 및 생화학 박사

1991년~1994년 미국 MIT 연구원

2001년~2020년 서울대학교 약학대학 및 융합기술대학원 교수

2010년~현재 과학기술정보통신부 글로벌프런티어사업 의약바이오 컨버전스연구단 단장

2015년 호암의학상 수상

2020년~현재 연세대학교 언더우드 특훈교수

단백질합성효소를 활용한 새로운 암치료의 방법을 연구해, 난관에 봉착한 암의 이해와 치료에 새로운 시각과 가능성을 제시한 과학자.

 김성훈 박사는 아미노아실-tRNA-합성효소Aminoacyl-tRNA Synthetase가 주관하는 생리적 기능들을 규명함으로써 새로운 연구영역을 개척했다. 그는 이 효소들이 단백질합성의 역할을 넘어 인체의 전반적인 생리 기능을 조절하는 마스터 역할을 할 것이라는 가설을 제안했다. 그리고 지난 20여 년간 다양한 연구를 통해 이를 지속적으로 입증함으로써 학계의 회의적인 시각을 극복하고 ARS에 대한 새로운 생리적 기능을 정립하는 데 성공했다. 또한 거기에서 그치지 않고 ARS를 활용한 새로운 암치료 방법을 연구해왔다. 그의 발견들은 다수의 기업에 기술 이전이 되어 혁신적 항암제 개발을 위한 다양한 연구 토대를 제공하고 있다.

코로나19 바이러스와 암

암이 무엇인지 쉽게 설명하기 위해 암을 코로나19 바이러스에 빗대어 설명해보겠습니다. 코로나19 바이러스는 걸린 사람의 행적이나 먹은 음식물, 접촉한 사람을 역학조사하면 언제 어떤 경로로 걸렸는지 알 수 있습니다. 하지만 암은 추적이 안 됩니다. 암이 어느 날 갑자기 우리 몸에서 자라고 있을 수도 있다는 말이죠. 끔찍한 일입니다.

암에 걸렸어도 초기에는 한참이나 증상이 없을 수 있어요. 대부분의 암이 우리 몸에서 아군으로 일하던 세포가 적군이 된 경우인데, 아군과 거의 비슷하게 생겨서 우리 몸이 초기에는 잘 인지하지 못하는 거죠. 그렇기 때문에 증세가 나타나 병원에 가면 보통 암 3~4기인 경우가 많습니다. 암 자체가 특별히 무섭다기보다, 이런 식으로 암을 굉장히 늦은 단계에서 발견해 치료가 어렵다는 것이 암이 무서운 진짜 이유죠. 암에 걸렸다고 진단받는 순간은 치료를 위해 선택할 수 있는 방법이 거의 없을 때예요. 심지어 환자가 의학적인 치료를 받는다고 해도, 암세포는 또 다른 방법으로 치료를 회피합니다.

암세포만 치료를 회피할 수단이 있는 건 아니에요. 코로나 바이러스는 메르스에서도 발견되었고, 그전에는 사스에서도 나왔어요. 그리고 지금 유행하는 코로나19 바이러스도 마찬가지죠. 전 세계를 휩쓴 감염병이 모두 같은 코로나 바이러스에서 시작된 건데 해마다 다른 속도와 증상으로 퍼지는 이유는 바이러스가 계속 변화하면서 치료를 회피하기 때문입니다.

암 초기에는 치료제가 잘 들을 수 있어요. 그런데 암세포는 조금 있으면 그 치료제에 대응할 방법을 준비해서 내놓아요. 하지만 임상학적으로 암에는 작용 기전이 다른 약을 두 번 이상 쓰기 어렵습니다. 즉 암은 변신할 수 있는 경로가 너무 많은 것에 비해, 우리가 암을 죽일 수 있는 방법은 한정되어 있다는 말입니다. 결국 마지막에 다다르면 사람이 할 수 있는 일이 없어요. 그러면 그때부터 죽음을 준비할 수밖에 없죠.

정리하자면 암은 계속 진화하는 무빙 타깃, 즉 움직이는 표적이고 초기증상이 없으며, 원인이 몸속에 있는 병이라는 특성이 있습니다. 이런 특성이 암치료를 어렵게 만듭니다.

1세대부터 4세대까지
암치료는 어떻게 발전되어왔는가

암치료의 발전과정을 간단히 설명해보겠습니다. 암은 물론 옛날에도 있었겠죠. 그러나 지금보다 위생 상태가 좋지 않았던 옛날에는 암보다 다른 여러 가지 사고와 병으로 죽는 경우가 많았어요. 사람의 평균수명이 30~40세일 때는 암으로 죽는 사람이 거의 없었다고 봐야 합니다. 암에 걸리기 전에 이미 사망했을 테니까요. 치매나 암, 여러 심혈관계 질환은 인간의 평균수명이 늘어나면서 얻게 된 질병입니다.

모든 의학적 치료가 1세대, 2세대가 있듯이 암도 마찬가지입니다. 암치료에 획기적인 발전이 몇 번 있었습니다.

1세대 항암제로 불리는 화학항암제는 제2차세계대전이 한창이던 1940년대 초반, 독일군이 사용한 신경독성가스에서 유래했어요. 이 독성가스 성분이 세포분열을 억제한다는 사실이 밝혀지면서 항암제로 탈바꿈한 거죠. 그런데 이 항암치료는 적군이든 아군이든 가리지 않고 무차별 폭격을 가하는 방식과 같았어요. 독성이 암세포만 공격하는 것이 아니라 정상세포까지 공격하는 거죠. 빠르게 분열하는 정상세포와 면역세포까지 공격의 대상이 되면서 부작용도 심하고 체력이 끝까지 버텨주지 못하면 암치료효과를 얻기 어려웠습니다. 우리가 흔히 암 환자라고 하면 머리카락이 빠지고 구토와 위장장애를 겪는 사람을 떠올리잖아요. 그런 모습이 1세대 항암치료의 극심한 부작용입니다. 항암제는 심지어 중요한 면역 기능마저 떨어뜨리는 역효과를 낳았습니다.

암치료를 위해 보다 정밀한 목표물을 찾는 소위 '표적치료제'가 바로 2세대입니다. 다국적 제약사인 노바티스가 1999년에 글리벡이라는 만성골수성백혈병 치료제를 개발했습니다. 암 유전자가 암 단백질을 활성화시켜 증식하는데, 이를 하지 못하도록 만드는 원리였습니다. 어떤 이유로 암에 걸렸는지 정확하게 찾아서 보다 정밀하게 치료하는 방식이었는데, 이전 항암제와 달리 정상적인 세포들은 공격하지 않고 암세포만 공격했어요. 그러한 이유로 글리벡은 '마법의 탄환'으로 불리기도 했습니다.

그런데 이 표적치료제도 한계가 있습니다. 예를 들어서 네 명의 폐암환자가 있을 때, 어떤 환자는 담배를 많이 피우지만 어떤 환자는 담배 근처에도 안 간 사람이었어요. 또 어떤 환자는 매연이 많은 공장에서 일한 사람이고, 어떤 환자는 숲에서 일하는 사람이었죠. 모두 폐암환자이지만 각기 다른 요인으로 암에 걸렸고, 결국 그 요인을 찾아 공격하려면 네 명의 환자에게 적합한 약이 필요했어요. 치료가 정밀해질수록 약의 적용 범위는 좁아졌습니다. 다시 말해서, 유전적으로 이

질적인 복잡성을 띠는 내 몸속의 암을 정밀한 약으로 죽인다고 해도, 일부는 계속 남아 있는 거예요. 내가 암에 걸린 요인이 한 가지가 아닐 수도 있고 한 가지 암에서 시작하더라도 암이 진행하면서 이질성이 생기기 때문입니다.

그래서 이 약이 잘 듣는 특정한 암세포는 죽어나가지만, 그렇지 않은 암세포는 죽지 않고 기다리고 있다가 또다시 성장해요. 이런 정밀치료법의 전형적인 특징은 초기 암 환자에게 효과가 좋다는 겁니다. 환자도 덜 괴롭죠. 하지만 암이 낫는 듯하다 재발하면 다음에는 선택할 약이 많지 않습니다.

제약회사는 새로운 정밀한 약을 개발하고, 이 약에 대한 내성이 생기면 또 다른 약을 개발했어요. 그러면서 2세대, 3세대 약이 나왔지만 비슷한 상황이 반복되면서 암과 끝이 없는 싸움을 하고 있습니다.

면역치료는 암과의 전쟁을
승리로 이끌 것인가

그러다 2018년 10월, 혼조 다스쿠本庶 佑° 일본 교토대학교 명예교수의 면역치료가 나왔습니다. 세대로 보자면 4세대라고 말해요. 혼조 다스쿠 교수의 면역치료를 쉽게 설명해볼게요. 암세포는 정말 교활해요. 암세포는 우리 몸속의 면역세포를 자기편으로 만드는데, 면역

● 　면역세포의 암치료 능력을 높이는 항암제의 원리를 규명하여 미국의 제임스 앨리슨 James P. Allison과 함께 2018년 노벨생리의학상을 수상한 의사과학자이자 면역학자이다.

세포가 근처에 오면 "야야! 너 가만있어봐. 날 죽이면 안 돼. 내가 네 친구거든" 이렇게 설득을 해요. 그래서 암세포를 죽이러 간 면역세포가 "아! 얘네 좋은 애들이었네" 하면서 정신을 잃고 암을 죽이기는커녕 도와주고 와요. 그런데 이 면역치료의 핵심은 암세포와 면역세포의 대화를 막은 것이었어요. 면역세포가 암세포에 속지 않도록 만들어준 거죠. 혼조 다스쿠 교수가 이 원리를 처음 발견한 것은 아니에요. 면역치료는 사실 그 이전부터 수십 년 동안 시도하고 끝없이 실패해왔던 치료방법이에요. 그런데 혼조 다스쿠 교수가 결국 원리 규명에 성공하면서 노벨생리의학상을 받은 것입니다.

면역치료의 장점은 말 그대로 우리 몸의 면역력을 높이는 치료입니다. 코로나19 바이러스의 사례를 볼까요? 감염된 사람들 모두가 사망하는 것이 아니라 일부만 사망하잖아요? 같은 이야기입니다. 내 몸이 강하면 병원균이든 암이든 면역으로 막아낼 수 있어요. 면역치료는 우리의 면역력을 강화해주는 치료법이죠. 이렇게 면역력이 높아지면 원인이 무엇이든, 어떤 암이든 잡을 수 있습니다. 실제로 이 약은 어떤 환자들에게는 기적적으로 잘 듣습니다. 완치에 가까울 정도로요. 약의 부작용도 굉장히 적습니다. 지금은 전 세계의 항암치료가 면역치료로 급격히 바뀌고 있어요. 암과의 전쟁은 50년 이상이나 실패로 이어졌는데, 지금은 감히 '승리에 가깝다'고 선언할 수 있는 희망적인 상태에 이른 거죠. 물론 저는 이 말에 100퍼센트 동의하지는 않습니다.

이 약은 아직도 20~30퍼센트의 암환자에게만 좋은 효과를 나타냅니다. 또한 치료제 가격이 매우 비쌉니다. 환자가 면역치료로 효과를 볼 수 있을지 없을지 모르는 상황에서 면역치료제를 투여하기에

"새롭고 혁신적인 아이디어는
간절하고 절박한 상황에서 나옵니다."

는 효과나 비용 면에서 굉장히 큰 모험일 수밖에 없습니다. 그래서 이 면역치료제의 적용 범위를 넓히는 기술이 또 필요합니다.

아무도 관심 갖지 않던 단백질합성효소를
끈질기게 연구한 과학자

제가 호암의학상을 받았지만, 저도 제 연구분야를 정확하게 정의하지 못합니다. 저는 기초과학과 의학의 중간에 있어요. 암으로 상을 받았지만 사실 암만 연구하는 건 아니에요. 제 중심 연구주제는 일반적으로 기초과학에 가깝습니다.

'생명의 중심원리'라는 말 들어보셨나요? 센트럴도그마Central Dogma•라고도 불립니다. 이제는 거의 상식처럼 된 이야기인데, DNA라는 물질에 우리의 모든 유전정보가 들어 있죠. 그런데 유전 정보가 DNA에서 RNARibonucleic Acid로, 그리고 다시 단백질까지 이어질 때 유전자 암호를 단백질로 번역해주는 효소가 있어요. 쉽게 말하면 RNA에 저장된 DNA 정보가 단백질로 옮겨지는 걸 돕는 효소인 거죠. 저는 이 효소들을 연구합니다. 바로 단백질합성효소Aminoacyl-tRNA Synthetase입니다. 줄여서 ARS라고 부릅니다. 이 효소는 꽤 영리해서 우리 몸에서 어떤 일이 일어났는지 모두 알고 있어요.

생명현상의 중심에 있는 ARS가 언제 얼마만큼의 단백질을 만들어

• 분자생물학분야의 중요한 개념으로, 생명체 DNA의 유전정보는 RNA를 거쳐 단백질로 전달되며, 그 반대 방향으로는 전달되지 않는다는 원리다.

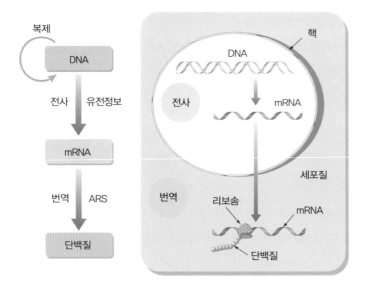

유전물질인 DNA에 담긴 유전정보는 복제, 전사, 번역 세 단계를 거친다. DNA가 동일한 DNA를 만들어내는 과정을 복제라고 한다. DNA에서 RNA가 만들어지는 과정을 전사, 그리고 RNA에서 단백질이 합성되는 과정을 번역이라고 한다.

야 하는지 모르면 안 되잖아요? 그래서 살펴보니 ARS에 몸속 생리현상을 감시하고 조절하는 장치가 있더라고요. 그걸 발견하고 연구한 지 30년 가까이 됐어요. 다행히 이 분야가 이제는 새로운 연구 필드가 되었죠.

암세포의 가장 일반적인 특징이 빨리 자란다는 겁니다. 우리 몸에서 암세포에 제동을 걸어도 "아니야, 나는 계속 자랄 거야"라면서 반항을 해요. 암세포가 계속 성장하는 데 가장 필요한 물질이 단백질과 에너지입니다. 암은 에너지를 사용해서 단백질을 만들어야 하거든요.

저는 우리 몸에서 두 가지 과정을 주관하는 효소가 틀림없이 암세포가 자라는 데 어떤 역할을 할 수밖에 없다고 생각했습니다. 이렇게 단백질합성에 대해서 연구하다 보니, 자연스럽게 암을 연구하게 됐어요. 이 효소를 이용하여 암을 치료할 수 있는 방법을 찾을 수도 있겠다 싶었던 거죠.

당연해 보이는 것도
의심하라

유전자 암호는 4개의 염기가 3개씩 조합되어 만들어지는데, 모두 64개로 구성되어 있습니다. 단백질은 주로 20개의 아미노산으로 만들어집니다. 유전자 암호와 단백질, 두 물질세계 사이에 서로의 단어를 통역할 누군가 있어야 유전자 정보를 인식하고 단백질로 정확하게 전달할 수 있어요. ARS가 그 통역가입니다.

우리나라 대통령과 미국 대통령이 대화하는 상황을 떠올려보세요. 뒤에 통역가가 배석해서 이야기를 주고받잖아요. 그런데 대통령의 말을 기계적으로 전달하는 것과 분위기를 봐가면서 전달하는 건 많은 차이가 있겠죠. 많은 과학자가 생명의 중심원리, DNA에서 RNA, 그리고 단백질로 이어지는 과정에서 ARS는 유전자 암호를 따라 단백질을 만드는 일만 한다고 믿었어요. 저는 '생명의 중심축에서 일하는 ARS가 정말 DNA가 시키는 일만 할까?'라는 의심을 했어요. 그리고 여러 생리적 상황에 따라 단백질을 그만 만들라거나, 에너지를 더 가져 오라거나, 세포를 죽여야 한다거나 하는 식으로 ARS도 분위기를 파악할 수 있는 기능이 있다는 가설을 세웠어요.

기계적으로 시키는 일만 할 거라고 생각했던 ARS가 알고 보니 굉장히 영리했습니다. 수동적으로 일하기보다 적극적으로 일하는 녀석이었던 거예요. 조금 더 설명하자면, ARS는 센트럴도그마의 과정을 조절하거나 다양한 생리적 환경과 연결하는 일을 하고 있었습니다. 이렇게 하는 일이 다양하다 보니 이들의 기능이 잘못되면 질병이 생길 수 있다고 생각했어요. 그러면 반대로 질병을 만들었으니 고치는 방법도 여기서 나오겠죠. 원래 센트럴도그마에 관여하는 효소들은 기능이 매우 중요하다 보니, 약을 만드는 연구에서 다루기는 만만치 않은 대상입니다. 그런데 저는 이 고정관념을 반대로 생각한 거예요. 치료는 여기서부터 나와야 한다고 생각했습니다. 바로 거기에서 저의 많은 연구가 시작되고 진행되고 있죠.

혁신적인 아이디어는
간절함에서 나온다

생물학에서는 이런 ARS와 같이 모든 세포가 공통적으로 필요로 하는 중요한 일을 매일같이 수행하는 효소를 일컬어 '하우스키핑House-keeping 효소'라고 합니다. 하우스키핑이란 단어는 '집안일, 집안을 돌보는 일'을 뜻하잖아요. 생물학에서는 이런 효소들이 매우 지루한 일을 한다고 생각합니다.

그런데 저는 하우스키핑이 하는 일이 가장 활발하고 적극적인 일이라고 생각해요. 우스갯소리지만 하우스키핑이란 단어를 주부의 역할과 비교해봤어요. 많은 사람이 집에만 있으면 지루하고 심심할 거라고 생각하지만, 사실 집에 있는 사람이 제일 바쁘지 않나요? 아이들을 학교에 보내야 하고, 배우자를 돌봐야 하고, 가족의 대소사도 챙겨야 하죠. 이렇게 온갖 일을 하는데 또 뚜렷한 규칙은 보이지 않아요. 전 오히려 이런 점이 ARS와 비슷하다고 생각했습니다.

단백질합성효소, ARS가 그렇게 숨겨진 물질이었어요. 제가 MIT에 있을 때 처음 ARS에 관한 연구를 시작했는데, 당시에 ARS를 주제로 세미나를 열면 청중이 대여섯 명뿐이었어요. 그때 '이 분야는 죽었구나! 잘못 들어왔구나' 생각했죠.

그럼에도 ARS를 계속 연구한 것은 아주 현실적인 이유 때문이에요. 과학자들은 잘 알겠지만 인기가 떨어지는 연구를 하면 직장을 얻는 데도 문제가 있고, 연구비를 얻기도 힘들어요. 그러니까 제게는 살길이 둘 중 하나였어요. 이 분야를 빨리 떠나든지, 이 분야에서 남들이 하지 못하는 것을 찾든지요.

다행인지 불행인지 저는 엉덩이가 무거워요. 떠날 생각은 하지 못했고, 여기서 다른 생각을 해보기로 했습니다. 당시에는 근거가 거의 없었지만 살아야 하기 때문에 다른 생각을 한 거예요.

생각해보면 새롭고 혁신적인 아이디어는 어떤 근거가 있어서 나오는 것이 아니라, 뭔가 간절하고 절박한 상황에서 나오는 것 같아요. 당시 제가 멘토로 삼았던 과학자 중에 지금은 없어진 러시아 국립과학원MEPHI에 레프 키셀레프Lev Kiselev 교수님이 계셨어요. 러시아 과학이 점점 움츠러들 때니까 국제학회에서 연구결과보다 철학적인 강의를 할 때가 종종 있었는데 이런 말씀을 해주셨죠. "ARS가 지금은 이렇게 하우스키핑 효소로만 알려져 있지만 언젠가는 새로운 연구의 세계를 열어줄 것이다."

당시 제가 박사후과정을 하면서 ARS 연구에 대한 답답함이 많을 때였는데 그 소리가 꼭 가뭄의 단비처럼 들렸어요. 그 이후로도 학회에서 자주 만나 이야기하면서 교수님과 서로 통하는 부분이 많다는 걸 알았어요. 특히 효소에 관한 이야기를 많이 나누었는데, 교수님은 항상 열심히 연구해보라고 나중에 무척 흥미로운 분야가 될 거라고 하셨어요. 그 말이 잊히지 않았어요. 어쩌면 살기 위해 교수님의 말에 매달렸는지도 모릅니다. 그 후로 '다르게 생각해야 한다'라는 말만 떠올렸으니까요.

ARS IS ARS

연구를 시작할 때 ARS가 중요한 역할을 할 것이라는 암시가 두세 개 있었습니다. 그중 한 가지는 ARS를 연구하던 프랑스의 그룹에서 나왔습니다. 그때만 하더라도 고등생명체의 ARS는 다루기 어려워서 모두 박테리아의 효소만 가지고 연구했었죠. 그런데 그 그룹이 소와 양의 ARS를 분리해냈어요. 효소를 분리하자, 커다란 단백질의 복합체로 나온다는 사실을 발견했습니다. 사실 단백질합성이라는 알려진 기능만 한다면 서로 뭉쳐 있어야 할 필요가 없거든요. 그것을 보면서 고등생명체에서 ARS가 단백질합성 이상의 일을 하겠구나 생각했습니다.

　또 다른 암시는 고등생명체에서 바이러스에게 공격받은 세포가 인터페론Interferon●을 생산하면 특정 ARS가 수십 배 발현되어 늘어난다는 거예요.

●　　바이러스에 감염된 동물의 세포에서 생산되는 항바이러스성 단백질.

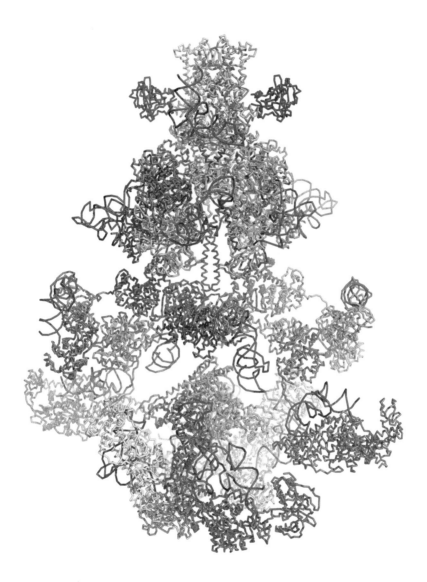

인간의 ARS가 거대한 단백질 복합체를 만들어 단백질합성 활동을 하고 있는 상상도

ARS가 원래 알고 있었던 대로 단백질합성 기능만 수행한다면 이런 현상 역시 나타날 이유가 없습니다. 제 감으로는 이 현상들이 마치 투잡을 하는 주부처럼 보였어요. 주부들 중에서도 사회활동을 적극적으로 하거나 사업을 하는 사람도 있잖아요? ARS의 행동이 마치 그런 주부들처럼 뭔가 숨겨진 생명활동을 하는 것처럼 보였어요. 하지만 근거는 여전히 부족했습니다.

그 시점이 제가 미국에서 한국으로 돌아오는 시점이었어요. 그때가 과학사로는 어떤 시기였냐면, '휴먼 게놈 프로젝트'가 진행될 때였어요. 처음으로 인간의 유전자가 하나씩 오픈되기 시작했지요. 그런데 인간의 ARS를 보니 박테리아 효소와 정말 많이 다른 거예요. 사이즈도 크고 안테나도 달려 있었어요. 마음속으로 빙고를 외쳤습니다. '아! 고등생명체로 갈수록 효소가 진화를 한 거구나. 안테나와 조절장치를 많이 달았구나.'

쉽게 말해 옵션을 많이 단 겁니다. 자동차로 보면 포드 T2에서 람보르기니가 된 거예요.

제가 ARS를 강의할 때, 자율주행자동차가 움직이는 모습을 보여주며 시작할 때가 종종 있어요. 왜냐하면 이 효소가 자율주행자동차와 똑같거든요. 자율주행자동차는 신호에 걸리면 서기도 하고 사람이 보이면 비켜가며 속도를 조절하잖아요. 주변을 스스로 인식하면서 움직이는 거죠. 영어 이름도 ARS Autonomous Response System로 같고요. 그래서 강의 첫 시작에 "ARS IS ARS"라고 말합니다.

ARS가 도대체 인간에게
어떤 도움을 줄까?

초창기 때만 하더라도 제가 제시한 가설을 누구도 믿어주지 않았어요. 너무 힘들어서 몇 번 그만둘까 생각한 적도 있었습니다. 그때마다 생각했어요. '이런 어려움에도 끝까지 가서 결국 무엇인가를 해내고만 과학자들의 정신력은 무엇일까?'

의학에서는 넘어야 할 세 번의 네거티브 반응이 있다고 합니다. 그중 첫 번째는 제 연구 초창기 때 주변 사람들처럼 '그럴 리가 없다'면서 안 믿는 거죠. 계속 거절당했습니다. 그런데 제가 이 장애물을 넘을 수 있게 된 것은 다행스럽게도 이 연구를 우리나라에서 했기 때문입니다. 이 가능성으로 연구 제안서를 제출했더니, 우리나라 연구자들이 굉장히 흥미롭다고 받아들여 '창의적연구진흥사업'으로 선정해준 겁니다.

사실 미국이었으면 가능성이 없었을 겁니다. 미국은 예비 데이터가 충분히 있어야 과제를 줍니다. 그게 굉장히 합리적인 것처럼 보이지만, 저처럼 도발적인 연구는 살길이 없다는 반증이기도 하죠. 한국에서 창의연구 지원을 받고 10년 동안 제 가설을 증명할 수 있는 연구를 할 수 있었어요. 그게 지금도 정말 감사합니다. 창의연구의 결과로 '그럴 리가 없다'는 의문은 풀었어요.

두 번째 네거티브는 이겁니다. 첫 번째 장애물을 다행스럽게도 잘 넘어서 정설로 돌아오면 사람들은 "그건 나도 알고 있었어", "당연한 거 아니야?" 이렇게 말합니다.

세 번째 네거티브는 이겁니다. "그래서 어쨌다고?"

제가 연구하는 분야는 기초 생명과학이기 때문에 당연히 의학적으로 유용해야 합니다. 그래서 저는 또 자연스럽게 다음 단계로 넘어갔습니다. "그렇다면 이 효소가 도대체 인간에게 어떤 도움이 될까?" 이 문제를 풀기 위해서는 연구비가 수십 배 더 있어야 했습니다. 하지만 창의연구가 당시에는 가장 큰 규모의 과제였기 때문에 더는 연구를 키우기가 불가능했습니다. 다시 미국으로 돌아갈까 생각했고, 실제로 2~3년간 미국과 한국을 오가며 연구하기도 했어요.

그런데 때마침 우리나라에 '글로벌프런티어'라는 사업이 생겼습니다. 1년에 100억 정도의 예산을 지원하는 사업인데, 개인연구는 아니지만 제가 그 연구의 책임자가 되어서 수많은 전문가와 함께 기초과학과 의약학을 이어주는 연구를 시작하게 되었습니다. 그 연구과제를 수행하면서 그동안 제가 풀기 어려웠던 두 가지 문제를 풀 수 있었습니다. 하나는 기초연구를 치료제 개발로 이어갈 수 있는 초기 재원이 마련되었다는 것이고, 또 하나는 같이 연구할 수 있는 동료 전문가들을 얻었다는 거죠. 그전까지만 해도 대한민국의 ARS 연구자는 저 혼자뿐이었습니다. 세계무대에서는 늘 혼자였죠. 그런데 이 연구는 그룹연구였어요. 혼자 했던 ARS 연구를 다양한 분야의 대한민국 전문가들과 같이할 수 있게 되었고, 그로 인해 대한민국이 ARS 연구의 세계적 강국이 된 거죠.

편하고 익숙한 환경과 생각에
사로잡히지 마라

저는 제 연구가 사람을 치료하는 데 쓰였으면 좋겠습니다. 다행스럽게도 제 연구는 학술적으로는 정설이 되었고, ARS 연구의 주류가 되었습니다. 20년 전에는 제가 하는 연구에 대해 이야기할 컨퍼런스도 없었는데, 지금은 세계적으로 권위 있는 고든 리서치 컨퍼런스Gordon Research Conferrences에서 우리 주제를 다루게 되었고요. 또 이 분야에선 제 개인적으로나 국가적으로도 세계를 선도하고 있습니다. ARS를 이용해 약을 개발하는 회사도 다수 생겼습니다.

하지만 여전히 숙제가 많습니다. 이것보다 규모가 10배는 더 커져야 임상개발을 할 수 있고, 제 가설이 의학적으로도 유용하다는 것을 입증할 수 있습니다. 세계적으로 함께 임상을 하기 위해서 유럽과 미국도 여러 번 가야 하고요. 우리나라 규모만으로는 어려우니까요. 어쩌면 저는 영원히 배고픈 연구를 할 수밖에 없을지도 모른다는 생각이 듭니다.

또 개인적으로 이런 어려움도 있습니다. 과학적인 발견을 하는 시간은 점점 줄어들고, 임상을 추진하기 위해 연구 외적인 일을 하는 데 보내는 시간이 너무 늘어났다는 거예요. 그게 혼란스럽고 괴로울 때도 많습니다. '잘하고 싶고, 잘할 수 있는 일을 하는 것'과 '그동안 안 해봤지만 어렵게 끌고 온 발견들을 의약학을 통해 사회에 환원하는 일', 이 두 가지 일 중에 저는 당연히 첫 번째 일을 하고 싶어요. 제가 행복한 일이니까요. 하지만 굳이 이 힘든 일을 선택한 이유는 이 길이 익숙지 않기 때문에 훨씬 더 용기가 필요한 일이라고 생각하기 때문입니다.

저는 어느 환경이든 연구주제든 익숙해지면 불안합니다. 익숙해지면 새로운 생각을 하려는 동기가 사라지고, 편하면 익숙한 생각의 회로에 사로잡히기 쉽기 때문입니다. 한 예로 저는 고착화되는 것을 피하기 위해 계속 머무는 곳을 바꿔요. 서울대학교 관악캠퍼스에서 경기도 수원시 광교의 서울대학교 융합과학기술대학원으로 옮겼고, 이제 좀 익숙해지니 연세대학교 국제캠퍼스와 세브란스병원으로 연구소를 옮겼습니다. 좀 더 중개연구와 임상연구를 가까이 해서 새로운 경험을 하고 싶은 동기가 가장 컸습니다. 살아 있는 과학은 익숙함에 대한 저항이고, 그러기에 힘든 길이 옳은 길이라고 생각하거든요.

ARS, 마침내 전 세계 예방의학의
새로운 가능성을 열다

한 필드에서 약이 세 개쯤 나오면, 그 필드는 제가 더 강조하지 않아도 금세 북새통이 됩니다. 가령 이런 거죠. 한 필드에서 약이 한 개 나오면 "우연히 나왔겠네", 두 개쯤 나오면 "어? 이것 봐라?", 세 개쯤 나오면 모두 달려듭니다. 제가 할 일은 첫 번째 단계까지인 것 같아요. 의학용어로 말하면 'Proof of Concept'라고 해요. 개념의 증명이라는 뜻인데, 저는 ARS로 사람을 치료할 수 있다는 화두를 던지고 그걸 증명해내는 일을 하는 것입니다. 그러면 가능성을 본 사람들이 신약을 개발하든 후속 노력을 할 테니까요. 그리고 여기까지 이르렀다면 이제 또 다른 가설을 세우고 패러다임을 바꾸는 게 제 역할이라고 생각합니다.

앞서 말했듯이, 그것까지 이루면 제게 남은 바람은 딱 한 가지입니다. 저는 사람들이 아프기 전에 아프지 않게 해주고 싶어요. 암치료가 어려운 것은 맞지만 사실 모든 질병의 치료가 다 어려워요. 당뇨나 치매 같은 질병도 삶의 질을 낮추고, 가족들을 어려움에 빠뜨리잖아요.

얼마 전에 신문을 보니 '당신이 오늘 걸린 암은 수십 년 전에 이미 시작했을 수 있다'는 기사가 있더라고요.

수십 년 전의 암은 내 몸에서 세포 하나로 시작했을 겁니다. 사실 암세포 하나는 질병이라고 보기엔 미약합니다. 이게 수천 개가 되더라도, 그때라도 암세포가 존재한다는 것을 우리가 알 수 있으면 다행이거든요. 코로나 바이러스 한 마리가 몸에 들어왔다면, 그때 증상이 없더라도 '코로나 바이러스 침투'라고 우리 몸이 알려주면 얼마나 좋겠어요. 약을 먹든 치료를 하든 없애면 되니까요. 모든 병을 이렇게 예방할 수 있다면 더 이상 바랄 게 없겠지요. 이걸 예방의학Preventive Medicine이라고 하는데, 사실 예방의학은 두 가지 문제 때문에 매우 어렵습니다.

첫 번째는 지금 내 몸에 아무런 증상이 없고 통증도 없는데 어떻게 아픈 걸 알아차리느냐는 문제입니다. 대부분의 사람이 그런 상황에서 스스로 건강하다고 생각하거든요. 두 번째는 아프지 않은 사람들에게 약물의 효과를 임상적으로 증명하기가 정말 어렵다는 겁니다. 이미 증상이 발현해서 통증을 느끼는 사람은 주사든 약이든 주고 난 후에 증상이 사라졌는지, 세포가 줄었는지 확인하면 되는데 안 아픈 사람은 그럴 수 없으니까요. 지금 아프지 않은데, 앞으로 아프지 않게 할 수 있다는 증거를 만들기가 어려운 거죠. 그래서 증상이 없고 아프지도 않은 사람한테 "이걸 한 대 맞으면 절대 평생 암에 안 걸려"라는 이야기를 하기도, 또 증명하기도 정말 어려워요.

그런데 아프기 전에 내 몸에서 일어나는 뭔가의 조짐을 알아차릴 수는 있어요. 저는 이것을 '예측형 바이오마커'라고 합니다. 마치 지진이 나기 전에 곤충들이 이동하는 것처럼 말이죠.

ARS가 예측형 바이오마커로서 사용될 만한 특징이 있어요. 모든 세포는 ARS를 늘 가지고 있어야 해요. 이 효소는 모든 세포가 항상 가지고 있는 것이기 때문에 생물학자들은 바이오마커로서 유용하지 않다고 생각했습니다. 그러나 저는 그렇기 때문에 ARS가 특별하다고 생각했습니다. 우리 몸에 항상 있으니까 어떤 변화가 있을 때 그 변화를 ARS가 가장 먼저 감지할 수 있다고 생각했어요. 모든 것을 휩쓸어 버릴 태풍도 시작할 때는 미풍이잖아요. 마찬가지로 그 미풍의 움직임에서 태풍이 올 것을 알게 하는 것이 ARS이고, 이를 이용해 예측의학이 가능해질 것이라고 생각합니다.

최근에는 ARS의 이상행동을 추적해서 "어? 너 조금 있으면 당뇨 걸릴 것 같아", 혹은 "너 암에 걸릴지도 몰라"와 같이 이야기할 수 있다는 큰 가설을 세우고 빅데이터를 만들고 있습니다. 실제로 세포에 스트레스를 주거나 굶기거나, 괴롭히면 ARS 몇 개가 세포를 떠나 면역체계에 상황을 알리는 기능이 있음을 알게 되었습니다. ARS가 "나한테 무슨 일 있어요"라고 실제로 외부에 알린다는 겁니다. 이것을 빅데이터를 통해 지표로 만들면 앞으로 일어날 병리적 조짐을 예측할 수 있습니다. 예를 들어 제 피 한 방울의 ARS 프로파일을 보면, "선생님 몸에 지금 코로나 바이러스 두 마리가 들어왔네요"라고 알 수 있도록 말이죠.

암세포의 수가 아직 충분하지 않아도 ARS는 뭔가 이상징후를 감지할 수 있을 것이라고 믿습니다. 예컨대 ARS로 암을 예방하려면 암이 퍼지지 않고, 증상도 없는 상태에서 ARS가 움직이는 모습을 추적하여 암의 상태와 종류를 가늠할 수 있기를 바랍니다. 이를 현실화하기 위해 지금은 대한민국 수퍼노멀 데이터를 만들고 있습니다. 누가 대한민국의 수퍼노멀일까 생각했을 때 '헬스 트레이닝을 꾸준히 받는 30~40대 건강한 사람들'일 거라고 생각했어요. 자신들이 굉장히 건강하다고 생각하는 사람들 1,500명을 모아서 그 사람들의 체액에서 ARS의 프로파일이 어떤지 보고 있습니다.

그것이 기본 값이 되겠죠. 그래서 그 자료로 다양한 연령대와 환자들의 ARS의 패턴을 분석하고 있습니다. 자료는 데이터가 쌓일수록 더 정확해지겠죠. 빅데이터와 인공지능을 써서 질병과의 연관성 패턴을 찾아낼 겁니다. 그러면 나중에는 사람들이 아프기 전에 이 데이터를 가지고 건강을 잘 관리할 수 있도록 가이드해줄 수 있을 거예요. 이것과 관련한 임상실험이 6~7건이 있어요. 최근 드디어 ARS 중 하나가 담도암의 진단마커로 식품의약품안전처의 승인을 받았습니다. 이것은 ARS의 기초연구가 임상검증을 통해 실제 환자의 진단과 치료에 사용될 수 있다는 첫 번째 사례로서 매우 큰 의미가 있습니다.

미래의학은 '4P의학*'이라고 해요. 첫 번째는 앞에서 설명했듯이, 질병의 원인을 정확하게 보고, 그것을 정밀하게 타깃해서 최적화된 치료를 하는 정밀의학입니다. 두 번째는 아프기 전에 진단하는 예방의학입니다. 이론은 훌륭하지만 실제 구현하기는 어려운 것이죠. 세 번째는 예측의학입니다. 내가 병에 걸렸는데 내 병의 경로를 어떻게 알 것인지, 언제 죽을 것인지, 이런 것들을 정확하게 예측하면 미리 방지할 수 있다는 의미이고요. 마지막은 환자의 참여의학입니다. 환

---

* 의학과 산업의 발전이 가져온 미래의학의 핵심은 4P의학이다. 정밀의학Precision Medicine, 예방의학Preventive Medicine, 예측의학Prediction Medicine, 참여의학Participatory Medicine이다.

암치료의 패러다임을 바꾼 발견 ──── 의학 김성훈　29

자가 자기의 병을 미리 진단하거나 예방하기 위해서는 실제로 의사와 증상에 대해 상담한 내용과 조언을 잘 준수해야 해요. 환자가 질병을 예방하도록 의사가 가이드를 주면, 환자는 그것을 잘 지켜야 합니다. 이렇게 네 가지를 잘 지키면 우리가 꿈꾸는 건강사회가 실현될 거라고 생각합니다. 이 네 가지를 어떻게 일반인이 일상 속에서 편리하게 관리할 수 있을지에 관한 문제는 굉장히 큰 숙제이지만요.

그럼에도 모든 치료는 그 방향을 추구할 것이고, 암도 예외 없이 그럴 것입니다. 암의 면역치료가 정말 큰 산을 넘었어요. 다만 면역치료가 듣는 사람뿐 아니라, 안 듣는 사람도 치료할 수 있는 방법을 찾을 수 있어야 해요. 저는 면역치료가 또 다른 해법을 찾는 것과 암을 어떻게 초기 단계에서 발견할 것이냐 하는 두 문제가 해결되면 거의 암을 정복했다고 봅니다. 옛날에는 불가능하다고 생각한 이 문제를 과연 빠른 시간 내에 해결할 수 있을까요? 저희는 이 두 가지에 모두 ARS를 쓰려고 합니다.

우리가 기억해야 할 공식은
'N=1'이 아니라 'N=무한대'

암은 기업에서도 가장 많은 임상이 이뤄지는 질병입니다. 저도 암을 연구하면서 암 환자 한 명을 통계적 의미 'N=1'로 생각했어요. 그런데 집안 식구 중에 암에 걸린 사람이 있어요. 실제 제가 경험해보니 환자 개인에게는 N=1이 아니라, 'N=무한대'인 거예요. 연구자에게 N은 환자 한 명이지만 그 당사자에게는 전부일 정도로 생명의 의미는 엄청난 것이었죠. 제 주변에 암에 걸린 사람이 생긴 후에야 다시 한번 깨달았습니다. 그동안 N을 1, 2, 3, 4⋯ 숫자로만 간주해왔던 것이 너무 미안한 마음이 들었고, 더불어 사명감도 갖게 됐죠.

면역치료가 암을 잡기 시작한 것은 많은 의미가 있어요. 면역은 꼭 암뿐만 아니라, 우리 몸에 생기는 모든 질병의 1차방어선이라고 할 수 있습니다. 즉, 면역치료는 우리 몸의 다른 질병도 유사한 원리로 막을 수 있는 가능성이 아주 크다는 데 의미가 있어요. 그리고 그 마지막 매듭을 ARS가 지어주면 좋겠습니다. ARS는 초기에 우리 몸의 이상을 감지해 가장 먼저 경고를 해줄 수 있어요. ARS가 효소의 일을 떠나면 그다음 일은 우리 몸의 불균형을 교정하는 거예요. 그래서 면역기반 예방의학을 위한 새로운 플랫폼이 될 수 있습니다.

암에 걸린 사람은 암을 사형선고로 받아들입니다. 하지만 굳이 그럴 필요가 없어요. 제 주변의 예를 보더라도, 암을 치료한 지 2년 정도 되었는데 삶의 질이 옛날 환자들처럼 나빠지지 않았고 치료효과도 좋습니다. 부작용 관리도 잘될 수 있어요. 저는 앞으로 10년 후면 암을 꽤 컨트롤할 수 있을 거라고 생각해요. 두려워할 필요가 없습니다.

암이 내 몸에서 발생하는 것을 막을 수는 없습니다. 왜냐하면 삶이 길어지면 무조건 생길 수밖에 없는 질병이니까요. 어쩌면 우리가 오래 살수록 세 가지 질병 중 하나는 선택해야 할지도 몰라요. 심혈관계 질환, 치매, 암 중에서 무엇을 선택하시겠어요? 나이가 들면 들수록 이 세 가지 질병 중 한 가지에 해당할 확률이 높습니다.

암은 결국 확률 게임입니다. 얼마든지 조심할 수는 있어요. 가족력이 있다면 유전적으로 취약한 쪽을 미리 조치해줄 수 있습니다. 예를 들어 폐가 유전적으로 약하다면, 담배 피우는 것을 피하고 스트레스를 덜 받도록 조심할 필요가 있겠죠.

미래사회에서는 120세까지는 살지 않을까 생각합니다. 하지만 중요한 것은 이것입니다. 수명이 단순히 느는 것과 의미 있는 수명이 느는 것은 아주 다른 것이죠. 한국에서는 고령자들의 마지막 10년이 힘들어요. 저의 부모님도 말년이 가장 힘드시더라고요. 장인어른은 파킨슨병으로 15년 동안 고생하다 돌아가셨는데, 마지막 몇 년은 누워 계신 채로 생명유지만 하셨어요. 알츠하이머병 같은 경우 더 힘들죠. 가족의 삶도 힘들고 피폐해집니다. 이런 흐름 때문에, 외국도 '삶의 연장'보다 '건강의 연장'이 더 중요하다는 말을 많이 합니다.

많은 사람이 숨만 쉬는 10년보다, 의미 있는 3년을 선택하겠다고 하잖아요. 그렇다면 그것을 어떻게 과학으로 유도할 수 있을까요? "어떻게 하면 좀 더 건강하게 오래 살고, 질병으로 고통받는 시간을 줄일 수 있을까?" 이것이 오늘날 과학자들의 숙제입니다.

진정한 프로는 재미있는 일,
그 이상을 추구한다

제가 약학에서 융합과학기술대학원으로 주소속을 바꾸고, 굉장히 다양한 전공자들과 일하면서 종종 이런 생각을 해요. '괜히 약을 연구했네.'

약 연구는 50퍼센트가 과학이라면 50퍼센트는 신앙입니다. 아, 아닙니다. 10퍼센트는 과학, 90퍼센트가 신앙인 것 같습니다. 다시 말해 임상으로 들어가면 들어갈수록, 블랙박스에 내 약을 집어넣고 좋은 결과가 나오길 기도하는 것과 같습니다. 좋은 결과가 과연 나올지도 모르는 일이죠. 스마트폰이나 텔레비전을 만드는 것처럼 뚝딱 만들 수 있으면 좋으련만, 나는 왜 평생 한 개의 약도 만들기 힘들까 생각하기도 해요.

그렇다고 누군가 좀 더 편한 일을 하라고 떠밀어도 저는 못할 것 같아요. 아까 말했듯이 생명은 무한대의 가치이고, 우리는 그 무한대의 가치를 구하기 위한 일을 하니까요.

예전에 한국의 사회경제적 문제에 대해 연구하는 한 단체에 가서 발표를 한 적이 있는데 사회학 전공의 교수 한 분이 이렇게 질문하시더라고요. "당신 같은 사람이 죽을 사람들을 계속 살리면 사회는 어떻게 되는 거지? 사람이 좀 적당히 죽어줘야지." 사회적 비용을 생각하면 인구의 일정 비율은 죽어줘야 한다는 겁니다. 그야말로 N=1의 개념이죠. 그건 또 다른 문제이고, 저로서는 죽어가는 사람을 살리는 것은 무조건 해야 하는 일인 것 같아요. 그래서 힘들어도 계속 연구하는 것이고, 정말 잘할 수 있으면 좋겠습니다.

제가 이 일을 하는 이유가 하나 더 있습니다. 생명과학이나 의약학 연구는 시간이 오래 걸리기 때문에, 제가 살아 있는 동안은 계속 꿈꿀 수 있기 때문입니다. 하지만 최근의 경향은 생명과학, 의학을 공부하는 사람들이 짧은 호흡으로 스펙이나 커리어 쌓는 것에 더 많은 관심을 갖는 것 같아서 아쉬운 마음이 들기도 해요.

저에게 연구라는 일이 직업인 적은 없었어요. 직업이라고 생각하면 굉장히 불리한 직업인 것 같습니다. 이 일을 오래 할 수도 없을 것 같고요.

재미로 어떤 일을 하는 사람들을 우리는 아마추어라고 합니다. 그러나 아무리 재미있는 일도 계속하다 보면 끔찍하게 지루한 시점이 옵니다. 아마추어는 재미를 느낄 수 있는 지점까지 하면 되지만, 프로라면 그 지루함을 넘는 고통을 감내해야 한다고 생각합니다. 저도 처음에는 재미있어서 과학자의 길을 선택했지만, 하다 보니 그만둘 수 없는 사명감이 자연스럽게 생겼거든요.

미래를 계산하지 마라, 내가 좋아하고 잘하는 일을 선택하라

계산 없이 내가 정말 좋아하고 재미있는 일을 선택하세요. 요즘은 많은 청소년이 덜 고생하고, 더 많이 버는 직업을 선택하고 싶어 하는 것 같아요. 그런 직업이 과연 있는지도 모르겠지만 저에게는 맞지 않았어요. 과학을 하면 돈 안 되고, 고생한다며 과학을 하는 사람들의 숫자가 점점 줄어들고 있어요. 제자들이 제게 이런 말도 해요. 교수님의 생활 패턴을 바꿔야 한다고요. 좋은 차도 타고, 멋진 곳에서 휴가도 보내고, 와인도 마시고 해야 요즘 젊은 친구들이 과학하면 저렇게 잘살 수 있다고 따라올 것 같다고요.

모든 일이 그렇듯, 과학도 좋아하지 않으면 못 하는 일입니다. 저는 한 번도 직업으로 생각하고 연구하지는 않았는데, 그냥 연구를 열심히 하다 보니 서울대학교, 연세대학교 교수가 되었어요. 설사 제가 하는 일이 앞이 보이지 않는 길이어도 하고 싶은 일이면 일단 했어요. 밥을 굶지는 않겠지 하면서요. 연구비를 따라다니지도 않았지만 나라에서 지원을 해주어서 지금까지 연구도 할 수 있었고요. 젊은이들이 '이걸 선택하면 직장이 없지 않을까?' '이렇게 하면 커리어에 흠이 나지 않을까?' 이런 걱정은 안 했으면 좋겠어요.

마지막으로 과학이든 예술이든 그 분야에서 오래 살아남으려면 자신의 가진 재능을 잘 파악하는 일이 중요해요. 노력으로 안 되는 일이 없다고 하지만, 태어나면서부터 노래에 재능이 있는 사람을 노력으로 극복하는 것이 쉽지 않을 겁니다. 진로를 선택할 때 소위 장래가 유망하다는 직업보다 나한테 어떤 재능이 있을까를 진지하게 생각해 보는 것이 필요합니다. 자신이 하고 싶고 할 수 있다는 자신감이 있는 영역을 찾아 남들과 비교하지 말고 많이 계산하지 말고 꾸준히 가다 보면 성공과 소명이 뒤따라오고 있는 것을 알게 될 것이라고 믿습니다.

2015 Ho-Am Prize Laureate in Community Service

남을 도와 나를 찾는 용기

백영심

사회봉사

공부해서 남에게 주는 사람이 되세요.

5,000명을 먹이는 사람이 되세요.

목적이 이끄는 삶을 살 때 함께 사는 세상을 만들 수 있습니다.

profile

1962년 제주 출생

1984년 제주 한라대학교 간호학 학사

1984년~1990년 고려대학교 부속병원 간호사

2008년~현재 말라위 대양누가병원 간호사

2015년 호암사회봉사상 수상

'어렵고 힘든 사람들이 아프지 않도록 돕는 일에 인생 전부를 걸어도 아깝지 않다'라는 신념으로 아프리카 오지로 건너가 40년째 의료봉사활동에 헌신하고 있는 간호사.

백영심 간호사는 고려대학교부속병원에서 근무하던 1990년, 28세 나이에 안정된 일터를 버리고 아프리카에서 의료봉사를 시작했다. 그 후 의료환경이 더 열악한 말라위로 간 백영심 간호사는 제대로 된 의료시설의 필요성을 절감한다. 이 간절한 바람은 한 독지가의 도움으로 이뤄졌다. 2008년, 릴롱궤 외곽에 180병상 규모의 대양누가병원이 설립된 것이다. 현재 대양누가병원은 연간 20만 명이 치료받을 수 있는 현대식 병원으로 성장했다.

백영심 간호사는 2010년, 말라위에 간호대학을 설립하고 현재는 의과대학 설립을 추진하고 있다. 또한 가난에서 벗어나 삶을 변화시킬 수 있는 가장 중요한 힘은 교육이라는 믿음으로 현지에 교육시설을 설립하여 말라위의 지속가능한 발전을 이끌고 있다.

현지인들에게 '한국의 나이팅게일'로 신뢰와 존경을 받고 있는 백영심 간호사는 더욱 높은 차원의 봉사활동으로 말라위에 희망의 씨앗을 뿌리며 국가, 민족, 종교를 초월한 인류애를 실천하고 있다.

고된 노동으로 중학교 입학금을 마련했던
당찬 여자아이

저는 유난히도 가난한 어린 시절을 보냈습니다. 초등학교를 졸업하고 중학교 입학금을 마련하기 위해 도로 만드는 일을 했습니다. 지금 생각해보면 어린 나이에 어떻게 그런 고된 일을 할 수 있었을까, 참 겁이 없었던 것 같아요. 그때는 어른처럼 보이려고 고무줄 바지에 밀짚모자를 쓰고 수건도 둘렀어요. 혹시라도 어린아이라고 일을 주지 않고 집으로 돌려보낼까봐 조바심이 났던 기억이 납니다. 그렇게 어른들 틈에서 어른들만큼 일을 해내기 위해 허리 한 번 못 펴고 온종일 일해서 일당 600원을 받았어요.

도로공사를 해서 받은 돈으로 겨우 중학교에 입학했는데 이제 책가방과 교과서, 교복을 살 돈이 없었습니다. 교복은 동네 언니에게 물려받아 입었지만 교과서가 없었어요. 학교 입구에 있는 문방구에서 구입한 중학교 1학년 영어단어장 한 권이 전부였어요. 영어단어장 덕분인지 첫 영어시험은 잘 치렀던 것 같습니다.

하지만 학교에 가면 공부에 집중하기보다 혹시나 선생님이 교과서가 없는 내게 책읽기를 시키지는 않을까 수업시간 내내 긴장하며 걱정했습니다. 무사히 한 시간 수업을 마치면 또 다음 수업에 바짝 긴장하는, 숨막히는 중학교 생활을 보냈습니다. 거기에다 학비 걱정은 덤이었지요.

어려운 형편에도 다행히 시내에 있는 인문계 고등학교에 합격해 새 출발의 기회를 얻었습니다. 남이 입던 낡은 교복을 물려 입으면서 중학교를 졸업했지만, 고등학교 입학 때는 처음으로 제 몸에 맞는 새

교복을 맞추어 입었어요.

집에서 학교가 있는 시내까지 통학하려면 새벽에 일어나 첫 시외버스를 타고 가야 했습니다. 콩나물시루처럼 빽빽한 버스에 간신히 몸을 싣고 터미널까지 가서 다시 시내버스로 갈아타는 전쟁을 매일 치렀습니다. 그래도 지치지 않았어요. 비록 중학교 시절은 가난이라는 굴레로 많이 힘들었지만, 여고생이 되면서 희망을 갖고 꿈을 찾아 열심히 공부해보고 싶었으니까요.

그런데 어느 날, 제게 마음의 상처를 주고 자존감까지 무너뜨린 사건이 일어났습니다. 미술선생님이 숙제를 안 했다는 이유로 많은 학생 앞에서 제 뺨을 때린 것입니다. 저는 숙제를 했고, 번호를 바꿔 적은 선생님의 실수였어요. 가난했지만 선생님들께 늘 칭찬만 들으며 자랐던 제 마음 한구석이 무너져버렸습니다. 이 사건을 계기로 저는 사춘기 학생들에게 상처를 주지 않는 교육자가 되겠다는 꿈을 잠시 꾸기도 했어요. 하지만 결국 고등학교 생활에 적응하지 못하고 3년 동안 방황만 하다가 졸업했습니다.

생기와 웃음으로 가득했어야 할 여고 시절을 그렇게 잃어버리고, 진로를 고민하다 큰언니의 권유로 간호대학에 입학했습니다. 대학교 입학 후에는 고등학교 생활에서 찾지 못한 꿈을 찾기 위해 극단활동을 했습니다. 무대 위에서는 여러 인생을 살아볼 수 있을 것 같아서 선택한 동아리였습니다.

하지만 제 안의 깊숙한 곳에서 찾아오는 공허함은 채워지지 않았습니다. "나는 누구일까? 어디에서 와서 어디로 가고 있는 것일까? 내가 간호공부를 하는 목적은 무엇일까?" 그때 처음 제 자신과 인생에 대한 근본적인 질문들을 던지기 시작했어요.

그러다 대학교 1학년 여름방학 때, 대학생 선교회가 주최하는 수련회에 참가하게 되었어요. 그때 한센병 환자들이 살고 있는 애양원을 방문했습니다. 며칠 동안의 짧은 시간이었지만 한센병 환자들과 같이 지내며 그들의 삶을 지켜보면서 저는 '하나님은 나를 사랑하시며 나를 위한 놀라운 계획을 하고 계시다'는 것을 깨달았습니다. 어린 시절에 겪은 어려움과 아픔은 앞으로의 어떠한 고난도 이겨내도록 하나님이 저를 훈련시키기 위한 계획인 것 같아 오히려 감사한 마음이 들었어요.

'나는 누구이며, 어디에서 와서 어디로 가고 있는지, 간호공부를 하는 목적은 무엇인지', 답을 그제서야 찾은 것 같았지요. 제가 사는 이유는 사랑이며, 사랑으로 사람을 돌보는 일이 곧 간호였습니다. 간호는 제 삶의 이유가 되었고, 그때부터 간호사는 직업이 아닌 천직이며 소명이라고 생각했어요. 그렇게 마음먹으니 간호사가 된다는 생각을 하면 가슴이 뛰었어요. 공부도 물론 열심히 했어요. 하나라도 더 알아야 좋은 간호로 사람을 살릴 수 있다고 믿었으니까요. 일분일초를 아끼고 열심히 공부하며 행복한 대학생활을 했습니다.

간호대학을 졸업한 후에는 간호 업무를 좀 더 체계적으로 배울 수 있는 대학병원에서 일을 시작했습니다. 병원에서 간호사로서 환자를 돌보는 일은 제 자신을 훈련하고 준비하는 시간으로 여겼어요. 마음속에는 더 많이 배우고 잘 준비해서 이 세상에서 가장 어렵고 힘든 곳, 저를 가장 필요로 하는 곳에서 쓰이겠다는 소망을 품었습니다.

스물일곱, 안정된 삶을 뒤로하고
케냐로 떠나다

1990년에 제1회 의료선교대회에 참여했습니다. 그때 아프리카 케냐에서 말라리아에 걸려 돌아온 간호 선교사가 "누가 대신 가서 도와줄 수 없겠냐"는 호소를 했고, 제가 가겠다고 번쩍 손을 들었어요. 안정된 직장, 안정된 삶과 가족을 떠나야 했지만 그동안 간호공부를 하며 배우고 쌓아온 저의 비전을 실천할 때라고 생각하고 결단했습니다. 꿈과 비전은 머릿속에서 생각만 하는 게 아니라 현실에서 실천해야 하는 것이고, 그러기 위해서는 내 삶을 던지고 온몸으로 도전해야 하니까요.

사실 결단을 내리고 나서도 수많은 갈등과 걱정, 고민이 있었습니다. 특히 어머니의 반대가 심했어요. 딸이 안정된 직장을 그만두고 혼자 몸으로 열악한 아프리카로 떠난다고 하니 어느 부모가 좋아했겠어요. 저도 막상 미디어를 통해 봤던 아프리카를 생각하면서 한 번도 가보지 않은 낯선 곳에서 언어, 문화, 피부색이 다른 사람들과 어울리며 봉사를 할 수 있을지 걱정되었고요. 하지만 그 모든 것이 저를 더 필요로 하는 곳으로 이끌려는 하나님의 뜻이라고 생각하며 아프리카로 출발했습니다. 미지의 세계에 도전하는 제게 두려움도 있었지만 저의 젊음과 열정, 그리고 소명이면 충분하다고 생각했습니다.

그렇게 케냐 마사이부족 마을에 도착했습니다. 여기에서 머물 때는 물이 없는 것이 가장 어려웠어요. 진료소가 지어지기 전까지 차에 물을 싣고 다녔는데, 하루에 사용할 수 있는 물이 한 컵뿐이었어요. 케냐에서 물은 곧 생명이나 마찬가지였습니다. 아침에 일어나면 고양이 세수를 하고, 물을 최대한 아끼며 하루를 살아야 했어요. 그래서 마사이부족 마을에서는 마치 군인처럼 살았어요. 그것도 특공대 특전사로 말이죠. 그곳에는 물도 부족했지만 길도 제대로 나 있지 않았습니다. 마사이부족 마을에 들어갈 때는 가시나무숲을 뚫고 길을 만들며 들어갔어요. 두려움, 무서움이란 감정은 사치라고 느껴질 만큼 고된 생활을 했습니다. 마을사람들과 진료 약속이 있는 날은 하천이 넘치도록 비가 쏟아져도 저를 기다리는 사람들을 생각하며 겁없이 하천을 건너가기도 했어요. 지금 생각하면 아찔하지만, 그때만큼은 정말 무서움을 모르는 특전사처럼 살았던 것 같습니다.

요즘 케냐에는 기업, 선교단체, NGO도 많고, 한국인도 많이 살고 있지만 그때 당시에는 오직 마사이부족 사람들과 키가 유난히 작고 가냘픈 아시아 여자인 저, 그리고 야생동물과 자연이 전부였어요. 명절이면 마을 허허벌판에서 혼자 밤하늘의 달을 쳐다보며 고국을 그리워했던 기억도 떠오르네요.

이동진료 차량으로 유목민이었던 마사이부족 마을을 여기저기 돌며 진료했어요. 그러다 마사이 오리니에 마을에 진료소를 건축하고 현지 지역사회 간호사가 운영하도록 넘겨주었어요. 그러고는 저는 세계에서 가난하고 가장 의료인이 부족한 나라, 말라위로 갔습니다.

맨손으로 벽돌을 만들어
150평 진료소를 짓다

말라위 치무왈라에 도착해서도 이동진료 차량을 준비해서 마을을 돌아다니며 진료를 시작했습니다. 아이들 예방접종과 계몽교육, 또한 영양실조에 걸린 아이들에게 식량을 제공하고 1차진료를 했어요. 그렇게 지역사회 보건활동을 해나갔지요.

마을에서 할 일이 없어 놀고 있는 청년들을 보건요원으로 교육시켜 함께 동참시켰어요. 그러나 진료를 다니다 보니 말라리아, 설사병, 폐렴 등 단순 치료가 아니라 입원시켜서 돌봐야 할 환자들이 너무 많았어요. 환자 대부분이 초기에 간단하게 치료할 수 있는 병인데 방치되어 생명이 위험한 상태에 이른 경우였어요. 그래서 조기 치료와 추후 관리까지 할 수 있는 진료소가 필요하다는 생각을 했습니다.

그 당시 한국은 IMF가 터져서 경제적으로 매우 어려운 상황이었어요. 매달 받아온 생활비나 운영비도 어떻게 될지 모르는 상황에서 진료소 건축은 엄두가 나지 않는 일이었습니다. 하지만 정말 필요한 일이었기 때문에 밤낮으로 고민했어요. 결국 이렇게 고민만 하지 말고 스스로 진료소를 만들기로 결심했습니다. 진료소를 만들려면 가장 먼저 깨끗한 물과 전기가 있어야 했습니다. 물은 지하수를 파서 물탱크를 설치한 후 얻을 수 있었고, 전기는 남아공에서 변압기를 구입해 전봇대를 세워서 끌어올 수 있었어요. 기본적인 요건이 갖춰지자 진료소 건축에 도전할 수 있었습니다.

초기에는 재정을 비롯한 여러 가지 여건이 부족해서 최소한 햇빛과 비를 피할 수 있는 진료 공간을 만들자는 마음으로 시작했습니다.

마을사람들과 함께 흙을 이겨서 벽돌을 만들고, 생활비가 생기면 시멘트를 한 포 한 포 구입하여 벽돌을 쌓았습니다. 재정이 넉넉하지 못하니 저희 손으로 하나하나 일구었죠. 처음에는 지붕만이라도 덮어서 비와 햇빛만 피할 수 있으면 좋겠다 싶었는데, 벽돌이 올라가기 시작하니 그래도 말라위에 한국인이 세우는 첫 진료소가 될 텐데 잘 지어야겠다는 생각이 들면서 욕심이 생기더라고요. 제가 말라위를 떠난 후에도 잘 사용할 수 있게 견고하게 지어야겠다고 생각한 거죠. 그렇게 100년 후를 바라보는 마음과 모두의 땀으로 튼튼한 진료소를 완성했습니다.

하지만 쉬운 일은 하나도 없었어요. 지붕을 덮기 위해 찍어놓은 기와가 폭우에 깨져서 모두 버리고 다시 만들기도 했고, 숲에 나무를 하러 가다가 낡은 트럭이 고랑에 빠져 차를 끌어올리느라 한밤중에 탈진해서 쓰러지기도 했습니다. 진료소를 지으며 땅바닥에 주저앉아 울고 싶었던 일이 비일비재하게 일어났지만, 점점 진료소의 모습이 갖춰지고 많은 사람이 찾아와 치료받는 모습을 보면서 그동안 고생한 보람을 느꼈어요. 정말 무에서 유를 만들어내는 모든 과정에 감사했습니다.

마을에 진료소가 생기자 많은 환자가 몰려왔어요. 새벽부터 줄을 서서 저를 기다리는 사람도 있었습니다. 이제 그들에게 아프면 갈 수 있는 진료소가 생겼다는 반가움과 자기의 병을 약과 적절한 치료로 고칠 수 있다는 희망이 생긴 것이죠. 치무왈라에 병을 고쳐주는 '시스터 백'이 있다는 소문이 퍼지자 다른 마을에서도 진료를 와달라고 요청하기도 했어요.

나는 그저
'태평양의 물 한 방울'

처음 말라위에 도착했을 때 제 눈에 가난한 말라위 사람들이 가장 먼저 보였습니다. 제가 만난 말라위 사람들은 정말 가난했습니다. 한국에서 생각하는 가난의 의미와는 전혀 다른, 찢어지게 가난하다는 의미가 무엇인지 느낄 수 있었어요. 가난과 질병은 말라위 사람들을 무기력하게 만들었습니다. 그들은 다른 사람이 자신을 불합리하게 공격하고 모욕해도 방어할 힘도 영향력도 없어 가진 자에게 밟히고 착취당했습니다. 가난하지만 문명에 때 묻지 않은 순수하고 착한 사람들의 안타까운 모습을 보면서 제가 할 수 있는 것은, 그들이 아플 때 함께 아파하고 기쁠 때 같이 기뻐해주는 일뿐이었습니다. 단지 그들을 돌볼 수 있는 간호사라는 직업적 능력과 젊음, 제 목숨이 전부였습니다. 저의 모습은 너무 작았습니다.

그럼에도 눈을 뜨면, 제가 해야 할 일들을 찾아 하나씩 해나갔습니다. 매순간 저의 한계에 부딪혔지만, 그럴 때마다 "우리가 하는 일이 태평양의 물 한 방울 같이 작은 것일지라도 우리가 이 일을 하지 않으면 태평양의 물 한 방울이 없어지는 것과 같은 것"이라는 테레사 수녀의 말을 떠올렸습니다. 어쩌면 제가 하는 일들이 거창하지 않더라도, 누군가의 지치고 힘든 삶에 물 한 방울 같은 존재가 될 수 있다면 감사한 일이라고 생각했습니다. 때로는 저의 젊음이 이곳에 다 녹아 없어지는 것 같고 아무리 노력해도 변함이 없을 것 같은 막막함이 찾아오기도 했지만 '나는 그저 태평양의 물 한 방울 같은 존재일 뿐'이라는 마음으로 버텼어요.

진료소를 짓고 운영하던 어느 날 새벽에 한 아이가 엄마의 등에 업혀 진료소를 찾아왔습니다. 백지장처럼 하얀 얼굴에 핏기가 하나도 없었습니다. 당장 아이에게 수혈을 해야 할 정도로 위급한 상황이었지만, 열악한 진료소에서 해줄 수 있는 게 아무것도 없었습니다. 제 손에서 죽어가는 생명을 무기력하게 지켜볼 수밖에 없었어요. 아이는 불행하게도 그렇게 세상과 인연을 끝냈습니다. 부모와 함께 죽은 아이의 장례식을 치르고 오면서 답답한 마음에 울면서 기도를 했어요. 제대로 된 시설이 있는 병원에서 치료받았더라면 아이를 살릴 수 있었을 거라는 마음에 병원 설립에 대한 소원은 더욱 간절해졌습니다.

말라위의 기적,
대양누가병원을 세우다

2005년의 어느 날, 이동진료를 가는 길에 전화를 한 통 받았습니다. 이름도 얼굴도 알지 못하는 고국의 어느 한 분이 지구 반대편 말라위에 있는 제게 필요한 것이 있는지, 무엇이든 돕고 싶다는 전화를 걸어온 것입니다. 전화를 받고 차를 길에 세운 채 한참 울었습니다. 그러고는 주저 없이 "병원이 필요합니다"라고 말했지요. 마음에 소원을 품고 간절히 원하고 기도했더니 하늘의 천사가 응답을 주는 것 같았습니다. 그렇게 그분의 후원 덕분에 2005년 10월, 말라위 수도 릴롱궤에 '대양누가병원' 기공식을 했습니다.

진료소에 대한 소문이 좋게 퍼지면서 말라위 정부에서도 병원 설

"제가 가지고 있는 것은 직업적 능력과 젊음,
　　그리고 목숨이 전부였습니다."

립에 적극적으로 도움을 주었습니다. 정부에서 토지를 무상으로 제공하고, 건축 허가 같은 행정지원들이 순조롭게 이루어지도록 협조해주었습니다. 그러나 말라위 상황을 잘 아는 주변 사람들은 그곳의 열악한 환경을 걱정하며 '바위에다 계란을 던지는 일처럼 무모한 일'이라며 말렸어요. 병원 공사를 하는 데 가장 중요한 전문적인 기술자가 없고, 병원을 지을 땅은 수도도 전기도 들어오지 않은 척박한 허허벌판이었으니까요. 심지어 전기나 수도, 배수와 같은 기반시설부터 하나하나 갖춰나가야 했어요. 그런데다 당시에는 몇 년 동안 흉년이 이어져 먹을 것이 없어서 굶주린 사람들이 많았어요. 사정이 이렇다 보니 치안이 더욱 불안해져서 모두 공사를 반대한 것이지요.

모든 물자가 풍족한 우리나라에서는 상상할 수 없는 일이지만, 여기에서는 붙여놓은 타일도 다 떼어가고 콘크리트를 망치로 깨고 그 속의 철근을 빼내가는 일들이 흔하게 일어났습니다. 심지어 병원 부지로 가는 길도 없어서 차가 다닐 수 있는 새로운 길도 만들어야 했습니다. 극복해야 할 난관이 한두 가지가 아니었습니다.

다행히 병원을 짓는 데 말라위 정부 고위 관계자와 대통령까지 관심을 두니 상황이 조금씩 달라지기 시작했어요. 기공식에 대통령이 참석한다는 소식이 들리자 불도저가 도착해 금세 길이 뚫렸어요. 그 덕에 대통령을 비롯한 말라위에 있는 각국 외교관들이 참석한 가운데 무사히 기공식을 치렀습니다.

기공식이 끝나고 건축을 맡길 사람을 찾았어요. 여러 가지 상황상 현지인이 맡기에는 무리였습니다. 부실공사가 될 수도 있고, 가격도 터무니없이 높았기 때문에 후원금을 효과적으로 사용하려면 직접 공사를 하며 진두지휘할 수밖에 없었어요. 그래서 직접 건축하기로 결심했습니다.

허허벌판 흙먼지 날리는 병원 부지에 거푸집을 지어서 임시 사무실로 사용하며 땅을 파기 시작했어요. 말라위에 처음 도착해 치무왈라 마을에 교회, 진료소와 학교 등 마을사람들과 직접 건물을 지어본 경험이 병원 공사를 하는 데 많은 도움이 되었습니다. 사실, 간호사인 제가 환자를 돌보는 일은 할 수 있었어도 건축은 생각조차 해본 적이 없었어요. 그런데 그때는 어린 시절 도로를 만들었던 기억까지 주마등처럼 지나가더군요. 그 모든 역경과 고난도 저를 다듬기 위한 훈련이었던 것 같습니다.

처음 몇 달은 저를 후원해주는 한국 교회에서 기술자 한 분을 보내주어서 전문적인 도움을 받을 수 있었습니다. 그러나 그분이 한국으로 돌아가게 되자, 저 혼자 현장을 감당하기가 막막했습니다. 어쩔 수 없이 형부와 언니에게 도움을 요청했고, 두 사람이 주저없이 말라위에 와준 덕분에 공사를 잘 마칠 수 있었습니다. 물심양면으로 도와주었던 그때의 고마움은 지금도 제게 큰 힘이 되고 있습니다.

현지에서는 특별한 기술자가 있는 게 아니었기 때문에 동네 청년 중에 벽돌을 쌓아본 경험이 있는 사람이나 톱질을 할 줄 아는 사람들을 데리고 일을 시작했습니다. 기초할 땅을 파다 보면 암반이 나오기도 했어요. 그러면 암반을 밤새 불을 지펴서 달구고, 물을 부어 망치로 조금씩 깨면서 자갈을 만들고 한 삽씩 퍼올려 판판한 콘크리트 바닥을 만들었어요. 장비 하나 없이 손으로 직접 모든 것을 해야 했어요.

그렇게 힘들게 일했는데 예상치 못한 또 다른 어려움이 있었습니다. 아프리카는 원자재보다 공산품이 귀한 나라예요. 벽돌, 모래, 나

말라위 대통령과 정부 관계자, 각국 외교관이 참석한 대양누가병원 기공식

무 등 현지에서 구입할 수 있는 것을 제외한 공산품은 턱없이 비싸지요. 꼭 필요한 자재는 외국에서 수입해야 했어요. 그래서 40피트 컨테이너로 자재를 구입하여 싣고 오는데 뜻밖의 사고가 생겼어요. 컨테이너를 실은 트럭이 말라위까지는 잘 도착했는데, 현장으로 오는 거친 도로를 달리다 싣고 있던 컨테이너를 떨어뜨린 겁니다. 눈만 돌리면 낯선 이들이 몰려들어 물건을 훔쳐가던 상황이라 저와 사람들은 온몸으로 자재를 지켰어요. 또 자재를 저렴하게 구입하려고 말라위에서 남아공까지 약 3,000킬로미터나 되는 거리를 트럭으로 오가다 강도를 만난 일도 있었고요.

말라위 사람들에게는 우리 주변에 흔한 망치나 못 하나, 하다못해 비닐봉투 하나도 필요한 것들이었죠. 공사하는 과정에서 배관을 해 놓으면 밤에 와서 파이프를 뽑아가거나, 수도꼭지를 달면 그조차도 빼갔어요. 자재를 몰래 가져가려고 천정에 올라가 숨어 있다가 떨어져서 공사해놓은 천정이 다 망가지고, 그 사람은 다리가 부러지는 일도 있었어요. 병원을 짓는 동안 낯선 사람이 들어왔다고 하면 자다 말고 손전등을 들고 현장으로 수도 없이 달려가야 했지요. 그렇게 하루 24시간 몸과 정신을 집중해야 하는 일들을 하다 보니 건강에도 무리가 와서 심한 출혈로 쓰러졌던 때도 있었습니다.

형부의 헌신적인 도움으로 기술적인 부분들은 현지인을 가르치며 한 가지씩 마무리했어요. 저는 병원 부지에 흙을 고르며 나무와 잔디를 심고, 주변 환경을 조성해나갔습니다. 현지의 다른 병원에 가보면 어떤 때는 입원실이 없어서 복도에 누워 있는 환자도 많았어요. 마치 전시 상황 같은 열악한 환경에서 제대로 치료도 못 받는 환자들을 생각하면서 적어도 인간의 존엄성만큼은 지킬 수 있는 병원을 짓겠다고 또 다짐했습니다. 그래서 병원에 들어오는 순간부터 치유받는 공간을 만들고 싶었습니다. 변변한 장비도 없이 삽과 수레로 산같이 쌓인 흙을 실어 나르며 흙을 고르고 잔디 모종을 한 뿌리 한 뿌리 심고 꽃 모종과 나무 모종도 하나하나 심어 허허벌판을 채워갔습니다.

시간이 지나면 나무도 자라서 지치고 힘든 말라위 사람들의 그늘이 되어줄 테지요. 환자들이 병원 입구로 들어오는 순간부터 기분이 좋아지는 공간이 되기를 소망하며 저의 온 마음을 다해 꿈과 희망을 심었습니다. 먼 훗날 100년의 시간이 더 흐른 뒤에도 지금 뿌린 씨앗들이 거목이 되어 말라위 사람들이 꿈꾸는 터전이 되어주리라 믿으면서요.

2년 5개월의 공사 기간 내내 저를 믿어주며 말라위 병원을 짓는 일에 필요한 후원금을 보내주셨던 후원자 분, 물심양면으로 도와준 교민을 비롯한 주변의 여러 고마운 분들, 그리고 각 나라의 외교관과 말라위 대통령이 참석한 가운데 대양누가병원을 열었습니다.

아프리카의 청년들과 함께 꿈꾸는
의료, 교육, 농업의 새 희망

2008년 3월, 대양누가병원을 개원하면서 꿈이 현실이 되는 기적을 보았습니다. 수많은 역경과 고난이 있었지만 결국 많은 사람의 도움과 헌신으로 종합병원을 지을 수 있었어요. 또 병원 설립취지를 알게 된 한국국제협력단KOICA, 일본과 미국, 노르웨이, 스코틀랜드 등 세계 여러 나라에서 CT촬영기계와 초음파기기 등 첨단의료장비와 기구를 기증해주었습니다. 개원 첫날부터 많은 환자가 몰렸고 병상 80개로 시작한 병원은 현재 200개의 병상을 갖추었습니다. 아마도 말라위에서 시설이 가장 좋은 병원이 아닐까 합니다.

병원에는 내과, 외과, 산부인과, 소아과, 안과, 치과, 방사선과와 결핵, 에이즈 환자를 위한 예방교육 및 진료센터, 그리고 산전·산후 관리와 영유아 보건진료를 하는 모자보건센터가 있습니다. 안과진료는 현대자동차에서 마련해준 이동진료 차량으로 시골 마을을 돌아다니며 하고 있어요. 백내장 수술도 가능한 차량이라 필요한 환자에게 수술을 해주고 있어요. 현재 대양누가병원은 매년 15만 명 이상의 외래환자와 4만 명의 입원환자까지 약 20만 명을 치료하고 있습니다.

말라위 국민의 대부분은 지독한 가난에 허덕이고 있습니다. 농사가 흉년일 때는 먹을 양식이 없어서 굶주리는 사람이 있고, 아파도 제대로 된 치료를 받지 못해 죽어가는 사람도 있습니다. 이들을 보면서 근본적으로 해야 할 일이 무엇인지 절실히 고민한 결실이 대양누가병원입니다. 그리고 지금은 이 병원이 말라위 사람들의 작은 돌다리가 되고 있습니다.

저는 대양누가병원이 구심점이 되어주기를 간절히 바랍니다. 이곳에서 긴 시간 현지 사람들과 삶을 공유하면서 깨달은 것은 변화를 위해서는 교육이 절실히 필요하다는 것입니다. 우리가 세운 병원이 교육현장이 되어줄 뿐만 아니라, 앞으로 말라위에 궁극적으로 필요한 일들을 모두 펼칠 수 있는 든든한 기반이 되어주기를 기도합니다.

대양누가병원은 미래의 말라위 의료발전을 이끌어가는 중심병원을 꿈꾸며, 현지 전문인력을 양성하고 연구 및 교육할 수 있는 수련

미국에서 기부한 수술복과 물품을 크기별로 정리하는 모습

많은 사람의 손길로 완공된 말라위 수도 릴롱궤의 대양누가병원

병원이 되어가는 중입니다. 그 과정에서 2010년에 먼저 간호대학을 설립해서 지금까지 꾸준하게 간호인력을 양성하고 배출하고 있습니다. 그동안 말라위에서 열악한 의료 현실을 지켜보면서 사명감 있는 좋은 간호사를 교육하고 양성하는 것이 저의 새로운 비전이었습니다. 이동진료를 다니며 도무지 달라지지 않는 현실에 부딪히고 오랫동안 딜레마에 빠지기도 했지만, 현실에서 바뀌지 않은 것들은 교육을 통해서 바뀌고 발전해갈 수 있다는 것을 깨달았거든요. 그래서 차별화되고 철저한 간호교육으로 육체뿐 아니라 전인간호를 통해 소명의식이 있는 간호사를 양성하기 위해 노력하고 있습니다. 간호대학은 3년제로 시작했지만 지금은 4년제로 승격되었습니다. 4년제 간호대학을 졸업한 학생은 간호인력이 절대적으로 부족한 병원뿐만 아니라, 의료진이 부족한 시골의 진료소에서도 환자들을 치료하며 돌볼 수 있어요.

많은 학생이 자기 고향으로 돌아가 마을 사람들을 치료할 수 있기를 꿈꾸며 배우고 있습니다. 의과대학은 아직 시설과 의료진이 부족해서 말라위 정부에서 운영하는 국립의과대학에 학생들을 보내 기초의학을 공부시키고 있는 중입니다.

말라위에는 특별한 자원이 없어요. 우리나라처럼 사람이 곧 자원이지요. 그러나 고등교육을 받은 많은 젊은이가 일자리가 없어서 거리에 앉아 있거나 할 일 없이 놀고 있어요. 간호대학을 설립한 후, 일자리 없이 세월을 보내는 젊은 인재들을 보며 고민 끝에 ICT대학을 설립하게 되었습니다.

말라위를 비롯한 아프리카에는 상반되는 두 문명이 공존하는 나라가 많습니다. 시골은 아직도 18세기식 열악한 환경 속에 있고, 여

"나 자신이 좋아하는 일을 하며 나만의 삶을 사세요.
내가 누구인지를 찾게 되면 나 자신의 삶을 살 수 있습니다."

러 국제단체가 들어온 수도는 21세기 문명의 최첨단 기기들을 사용하며 일하고 있죠. 저는 아프리카의 많은 젊은이가 자신의 잠재력을 발휘할 수 있는 양질의 직업을 창출해주고 싶었어요. 그래서 도서관 2층 공간에 합판을 세워 또 다른 공간을 만들고 교실을 마련했어요. 거기에서 IT교육을 시작했습니다. 그러고는 미국에 있는 친구에게 학생 수에 맞게 중고로 컴퓨터를 구입해 보내달라고 요청했어요. 한국에서는 어린이들도 스마트폰을 잘 사용할 수 있지만, 말라위에서는 학생이 스마트폰을 갖는 것조차 어려웠어요. 그래서 개인용 중고 태블릿을 구매해 학생들에게 나눠주고 컴퓨터 기기를 마음껏 가지고 놀며 사용해보게 했어요.

학생들이 어느 정도 전자기기에 익숙해질 때쯤, 감사하게도 학생들을 위해 지인이 노트북 100대를 기증해주었어요. 학생들에게는 산타할아버지가 가져다준 선물처럼 꿈 같은 일이었죠. 학생들은 하나씩 갖게 된 노트북을 마음껏 이용하며 공부할 수 있었습니다.

하지만 한국의 수십 배에 달하는 비싼 인터넷요금을 내는데도 속도가 엄청 느리고 끊기는 경우가 많아서 교육하는 데 어려운 점이 많았어요. 최대한 말라위에서 할 수 있는 것들을 시도하여 교육을 시켰지만 환경의 제약이 컸지요. 결국 IT강국으로 발전한 한국을 몸소 경험하게 해줘야겠다고 결심하고 한동대학교에 도움을 구해서 교환학생으로 6개월마다 학생 5명을 한국에 보냈어요. 한국에서 배우고 돌아오면 말라위에서 적용하도록 하는 프로그램도 마련했습니다.

첫 학년 학생들을 가르쳤던 말라위 현지 교수님도 지금은 한국의 숭실대학교에서 박사과정을 밟고 있어요. 성적이 우수한 학생 몇명은 숭실대학교와 고려대학교, 성균관대학교에서 석사과정을 공부하고 있습니다. 이들은 한국에서 공부를 마치면 말라위에 돌아와 학생도 가르치고, 100년 후의 말라위 미래를 내다보며 성장하는 귀한 인재가 될 것입니다.

말라위 국민들은 대부분 농업에 종사합니다. 대개 소규모 텃밭을 이용하여 한 해 먹을 옥수수를 재배합니다. 그런데 비가 오지 않거나 비료가 없으면 그해의 농사를 망치고 말아요. 흉년이 들면 먹을 양식이 부족해 굶주리게 되지요. 그래서 오랫동안 고민하고 계획한 일이 있어요. 최소한 자기 가족들만이라도 자급자족하여 배고픔을 해결할 수 있도록 퇴비를 만드는 일부터 농사짓는 일까지 한 번에 가르쳐줄 수 있는 시범농장을 시도했습니다. 하지만 비가 내리지 않으면 해결할 수 없는 물 문제 때문에 계속 실패를 하고 있어요. 현재로서는 이 부분이 저의 가장 큰 숙제로 남아 있습니다.

천하보다 귀한 생명을 살리는 것이
가장 큰 행복

진료소에 업혀 온 몇 개월이 채 안 된 아기가 제 손에서 숨을 거두는 것을 지켜보던 날, 저의 한계에 절망하며 마음이 처참하게 찢기는 기분이 들었습니다. 되새기기 싫을 정도로 힘든 날이었어요. 또 제가 말라리아에 걸려 수차례 재발을 경험하며 죽음의 고통과 맞먹는 아픔을 경험했을 때도 힘들었습니다. 길거리에 걸어다니는 사람들 모두 마치 말라리아 전쟁에서 살아남은 자들 같아서 유심히 바라보며 부러워했던 기억이 납니다.

그런데 정말 큰 아픔은 한국에서 갑작스럽게 암을 진단받았을 때였어요. 하염없이 흘러내리는 눈물을 주체할 수 없었습니다. 제게 있는 거라곤 몸 하나밖에 없다고 믿고 죽을힘을 다해 달려왔으니까요. 그래도 수술받고 치료할 수 있는 단계여서 다시 말라위로 돌아올 수 있다는 데 감사했습니다.

반면 무엇과도 바꿀 수 없는 행복도 맛보았어요. 병원이 열리던 날, 먼 아프리카 땅에 태극기 수십 개가 펄럭이는 모습을 봤을 때 그 감격스러웠던 기분을 잊을 수가 없습니다. 병원이 열리고 처음 산실에서 울음을 터트리며 세상에 태어난 신생아를 안고 행복했던 시간도 있었습니다. 지금 그 아이는 열두 살이 되었겠네요. 700그램인 세 쌍둥이가 태어났을 때, 인큐베이터가 없어 캥거루맘 방법으로 몸에 품고 보듬었던 아이들이 마침내 3킬로그램을 훨씬 넘겨 건강한 모습으로 퇴원하던 날의 기쁨과 행복도 잊을 수 없습니다. 천하보다 귀한 생명을 살리는 일이 무엇보다 기쁘고 행복합니다.

혼자 가면 빨리 가고
함께 가면 멀리 간다

제가 하고 싶은 일을 하며 이렇게 많은 이에게 도움을 줄 수 있었던 것은 여러 도움의 손길이 있었기에 가능했습니다.

가장 먼저 아프리카로 떠나는 저의 길을 믿어주고 묵묵히 지지해준 부모님과 가족들이 있었고, 제가 해낼 수 있도록 기도와 물질적인 후원을 해준 동광교회 목사님과 성도님들의 사랑이 있었습니다. 그리고 어느 날 제게 전화를 걸어 말라위 사람들의 배고픔을 해결하는데 작은 도움이 되고 싶다며, 얼굴도 모르는 제게 필요한 것이 무엇인지 묻고 후원해준 정유근 장로님이 계십니다. 이 분들은 2005년 병원 기공 때부터 병원과 학교, 기숙사, 도로 등 인프라를 구축하는 것뿐 아니라 지금까지도 필요한 것들을 후원해주시며 말라위 사람들을 위해 헌신과 나눔을 실천해주고 계십니다.

간호사 후배인 홍민희 교수는 말라위에 필요한 것들을 한국에서 구해 보내주는 일들을 자기 일처럼 해주었어요. 형부와 언니는 도움을 요청하자마자 바로 달려와서 병원 건축을 맡아주었습니다. 그 고마움은 어떤 말로도 표현할 수 없습니다.

현지인 음순제님은 치무왈라 진료소 건축부터 25여 년 이상 한결같이 제 오른팔이 되어 현장에서 함께 일을 도왔지요. 교사를 하다 월급이 안 나와서 공사 현장에 일자리를 구하러 온 패트릭은 필요한 자재 구입부터 영수증 관리하는 일들을 도맡아 했어요. 똑똑하고 꼼꼼하게 일을 잘해서 학교에 보내어 공부하도록 도왔는데, 지금은 회계사가 되어 모든 병원과 학교의 재정을 담당하고 있습니다.

병원 공사가 마무리될 때쯤 병원장을 할 의사를 찾지 못하고 있을 때, 닥터 룽구라는 유능한 외과의사가 말라위 정부 보건사회부에서 일하고 있다는 것을 알았습니다. 영국에서 의학을 공부하고 남아공에서 전문의를 마친 외과의사였지요. 좋은 보수의 일자리를 내려놓고 말라위로 돌아와 자기 나라를 위해 일한다는 이야기를 듣고 만나서 비전을 나누었어요. 거의 완성되어가는 병원에 의료진이 없어서 고민하던 저에게 "Don't worry, We can do it!"이라는 한마디로 흔쾌하게 제 고민을 해결해주고 병원장으로 같이 일해오고 있습니다.

간호대학 건물을 완성하고 신입생을 맞이할 준비까지 다 마쳤을 때, 몸이 너무 아파서 한국에 돌아와 수술을 받아야 했습니다. 그때 학생들이 기다릴 것을 생각하니 당장 돌아가고 싶었지만, 수술을 안 받고 그냥 돌아갈 수도 없어서 우리나라 최초 간호학박사이며 간호계의 대모인 김수지 교수님을 찾아가 만났습니다. 사정을 이야기했더니 교수님이 은퇴 후 2년은 봉사하기로 생각하고 있었다며 흔쾌히 말라위 간호대학 학장 자리를 수락해주었어요. 가슴 아프게도 지금은 고인이 되셨습니다.

대부분의 사람에게 아프리카는 가난과 기근, 황폐한 땅, 죽음의 검은 대륙이라는 이미지가 깊게 자리 잡고 있을지 모릅니다. 미디어를 통해 비치는 아프리카의 일부분을 마치 전체 모습인 것처럼 생각해요. 하지만 아프리카에는 할 일이 많고, 아프리카 청년들에게는 잠재력이 많습니다. 누군가 메마른 땅에 단비와 같은 물을 주고 함께해준다면 푸른 희망의 열매가 자랄 것이라고 믿습니다.

아프리카를 향해 발을 내디뎠던 그 오래전부터 오늘까지, 단기간의 봉사가 아니라 지속적인 꿈을 꾸며 일할 수 있었던 것은 저 혼자가 아닌 여러 분들이 뒤에서 또는 현장에서 이름도 빛도 없이 물심양면으로 협력하여 도와주었기 때문입니다.

아프리카에는 '혼자 가면 빨리 가고 함께 가면 멀리 간다'라는 속담이 있습니다. 아프리카의 고통받는 사람들을 위하여 이름도 빛도 없이 봉사하는 분들이 곳곳에 많습니다. 또 멀리서 도움의 손길을 보내시는 분도 있지요. 이런 분들이 현지인들과 친구가 되어 함께 걸어준다면 더 멀리 갈 수 있다고 생각합니다.

공부해서 남에게 주세요,
그리고 5,000명을 먹이는 사람이 되세요

청소년들에게 해주고 싶은 말은 두 가지입니다. 우리나라는 경쟁교육이 심하잖아요. 서로 경쟁해서 좋은 대학에 입학해 졸업하면, 다음 목표는 대기업에 취직해서 좋은 조건에서 안정되게 살아가길 원하죠. 그것이 성공의 길이라고 생각하는 것 같습니다. 남과 비교하며 경쟁하기 때문에 남들보다 좋은 대학과 좋은 직장에 가지 못하면 인생의 실패자라고 생각하는 것 같아요. 그러나 한 번 주어진 나의 인생을 다른 누군가와 비교하거나, 다른 이의 기대에 맞춰 살지 않았으면 좋겠어요. 나 자신이 좋아하는 일을 하며 나만의 삶을 사세요. 나의 삶을 살 진정한 용기로 자유를 누릴 수 있어야 합니다. 내가 누구인지 찾으면 내 삶의 목적과 소명을 찾게 되고, 나 자신의 삶을 살 수 있습니다.

두 번째로 배워서 남에게 주는 사람이 되세요. 어느 목사님께서 하신 말씀이기도 한데, 제 생각도 이와 같습니다. 소위 성공했다는 사람 중에 두 종류의 사람이 있습니다. 5,000명분을 혼자 붙들고 있는 사람과 5,000명을 먹이는 사람이 있어요. 5,000명분을 혼자 붙들고 앉아 먹는 사람이 흔히들 잘사는 거라고 말하지만 그건 결코 잘사는 것이 아니에요. 단지 부자로 사는 것이죠. 그건 부끄러운 부자로 사는 것일지도 몰라요.

5,000명을 먹이는 사람은 부자는 아니지만 잘사는 사람이에요. 공부해서 왜 남 주냐고 하는데 공부는 남 주려고 하는 거예요. 공부해서 남 주세요. 그리고 5,000명을 먹이는 사람이 되세요. 목적이 이끄는 삶을 살 때 진정 '함께 사는 세상'이 될 거예요.

익숙한 세상과 이질적 세상

서
도
호
—

예술

예술가가 아니어도 누구나 창조적인 삶을 살 수 있습니다.

우리 내면에는 예술가가 살아 있음을 잊지 마십시오.

1962년 서울 출생

1985년 서울대학교 동양학 학사

1994년 미국 로드아일랜드 디자인학교 회화과 학사

1997년 미국 예일대학교 조소과 석사

2001년 제49회 베니스 비엔날레 한국관 전시

2013년 〈월스트리트 저널〉이 뽑은 올해의 혁신가상

2017년 호암예술상 수상

장소특정적인 설치작업과 섬세함이 돋보이는 조각품으로 널리 알려진 현대미술가.

서도호 작가는 작품을 통해 사회 안에서의 '개인' 혹은 '자아'의 경계와 '개인의 공간'에 대한 통념, 그리고 이 공간들의 다양한 크기와 이동성을 탐구해왔다. '집'을 주제로 한 다양한 작품들로 중요한 비평을 이끌어낸 서도호 작가는 현재 런던, 서울, 뉴욕을 오가며 활발히 활동하고 있다.

서도호 작가의 작품은 뉴욕 현대미술관, 구겐하임미술관, 휘트니미술관, 런던 테이트모던갤러리, 헤이워드갤러리, 서펜타인갤러리, 서울 국립현대미술관, 삼성미술관 리움, 아트선재센터, 도쿄 현대미술관, 모리미술관, 가나자와 21세기현대미술관 등 세계 유수의 주요기관에 전시 및 소장되어 있다.

서도호 작가는 2001년 베니스 비엔날레 한국관 작가로 선정되었고, 전시에도 참여한 바 있으며, 2010년과 2018년 베니스 건축비엔날레와 2010년 리버풀 비엔날레, 2003년 이스탄불 비엔날레, 2002 시드니 비엔날레 등 주요 국제 비엔날레에 참여했다.

설치미술은
미술의 장르가 아닌, 태도의 문제다

많은 사람이 저를 '설치미술가Installation Artist'라고 불러요. 하지만 저는 제 자신을 설치미술가라고 부르지 않습니다. 다소 긴 이야기일 수 있는데 왜 그런지 설명해보겠습니다.

'설치미술'이라는 용어가 사용되기 시작한 지는 그리 오래되지 않았어요. 1950년대에 쓰기 시작했다는 설도 있고, 1960년대, 1970년대부터 사용하기 시작했다는 이야기도 있어요. 그런데 중요한 것은 그 용어의 탄생이 어떤 미술운동에서 비롯된 것이 아니라는 겁니다. 제 경우를 예로 들자면, 저는 개인적인 필요 때문에 회화를 공부했다가 조각을 공부했어요. 여러 가지 기존 양식을 공부하면서 부족한 부분을 느껴 그것을 충족하려고 제 나름대로의 형식으로 작품을 만들었지요. 그런 작품이 지금의 '설치미술' 작품이 된 것입니다.

제 관점에서 보자면 회화나 조각, 이런 미술 형식의 구분은 오랜 시간에 걸쳐 확고부동하게 내려온 것입니다. 그런데 이런 전통적인 구분과 조금 동떨어진 설치미술이 최근 오래된 규범과 형식을 벗어나려는 작가들의 작품에서 많이 보입니다.

설치미술은 특정한 장르가 아닙니다. 특정한 장르라고 부르기에는 아우르는 범위가 너무 크고 모호해요. 우리는 종종 집이나 사무실 벽에 회화 작품을 걸어놓습니다. 그런데 그 그림을 다른 방식으로 걸어놓는 것만으로도 설치미술이 될 수 있어요. 조각도 마찬가지예요. 좌대에 작품을 올려놓고 전시를 하면 그걸 조각이라고 불렀습니다. 그런데 그 작품을 좌대에서 내려놓거나, 기존 방법에서 벗어나 여러 형태로 설치하면 이것 역시 설치미술이 될 수 있습니다.

설치미술이 마르셀 뒤샹Marcel Duchamp에서 시작했다고 주장하는 이들도 있어요. 뒤샹이 변기를 전시장에 가져다 놓음으로써 예술이 되었잖아요? 그것이 조각이냐, 예술이냐, 의견이 분분하죠. 설치미술을 선호하는 작가들에게 이러한 뒤샹적 표현 방법이 많이 발견됩니다.

다시 말하자면, 설치미술은 방법론이나 미술에 대한 태도에 따른 것이지, 하나의 장르는 아니라고 생각합니다. 지금은 많은 화가, 조각가, 사진가, 영상작가들이 전통적인 장르의 구분을 넘나들며 작업하는 것이 지극히 일상적인 상황이라서 현대미술 현장에서는 구분 자체가 무의미합니다.

설치미술을 하는 분들은 보통 멀티미디어 아티스트입니다. 회화나 조각에 한정되어 있지 않고, 필요에 따라 비디오나 사진을 쓰기도 합니다. 또 음악, 소리나 냄새, 움직임, 진동, 심지어 작가 자신이나 행위가 작품의 일부가 될 수도 있습니다. 우리가 백남준 작가를 '비디오 아트의 창시자', '비디오 아티스트'라고 일컫는데, 설치미술가라고도 부를 수도 있어요. 작품을 보여주는 형식이 굉장히 다양하니까요. 비디오 아트를 어떻게 전시하느냐에 따라 소위 말하는 설치미술에 부합할 수 있죠.

저는 예술이라는 것은 형식에 의해서 나누어질 수 없다고 생각하는 사람이라서 "어떤 것을 하세요?", "어떤 미술을 하세요?"라는 질문을 받을 때 답이 바로 나오지 않아요. 한편으론 제 작업이 몇 개의 단어로 정의되는 것을 거부하려는 태도도 있고요. 사실 저는 어떤 '정의' 자체에 포함되지 않는 삶을 살려고 노력하고 있습니다. 그 경계, 흑백으로 정의할 수 없는 회색지대Grey Area에 관심을 두며 살고 있습니다.

동양화를 공부하면서 만난
설치미술

저는 어릴 적 생물학에 열정이 있었어요. 좀 의외이지요? 네다섯 살 때쯤 저보다 나이가 많은 사촌이 《원색 자연 학습 도감》이라는 책을 줬어요. 이 책은 30년 전, 제가 한국을 떠날 때부터 저와 같이 세상을 돌고 돌아 지금은 제 런던 집 책꽂이에 있어요. 한글도 이 책을 보면서 뗐어요. "이 그림이 이거구나", "이건 어디에 사는구나" 하면서요. 그중 제가 특히 관심이 있었던 생물은 물고기였어요. 바닷속의 생태계는 지상의 생태계처럼 쉽게 가볼 수 없는 미지의 세계잖아요. 바닷속 세계를 마음껏 상상하며 보내는 시간이 정말 좋았어요. 상상한 세계를 그림으로 그리면서 어린 시절을 보냈지요.

그때만 하더라도 일간지에 과학자들이 정기적으로 쓰는 칼럼이 있었어요. 미술전문 기자나 평론가들의 칼럼도 있었죠. 제가 좋아했던 칼럼 중에 〈신박물기: 어류편〉이라는 글이 있었어요. 평생 한국의 민물고기를 연구한 정문기 박사님의 글이었지요. 박사님의 칼럼을 스크랩해서 읽었고, 직접 쓴 책도 모두 읽었어요. 제가 중학교 1학년 때는 경희대학교 명예교수로 계셨는데, 편지를 주고받다가 직접 만나 뵙는 행운도 있었죠. 막 개관한 수족관에서 제게 직접 물고기 설명을 해주셨던 기억을 소중히 간직하고 있어요.

어렸을 때부터 해양생물학자가 되어야겠다는 생각으로 나름대로 열심히 공부를 했는데, 고등학교 1학년 때부터 수학과 과학의 성적이 점점 떨어지더라고요. 1학년에서 2학년으로 올라갈 때 이과와 문과를 나누는데, 제 판단에 이과로 갔다가는 아무것도 못 할 것

© Photo courtesy of STPI-Creative Workshop & Gallery, Singapore

"저는 어떤 '정의' 자체에 포함되지 않는 삶을 살려고
노력하고 있습니다."

같아 문과로 갔어요. 그리고 자연스럽게 미술을 해야겠다는 결정을 했죠.

돌이켜보면 정말 미스터리입니다. 생물학에 그토록 열정이 많았는데 어떻게 그런 결정을 내릴 수 있었을까요? 미술을 하게 된 것이 운명이 아닐까라는 생각도 해봅니다. 하지만 지금도 서점에 가면 제 가슴을 두근거리게 하는 책들은 모두 생물학에 관한 것이에요. 물론 일반인을 위한 책들이지만요. 머리맡에도 항상 생물학 책이 있어요.

생물학을 공부했다고 해도 잘하지 못했을 거예요. 제가 물고기를 보며 특히 흥미를 느꼈던 부분은 다양한 물고기의 아름다움과 물고기들의 미세한 차이를 구분해내는 거였어요. 많은 분이 더 잘 아시겠지만 물고기가 서로 비슷하게 생겼어도 점 하나가 달라서 분류가 바뀌기도 하거든요. 생각해보면 저는 결국 형태에 관심이 많았던 것 같아요. 동물의 아름다움, 미묘한 차이들, 생명의 신비 같은 것요. 과학적인 것에 관심을 둔 게 아니라, 따지고 보면 미술과 좀 더 관계가 있는 거죠.

또 저는 손으로 무엇을 만들거나 그림 그리는 걸 좋아했어요. 아버지가 화가였기 때문에 자연스럽게 영향받았겠죠. 그래서 미술로 진로를 정한 것 같아요. 당시 제가 다닌 대학교에는 동양화 서양화과 구분이 없었고 회화과가 있었어요. 저는 회화과 안에서 동양화를 전공했는데, 그때는 동양화가 인기 과목이 아니었어요. 회화과 정원이 50명이라고 치면, 동양화 전공은 10명 정도밖에 안 됐어요. 다들 동양화가 고루하고 재미없는 양식이라고 생각했던 것 같아요. 하지만 저는 동양화는 우리나라가 아니면 배울 수 없는 분야라는 생각이 들었어요. 동양화를 공부할 때 아버지의 영향도 많이 받았지만, 당시 서울대학교에서 미술사 강의를 했던 간송미술관 최완수 선생님께 큰 영향을 받았어요.

최완수 선생님의 강의는 다른 미술사 강의와 달랐어요. 미술을 미술로만 바라보지 않으셨죠. 예를 들어, 겸재 정선의 그림에 관해 이야기할 때 그림의 형식만 가지고 이야기하는 것이 아니라 당시 그런 그림이 나온 사회·정치·문화적인 맥락을 통해 거시적으로 설명했습니다. 그 강의를 통해 예술작품과 시대 맥락과의 뗄 수 없는 상관관계와 우리나라 전통문화에 대한 공부를 많이 했지요.

어디에도 속하지 않는
형식과 작품을 실현하다

그 후 자연스럽게 대학원에서 동양화 공부를 이어갔습니다. 그런데 공부할수록 답답한 마음이 들었어요. 사상적인 측면에서는 동양화가 좋았는데 급변하는 세상, 다면적이고 다층적인 현대사회의 이슈를 이야기하기에는 형식적으로 한계가 있다는 느낌을 받았어요. 동양화만의 문제가 아니라 동·서양화를 합친 회화 자체에 대한 의구심이 생겼어요. 좀 더 자세히 말하자면, 경계가 정해진 종이나 캔버스 위에 이미지와 사상을 담는다는 것이 굉장히 제한적으로 느껴졌습니다.

우리가 종이 위에 어떤 풍경을 아주 멋있게 그렸다고 생각해봅시다. 그런데 아무리 훌륭한 그림이라고 해도 관람객의 시선이 화면의 경계로 가면 결국 그림의 끝이 보이잖아요. 저는 그런 생각을 했어요. 누군가 자신의 그림을 보는 순간, 그림과 현실의 경계를 잊고 몰입할 수 있게 만드는 것이 모든 화가의 숙제라고요. 이건 동양이든 서양이든 모든 예술가가 회화가 탄생한 때부터 계속 고민해온 것입니다. 그림에 경계가 있다는 것을 알아차린 순간, 그리고 멋있는 그림의 표면이 물감으로 보이기 시작하는 순간 그건 그림이 아니라 물질이 되어버리거든요.

풍경화를 예로 들면, 멋있게 그린 풍경을 보는 순간 감정이입이 되면서 우리는 화가가 그린 환상의 삼차원 공간 속으로 빠져듭니다. 앞에 큰 나무가 있고 그 위에는 개울이 흐르고 꽃이 만발한 초원이 보여요. 그리고 아득히 뒤쪽으로 구름에 싸인 높은 산이 보입니다. 우리의 시선은 자연스럽게 화가가 구축한 그림 속 공간에 머뭅니다. 그러다 어느 순간 우리가 빠져든 화면 속의 공간은 환상일 뿐이고, 거기에는 실제로 삼차원적인 공간은 없다는 사실을 깨닫습니다. 그림은 단지 화폭 위에 물감으로 그려진 이차원적인 평면일 뿐이라는 자각을 한 겁니다.

이 자각의 시점은 미술이 모더니즘에서 포스트모더니즘으로 넘어가는 시점입니다. 그림 속에 아름다운 풍경은 없고 물성을 가진 화폭 위에 물감으로 그린 어떤 물체라는 '존재론적 조건Ontological Condition'을 생각하게 되면서 회화는 큰 전환의 국면을 맞이해요. 사실적으로 표현된 이미지가 제공하던 신비가 깨지면서 화면의 한계를 극대화하거나 그림 그리기의 행위적 프로세스를 강조한, 즉 요즘 우리가 많이 보는 추상미술이 시작되었다고 볼 수 있죠. 어떻게 보면 마르셀 뒤샹의 〈샘Fountain〉 논란도 비슷한 시점과 맥락에서 설명될 것 같습니다. 저도 대학원에 다닐 때 그림의 이런 물질적 한계를 경험하고 고민했어요. '내가 지금 바라보는 그림 속의 강아지가 강아지이냐, 아니면 얇게 바른 물감이냐' 그런 고민 말이죠. 그런 딜레마의 결과로 당시 기준으로는 굉장히 파격적인 졸업 작품을 만들었습니다. 지금 보면 그게 일종의 설치작품이었어요.

회화와 조각 중간쯤에 있는, 어디에도 속하지 않는 형식과 작품을 만들어야겠다고 생각하며 설치미술을 시작했습니다. 제가 대학원을 졸업할 때가 1985년이었는데, 당시만 하더라도 우리나라에는 '설치미술'이라는 용어가 거의 통용되지 않을 때였어요. 대학원을 졸업하기 위해 그 설치미술 같은 작품을 만들고, 논문을 냈는데 당시 지도교수님이 제 작품을 전혀 이해하지 못했어요. 하지만 다른 젊은 교수님들의 격려로 다행히 논문도 통과하고 졸업을 했죠.

이 얘기는 사실 굉장히 중요합니다. 제가 미국 유학을 가면서 설치미술을 하게 된 것이 아니기 때문이죠. 대학원을 졸업하고 미국 유학 가기 전까지 2년 정도의 시간이 있었는데, 그때부터 이미 공간에 관한 생각과 공간을 옮기는 것에 대해 깊이 생각했어요. 제가 한국에서 공부한 동양화를 버리고 서양에서 유학을 한 후 지금 하는 설치미술을 시작했다고 오해를 많이 합니다. 그런데 유학 전에 했던 설치 계통의 작업들은 우리나라 전통건축의 유연성과 투명성, 동양화의 병풍이나 족자 등의 형식에서 발견할 수 있는 운반 가능성에 기반을 둔 작업들이었습니다. 제가 현재 하고 있는 작업들의 기반은 유학가기 직전 한국에서 씨를 심은 것들이에요.

저는 동양사상에는 서양사상과는 궤를 달리하는 큰 자유가 있다고 생각합니다. 그렇다고 동양사상이 서양사상보다 우월하다는 논리를 펴려는 것은 아닙니다. 그냥 다를 뿐이에요. 사실 제가 추구하는 삶이나 예술은 동양적인 생각에 더 가깝습니다. 한국인으로서 동양적인 사상 체계는 제가 벗어날 수 없는 조건이기도 했고요. 선택의 여지가 없었던 것이죠. 저에게 내재된 동양적인 사상과 서양에서 배운 방법론이 어우러지면서 외국에서의 작품활동을 자연스럽게 할 수 있었던 게 아닌가 하는 생각을 합니다.

Some? One?

저는 한국에서 대학원까지 졸업했는데도 미국에서 다시 학부에 들어갔어요. 일부러 그렇게 한 게 아니라, 지원한 학교에서 다 떨어지고 한 학부에서만 받아줬거든요. 어쩔 수 없이 간 것이죠. 미국에서는 학부부터 공부하는 것이 좋다는 이야기를 많이 들어서 차라리 잘됐다고 생각했어요. 대학원까지 졸업했기 때문에 학부에서 다시 시작할 용기도 없고, 학비도 많이 들 것 같아 걱정스러웠는데 막상 일이 그렇게 되니 한편으로는 좋았습니다.

제가 간 학부에서는 자기 전공 수업 외에 다른 전공 수업도 꼭 들어야 했어요. 한국의 대학교에서는 다른 전공 수업을 듣기가 굉장히 어려웠어요. 미대는 더 그랬죠. 건축, 패션, 사진, 조각 등 미국 대학교에서 들은 다양한 수업은 작업에 중요한 영향을 끼쳤습니다.

기억에 남는 수업이 몇 가지 있어요. 그중 하나가 사진 수업입니다. 제일 기본적인 흑백사진의 기초를 가르쳐주는 수업이었는데, 저는 첫 시간에 카메라 구조나 현상처럼 기본적인 이론수업을 할 것으로 예상했죠. 그런데 교수가 들어와서 아무 말 없이 칠판에 "지금부터 우리는 말하지 않고 커뮤니케이션을 할 것이다"라고 쓰더니 종이와 크레용을 학생들에게 나눠주었어요. 그리고 옆에 앉은 사람과 시각적으로만 커뮤니케이션하라고 했어요.

지금 생각해보면 당시 제 영어 수준에 무슨 배짱으로 유학을 갔나 싶어요. 물론 토플이나 그런 기본적인 시험은 모두 통과했으니까 갔겠지만 어떻게 영어로 수업을 들을까 걱정을 많이 했어요. 그런데 언어를 배제하고 시각으로 소통하는 수업이라니, 엄청난 충격이었어요. 그리고 깨달았죠.

'아, 그래! 아티스트는 시각으로 커뮤니케이션하는 사람이야.'

두 번째 수업은 인체조각 수업이었습니다. 인체조각 수업은 인기 있는 수업이 아니었어요. 인기 있는 과목들을 모두 놓쳐서 들을 수 있는 자리가 남은 것이 인체조각이었습니다. 사실 정말 듣기 싫은 수업이었어요. 한국에서 추운 겨울에 딱딱하고 차가운 찰흙으로 두상을 만들었던 기억이 떠올랐거든요. 하지만 시작해보니 제가 생각하는 것처럼 전통적인 조각 수업이 아니었습니다.

인체조각 교수학습 계획서에 적힌 네 개의 과제 중에 가장 처음 해야 할 작품이 '옷'의 개념을 이용한 작품이었습니다. 옷은 한 사람의 생물학적인 아이덴티티를 덮고 사회적·정치적·문화적인 아이덴티티를 부여하는 도구로 작용하죠. 예를 들면 의사의 흰 가운, 경찰의 제복 같은 것들은 그 사람의 직업만 설명하는 게 아니라 일종의 권위를 부여하기도 하잖아요? 눈에 보이지 않는 힘을 나타내는 등 부정적으로 작용하기도 하고요.

여러 종류의 옷으로 작품을 만들라는 과제였는데, 당시 그 과제를 준비하는 시기에 미국 로스앤젤레스에서 폭동이 일어났어요. 1992년에 백인경찰들이 흑인을 폭행하면서 흑인들의 폭동이 일어난 겁니다. 거기에 한국교민들이 애매하게 끼게 되었어요. 폭동이 일어난 지역은 로스앤젤레스 남부 쪽으로, 한인들이 많이 사는 동네였는데 폭동이 일어나면서 흑인밀집 지역에서 장사를 하던 많은 한국교민의 가게가 약탈을 당했죠.

그 당시 한국교민들이 자기 가게를 지키기 위해 총을 들고 나서는 장면이 미국 언론에 보도되기 시작했습니다. 저 같은 한국인은 교민들이 일군 삶의 터전이 얼마나 중요한지 알지만 미국인들은 꼭 그렇게만 바라보는 것이 아니더라고요. 심지어 미국 언론에서 의도적으로 흑백갈등의 문제를 한국교민과 흑인 사이의 갈등으로 돌리려는 것 같은 느낌을 받았어요. 한국교민들에 대해 부정적인 시선으로 보도했거든요. 한국에 있을 때 우리가 우리를 바라보는 관점과 미국이라는 거대한 다민족 국가에서 한국인을 바라보는 관점에 커다란 차이가 있다는 것을 경험하면서 큰 충격을 받았어요. 인종문제를 피부에 와닿게 경험한 것은 그때가 처음이었죠.

'왜 한국인은 총을 드는가?' 미국인 입장에서 이상하게 바라볼 수도 있어요. 한국 남자는 의무로 군대에 가잖아요. 우리 입장에서는 필요한 상황이면 다 총을 쏠 수 있는 거예요. 하지만 미국인은 그렇게 생각하지 않았어요. 또 한국교민들이 어떤 어려운 과정을 거쳐서 미국으로 이민을 왔고, 자리를 잡았는지 배경도 잘 이해하지 못하는 것 같았어요. 이 사건은 저의 정체성을 다시 더듬는 계기가 되었어요. 그러면서 한국남자의 관점에서 작품을 만들어야겠다고 생각했죠. 한국 남자와 군대. 거기에서 군인인식표를 가지고 만든 작품이 나왔습니다. 소위 깔깔이라는 야전상의 내피 위에 군인인식표를 갑옷의 비늘처럼 붙여서 만들었어요.

〈메탈 재킷Metal Jacket〉이란 작품인데, 〈Some/One〉이라는 작품의 모태가 된 작품이에요. 그리고 이 후로 그 수업에서 고민한 옷에 대한 여러 생각이 "건축적 공간에 옷을 입히면 어떻게 될까?"로 확장되어서 건축적 공간을 천으로 만드는 작업이 나오게 되었죠. 너무 듣기 싫었던 수업에서 향후 30년 동안 작업에 영감을 준 아이디어들을 얻었다니, 참 아이러니하지요?

예술가에게 중요한 것은 상이 아니다, 어떤 작품과 어떤 전시를 했느냐다

저는 예술처럼 상이나 학벌이 중요하지 않은 분야는 없다고 생각합니다. "이 상을 타면 세계 최고의 아티스트가 되는 거야"라고 확실하게 말할 수 있는 상은 없어요. 많은 분이 제가 받은 상에 대해 말씀하시는데, 어디까지나 '상'은 제가 하는 이 일과 그다지 관계가 없습니다. 어떤 유명한 상도 좋은 작가를 결정짓는 척도는 아니라고 생각해요. 상보다 중요한 건 어떤 작품을 했느냐, 얼마나 독창적인 작품을 했느냐가 아닐까요? 조금 구체적으로 들어가면 미술사에 포함될 만한 작품을 했느냐? 어떤 미술관에서 어떤 전시를 했느냐로 압축할 수 있습니다. 하지만 그 기준 또한 당시의 특정 시각이나 조건에 따라 결정이 되는 것이라 시간이 지나면 얼마든지 재해석되고 바뀔 가능성이 있습니다. 그리고 미술계의 제도권 밖에서 좋은 작품을 하는 많은 작가가 존재하기 때문에 더욱 그렇습니다.

다만, 가장 기억에 남는 전시에 대해서 묻는다면 세 가지를 꼽을 수

〈Some/One〉, 캔자스주 코티지 너만 현대미술관, 2004

있습니다. 가장 먼저 2012년 리움미술관 전시 〈집 속의 집Home within Home〉을 꼽겠습니다. 저는 한국에서 활동하다가 유학을 갔습니다. 그래서 활동 경력이 조금 있긴 했지만, 그렇다 하더라도 일반 대중에게는 제 이름이 알려지지 않았을 때였죠. 그런데 리움미술관 전시를 계기로 우리나라 대중에게 제 이름과 작품을 많이 알리게 됐어요. 제 작품 중에 특히 천으로 건축 공간을 1:1로 만든 작품들이 유명해졌어요. 국내 첫 개인전인 2003년 아트선재 전시 때는 공간의 제약 때문에 그 작품들을 소개할 수가 없었거든요. 그때 보여주지 못했던 천 작업을 리움미술관 공간에 맞게 선보일 수 있었습니다.

그때 전시의 주제가 '집'이었어요. 집을 주제로 제가 한국을 떠난 이후에 생각했던 것들을 다 모아서 전시했습니다. 리움미술관의 공간은 렘 콜하스Rem Koolhaas가 디자인한 비전통적인 전시장이었어요. 노출 콘크리트와 직각의 벽이 하나도 없는 쉽지 않은 공간이었죠. 저는 그 공간의 특성을 최대로 고려한 전시를 만들려고 노력했고, 미술관 공간과 작품이 하나인 듯한 전시 공간을 만들었다고 생각해요. 그런 저의 의도를 미술관 관계자도 충분히 이해하고, 제게 많은 자유를 주었기 때문에 가능한 일이었지요. 전시장 내의 동선과 관객의 움직임에 따라 작품과의 상호작용이 자연스럽게 생기는 전시라 관객 참여 측면에서 특히 좋은 반응을 받았어요. 그래서 기억에 많이 남습니다.

리움미술관 전시는 굉장히 많은 관람객이 찾아주었어요. 첫 개인전을 열었던 2003년과 2012년 사이에 전시관을 찾는 일반 관람객이 많아진 것도 제 작품이 많이 알려지게 된 이유 중 하나예요. 국내 미술관과 문화시설의 수가 서양에 비하면 여전히 적다고 생각하지만,

그사이 문화예술 기관들이 많이 늘었고, 미술이나 문화 전반에 대한 사람들의 관심이 높아지면서 제 작품이 더 주목받을 수 있었던 것 같아요.

그다음 해인 2013년에는 일본 가나자와시의 가나자와 21세기미술관에서 〈완벽한 집Perfect Home〉이라는 제목으로 대규모 개인전을 열었습니다. 가나자와 21세기미술관은 프리츠커 건축상Pritzker Archi-tectural Prize 수상자인 세지마 가즈요妹島和世와 니시자와 류에西沢立衛라는 유명한 건축가 듀오가 설계했는데, 미술관 건물 자체가 대단히 아름다웠을 뿐만 아니라 지금까지의 미술관 설계 패러다임을 바꾸는 새로운 미술관이었어요. 지붕 전체에서 자연광이 들어오면서 천으로 된 제 작품이 가장 아름답게 표현될 수 있었죠. 그리고 전시장이 정말 커서, 제가 다른 미술관에서 공간의 제약으로 할 수 없었던 작품들을 마음껏 설치할 수 있었어요.

마지막으로 기억에 남는 전시는 2016년 미국 오하이오주 신시내티의 컨템포러리 아트센터Cincinnati Contemporary Art Center에서 열린 〈여정Passage〉입니다. 신시내티 컨템포러리 아트센터는 2016년에 사망한 자하 하디드Zaha Hadid라는 이라크 출신의 건축가가 북미에서 처음으로 지은 미술관이에요. 건축적으로 굉장히 개성이 강한 건물이라서 미술작품을 전시하기가 쉽지 않아요. 그런데 저는 오히려 그런 건물들을 선호합니다. 설치미술은 보통 장소의 특정성을 작품의 일부로 반영하기 때문이죠. 자하 하디드라는 건축가를 굉장히 존경하는 마음을 더해 그분이 지은 건물을 오랜 시간 동안 면밀히 분석해서 그 공간에 맞는 전시를 만들어냈어요. 그래서 개인적으로는 그 전시도 굉장히 마음에 듭니다. 다만, 그 미술관이 미국 중부에 있는 중소도시의 미술관이라 많은 관람객이 보지 못한 점이 조금 아쉽습니다.

공간이 작품에 포함되는
새로운 관람 경험을 만들어내다

설치미술의 매우 중요한 요소 중 하나는 '장소특정성Site-Specificity'입니다. 장소특정성이란 작품이 어떤 특정한 전시공간과 상응해서 즉흥적으로 또 다른 작품을 만들어내는 것을 의미해요. 그런 작품들은 보통 영구적인 작품이 아닌 경우도 많아요. 어떤 공간에 작품을 만들어서 남길 수도 있지만 전시가 계속 순환되는 미술관 같은 경우에 그 작품들은 대부분 전시 후 해체 또는 파기가 되죠. 그런 일시적인 작품이라는 측면에서, 어떤 미술관에 전시되어도 작품의 의미가 변하지 않는 전통적 개념의 회화나 조각작품과는 많이 다르죠.

제 작품 중 미리 만들어진 작품의 경우 이 미술관 저 미술관에 설치가 될 수 있지만 태생적으로 전시장의 여러 가지 맥락context, 장소성-물리적, 비물리적 맥락에 따라 새로운 의미와 경험을 만들어냅니다. 그래서 어떻게 보면 매번 새로운 작품을 만드는 설치작품과는 성격이 다를 수도 있습니다.

모더니즘까지의 전통적 회화작품이나 조각작품들은 공간이 가지는 맥락이 그다지 중요하지 않습니다. 미술관의 흰색으로 칠한 박스형태의 전시장은 간섭이 최대한 배제된 아주 순수한 공간이거든요. 그런 공간에 놓인 작품을 보는 관람객은 작품의 맥락과 배경은 다 배제한 채 작품만 바라보게 됩니다. 그리고 작품은 시공의 영향을 안 받는 절대불변의 의미나 진리가 되지요. 이런 믿음, 맥락과 단절된 순수 지향적인 태도는 어떻게 보면 모더니즘의 핵심이고 굉장히 유럽중심적 사고체계의 결과입니다. 그런데 사실은 그렇지 않다는 게 포스트모더니즘이고 설치미술도 이 영향권 안에 있습니다.

조각을 예로 들어서 더 설명해볼게요. 많은 조각작품이 좌대 위에 올려집니다. 일단 좌대에 올려지면 어딜 가나 작품의 의미는 변하지 않아요. 그래서 앞에서 언급한 장소특정성은 큰 의미가 없었어요. 그런데 영국의 앤서니 카로Anthony Caro라는 조각가가 아주 간단하지만 미술사에 큰 획을 긋는 행위를 했어요. 좌대에서 전시장 바닥으로 반쯤 걸쳐놓은 작품을 선보인 것이죠. 나중에는 좌대가 없어지고 작품이 그냥 바닥으로 내려왔어요. 모더니즘적인 사고를 깨려는, 굉장히 의미 있는 시도였습니다. 작품이 좌대에서 바닥으로 내려오면 건물의 일부가 되잖아요. 그건 훨씬 더 넓은 맥락의 포함을 의미하는 것이죠. 그래서 앤서니 카로의 시도가 제게는 굉장히 크게 와 닿았습니다.

미국의 칼 안드레Carl Andre라는 미니멀리즘 조각가는 바닥에 사각형 동판들을 규칙적으로 반복해서 깔았어요. 그리고 관객에게 그 위를 걸어보도록 하며 작품과 관객 사이 신체적 접촉이 일어나도록 했죠. 그렇다면 칼 안드레 작품을 설치라고 봐야 할까요, 조각으로 봐야 할까요? 사실 그렇게 의미를 정하는 게 무의미하죠. 중요한 건 조각품과 전시장을 분리했던 좌대란 형식이 사라졌고, 작품과 관객에게 새로운 관계가 부여되었다는 것이죠. 그래서 저는 앤서니 카로나 칼 안드레의 시도와 태도에 경의를 표합니다.

이런 일련의 모든 시도가 1960년~1970년대에 나오기 시작했어

〈청사진〉 리움미술관, 2010~2012

〈베를린 집: 3개의 복도〉, 리움미술관, 2011

요. 예술작품의 지고지순한 순수지향주의보다 새로운 의미와 관계를 지향하는 시도에 큰 의미를 둡니다. 물론 제 작품도 미술관에 소장되기도 하지만 어떤 작품은 전시가 끝난 다음에 파기되어 존재하지도 않아요.

그런데 그 장소특정적 작품을 미술관으로 옮겨놓는다면 장소특정성은 어떻게 될까요? 작품에서 장소특정성이 사라질까요? 장소를 떠나면 장소특정성의 의미가 상실되는 것처럼 생각할 수도 있지만, 저는 장소특정성도 영원히 옮겨 다닐 수 있다고 믿어요. 그리고 그 작품이 전시되는 미술관 공간의 장소특정성까지 겹치면 작품에 새로운 의미가 부여된다고 생각합니다. 저는 장소특정성도 영원히 반복되고 각색이 가능하다는 입장이지요.

여기서 한 가지 재미있는 것은 제 작품이 투명한 천을 사용하기 때문에 전시공간과 작품이 하나가 되어버린다는 것입니다. 조금 예민한 관객은 제 작품만 바라보는 게 아니라 작품과 그 뒤에 있는 미술관 공간까지도 바라봅니다. 미술관 관계자들이 저와 전시를 한 번 하고 나면 이렇게 말해요. "내가 이 미술관에서 수십 년을 일했는데 매일 지나가도 발견하지 못했던 것을 당신의 작품을 통해서 발견했다"고요.

신시내티 컨템포러리 아트센터 전시가 좋은 예지요. 제일 큰 작품이 설치된 공간은 미술관을 개관한 후에 한 번도 안 쓴 공간이었어요. 전시장과 전시장 사이에 있는 굉장히 좁고 높은 공간인데, 거기는 사람들이 미처 전시를 할 생각도 못했던 죽은 공간이었죠. 그런데 거기에 제가 작품을 끼워 넣었어요. 재미있는 게 그 공간을 위해 작품을 새로 만든 게 아니라, 제가 자하 하디드의 건물을 열심히 스터디해서 그 공간에 맞는, 기존의 작품을 찾아 거기에 끼워 넣은 거예요. 작품의 높이는 11미터가 넘었지만 작품과 벽 사이의 공간이 사방으로 5센티미터밖에 안 되는, 아슬아슬한 설치였어요. 이전까지는 작품이 걸리는 배경으로서의 공간이었던 미술관이 비로소 작품과 대화를 하게 된 것이죠.

이 작업이 중요한 이유는 그 건물과 작품을 동시에 새롭게 바라볼 수 있고 그 해석과 의미를 찾아냈다는 데 있습니다. 저는 그런 태도가 예술가의 진짜 역할이고 예술의 목적이라고 생각해요. 그러니까 제가 어느 한쪽에 들어가 있으면 안 돼요. 양쪽을 볼 수 없으니까요. 중간에 있어야 합니다. 제가 지금까지도 계속 노력하는 부분이 바로 그것입니다.

나의 집, 당신의 집,
우리의 집

어떻게 이야기하면 결과물로서의 예술작품은 부수적인 것이라고 할 수도 있고, 단순한 방편이라고 볼 수도 있어요. 분리하기가 쉽지 않아요. 작품활동이 현실적인 생활의 방편이기도 하지만, 궁극적으로는 예술이라는 렌즈를 통해서 세상과 인생을 바라보고 이해하려는 데 목적이 있다고 할 수 있어요. 끝없이 변화하는 인생과 세상에 반응하다 보면 여러 종류의 작품이 나올 수밖에 없습니다.

제가 크게 관심을 두는 것은 공간입니다. '공간의 의미'이죠. 한 단계 나아가면, '개인의 공간'이라고 할 수 있어요. 그런데 개인의 공간은 과연 크기를 정할 수 있다면 어느 정도일까요? 개인을 개인으로 정의할 수 있는 최소한의 공간은 얼만큼이고, 최대한의 공간은 얼만큼일까요? 더 나아가 과연 개인의 공간이란 게 존재할까요? 그리고 사람들이 다 어떤 크기의 개인의 공간을 갖고 있다면 그 개인의 공간과 저의 개인의 공간과 타인의 개인의 공간이 만나는 교차점은 어디일까요? 공유된 공간의 크기는 어떨까요? 어느 순간에 개인이 전체가 되는 것일까요? 바로 그런 생각에서 제 작품이 나옵니다.

개인의 공간은 우주가 될 수도 있고, 제일 작게는 제가 입은 옷이 될 수도 있어요. 그런 전제를 깔고 작업하다 보니 여러 종류의 작품이 나올 수 있었습니다. 집을 작품으로 만들면서 제 이름이 알려지긴 했지만 다른 작품도 많아요. 제가 관심 두는 공간이란 물리적인 공간뿐만이 아니라 비물질적인 공간들, 예를 들어 기억이라든지 정신적인 부분, 손으로 잡을 수 없는 비물질적인 공간까지도 포함해요. 역사도 그에 포함될 수 있겠죠.

예술가는 발레리나처럼 여기서 저기로 점프해서 이동할 수 있는 사람이어야 합니다. 변하는 상황에 맞춰서 거기에 상응하는 작품이 순발력 있게 나와야 하는 거죠. 그게 제가 기본적으로 생각하고 있는 것이지만, 한편으로 집에 대한 생각에 계속 천착할 수밖에 없는 이유는 정말 많은 일이 집에서 일어나기 때문입니다. 한 개인의 인성이라든지 성격 같은 비물리적인 공간의 형성이 집이라는 물리적 공간에서 이루어지잖아요.

제가 강조하고 싶은 것은 집을 가지고 이야기할 수 있는 게 굉장히 많다는 것입니다. 철학가는 집을 빌리지 않아도 언어로 형이상학적인 이야기를 할 수 있겠지만 시각미술을 하는 사람으로서 저에게 그

매개는 집입니다. 사람들과 소통할 어떤 공통점이 집이 된 거죠.

나, 개인의 삶에서
영감을 찾다

영감을 어디에서 얻는지, 질문을 종종 받아요. 하지만 그 물음에 쉽게 대답할 수가 없어요.

10년 전쯤에 비슷한 질문을 받고 "나는 영감으로 작품을 하는 작가가 아니다"라는 인터뷰를 했던 기억이 나네요. 지금 다시 대답해보자면 제 영감은 '관찰, 생각, 그리고 조금의 조사'에서 나오는 것 같습니다. 최근에 반복되는 어떤 감정도 작품의 영감이 되기도 합니다. 설치를 하려면 미술관의 건축가에 대해서 공부해야 하고, 공간에 대해서도 조사해야 하죠. 어떤 때에는 그 미술관이 자리한 도시나 나라에 관해 연구하기도 해요. 그 나라의 정치적인 상황을 연구할 수도 있고요.

중요한 건 분석적인 부분과 개인적인 부분의 균형을 잘 맞춰야 한다는 것입니다. 그런데 사실 저는 개인적 경험으로 대중과 소통하려고 노력하는 작가이기 때문에 개인적 삶에 대해 많은 생각을 합니다. 그래서 제 작품은 자화상이나 자전적인 성향이 크다고들 말합니다. 지금 하고 있는 작업이나 앞으로 계획에 대한 질문을 많이 받는데, 최근에는 '가족'이라는 공간에 많은 관심을 두고 있고, 새로운 작업이 거기서 나오고 있습니다. 아이들과 가족이 생기면서 제 작업에 새로운 영역이 생긴 것 같아요. 아이들이 생기지 않았다면 몰랐을 감정의 깊이가 분명히 생겼어요. 저처럼 평범한 사람은 겪어봐야만 아는 감

〈서울 집/서울 집/가나자와 집/베이징 집/포항 집/광주 집Seoul Home/Seoul Home/Kanazawa Home/Beijing Home/
Pohang Home/Gwangju Home〉, 가나자와 21세기미술관, 2002~2012

정들이 있는 것 같아요. 가족이란 공간 안에서 아버지의 역할, 남편의 역할이 제 작업에 많은 영감을 주더라고요.

또 지금 새로 하는 작품에는 '과연 완벽한 집은 무엇인가?', '어디에 완벽한 집이 있을 것인가?'라는 생각들이 담겨 있습니다. 제가 10년 전에 결혼하면서 런던으로 왔는데 그전에는 뉴욕에서 25년 정도 살았어요. 뉴욕과 서울, 그 사이에서 왔다 갔다 했죠. 완벽한 집이 있다고 한다면, 뉴욕과 서울 정중앙이나 태평양 어딘가에 있어야 한다고 생각했어요. 지금은 저에게 런던이 생겼잖아요? 생각해야 하는 장소가 두 개에서 세 개가 되었어요. 그래서 런던과 서울, 뉴욕의 가장 중앙에 있는 장소를 찾아보니까 북극점 바로 옆이더라고요.

그래서 북극에 대한 조사를 많이 하고 있습니다. 북극은 지구에서 생명이 살기 가장 힘든 환경이에요. 1년에 6개월이 낮이고, 6개월이 밤이고 또 가장 춥고요. 북극해에는 대륙에 갇혀 빙빙 도는 해류가 있는데 이게 한 방향으로만 돌지 않고, 몇 년이 지나면 반대로 돌기도 해요. 그래서 어떤 건물도 지을 수가 없어요. 현재는 누구나 소유권을 주장할 수 있는 공해인데 미국, 러시아, 유럽이 다 북극을 자기네 영토라고 주장하고 있어요. 영토분쟁의 제일 쟁점이 되는 곳 중 한 곳이기도 하죠. UN 법규에는 공해이기 때문에 사실 저와 같은 개인도 거기에 집을 짓고 나라를 만들어서 권리를 주장할 수도 있어요(물론 제약이 있지만). 그러니까 전통적으로 생각하면 국경도 생기고 법이나 여권도 있어야 하고, 여권을 확인하는 장소도 있어야겠죠. 또 화폐나 언어 등 여러 가지가 있어야 하는데 기존의 제도적 형식이 아닌 전혀 새로운 대안을 찾으려는 게 제 목표입니다.

제 의도가 들어간 것이 아닌데도 이런 장소가 나왔다는 건 우연이

〈미국 뉴욕주 뉴욕시 22번가 348번지 A호 유닛 2, 복도와 계단
348 West 22nd street, New York, NY 10011, USA – Apartment A, Unit 2, Corridors and Staircases(Kanazawa version)〉,
가나자와 21세기미술관, 2011〜2012

아닌 것 같아요. 북극에 집을 짓는 것이 제가 지금 하는 프로젝트입니다. 물론 어디까지나 상상의 집이죠.

또 최근에 많이 하는 작업은 건축공간을 기록하는 것입니다. 사진을 찍든, 영상으로 찍든 저만의 시각으로 기록하는 작업을 하고 있어요. 건축적 공간을 살아 있는 유기체로 바라보려고도 합니다. 국내 관객들에게는 아직 소개가 되지 않은 작품이죠. 코로나19 바이러스 때문에 어떻게 될지는 모르겠지만 2021년부터 2024년까지 이런 작품들을 중심으로 새로운 전시들을 계획하고 있어요. 또 아까 이야기했던, 아이들 키우면서 생긴 생각들이나 아이들과 함께 만든 작품으로 전시를 준비하고 있고요. 이 모든 것이 '집'이라는 공간 안팎에서 일어날 수 있는 일들입니다.

마지막으로 중요하게 하는 작업은 코로나19 바이러스와 관련 있습니다. 지금 인터뷰하는 시점이 코로나19 바이러스로 전 세계인이 한참 어려움을 겪고 있는 때잖아요. 저도 몇 달째 격리생활을 하고 있어요. 코로나19 바이러스는 제가 살면서 느낀 그 어떤 위기감보다 크게 다가왔어요. 미국의 9·11테러 때도 뉴욕에 있었는데 어떤 면에서는 그때와 비교할 수 없는 위기감을 느껴요. 요즘처럼 인간의 생존 문제를 깊이 생각해본 적은 없었습니다. 당분간 코로나19 바이러스가 없어지지 않을 것 같은데, 아니 어쩌면 완전히 없어지지 않을 것 같은데, 이 청정지역인 북극을 오가면서 어떻게 하면 코로나19 바이러스로 그곳을 오염시키지 않을 수 있는지, 그 메커니즘까지도 생각하고 있습니다.

저는 국경 없는 세상, 몸뿐만 아니라 생각이나 마음 자체도 자유롭게 왔다 갔다 할 수 있는 세상을 꿈꿔 왔는데 거꾸로 가는 것만 같아서 안타깝습니다. 그래서 저의 '완벽한 집'에서는 이쪽과 저쪽을 나누는 높은 벽을 세우는 대신, 마치 숲속을 천천히 이동하면 그사이에 자연스럽게 코로나19 바이러스가 필터링이 될 수 있거나 마치 식물의 뿌리가 많은 잔가지를 내려서 땅속의 영양분과 물을 빨아들이고 물을 정화하는 것과 같은 유기적 시스템을 생각하고 있어요.

앞으로 코로나19 바이러스도 제가 지금 준비하는 작품에 큰 영향을 미칠 것 같다는 생각이 들어요.

우리의 내면에 예술가가 살고 있음을
잊지 않는 삶이 중요

저도 예술가이긴 하지만 '예술이 왜 우리에게 필요할까'라는 생각을 거의 매일, 그것도 여러 차례 합니다. 특히 오늘날처럼 코로나19 바이러스 때문에 수많은 사람이 목숨을 잃는 상황에서 과연 '예술행위'라는 게 우리에게 어떤 의미를 줄 수 있을까요? 아쉽게도 예술이 직접적인 해결책이 될 수는 없을 것 같아요. 예술은 우리가 이와 같은 커다란 위기를 맞았을 때, 아니면 정치·경제적인 논리를 적용할 때 굉장히 무력해집니다. 하지만 예술은 인류가 존재하는 한 절대 사라지지 않을 거예요. 음악이나 미술과 같은 예술이 중요한 것은 우리의 감정을 표현하는 창구이기 때문이에요. 예술이 인류와 함께 오랜 세월 동안 존재할 수 있었던 이유죠.

예술가에게 진짜 중요한 건 '표현과 창의성' 두 가지입니다. 그중에서도 굳이 더 중요한 걸 말하자면 창의성입니다.

⟨미국 뉴욕주 뉴욕시 22번가 348번지 A호 유닛 2, 복도와 계단
348 West 22nd street, New York, NY 10011, USA – Apartment A, Unit 2, Corridors and Staircase⟩,
신시내티 컨템포러리 아트센터, 2011

저는 모든 사람의 내면에 예술가가 살고 있다고 생각해요. 아직 말을 하지 못하는 어릴 때라도 그림은 그릴 줄 알잖아요? 그림이 어떤 형태를 나타내지 않아도, 낙서와 비슷하다 해도 그건 '표현'이거든요. 가사라고 할 수 없는 말이지만 노래를 할 때도 그와 같아요. 하지만 자라면서 어느 순간 그런 예술적 표현들을 접고 다른 길로 가죠. 그렇다고 그 창의성이 사라지는 것은 아닙니다. 오직 예술가의 길을 가기로 한 소수의 사람들만이 그런 창조적 표현을 업으로 삼고 계속합니다.

즉, 제 이야기의 핵심은 "예술을 어떻게 하느냐", "예술가가 되려면 어떻게 공부하느냐"라는 질문보다 "어떻게 창의성을 살릴 것이냐"가 더 중요한 질문이 되어야 한다는 것입니다. 설사 예술을 하지 않더라도, 그 창의성을 자기가 하는 분야에 어떻게 적용할 것인지가 더 중요하죠.

크리에이티브한 마인드를
어떻게 평생 가지고 갈 것인가

호암상 수상 소감에서도 말씀드렸는데, 제가 호암상에 감사한 이유는 예술을 과학이나 의학처럼 직접적으로 인류의 안녕에 기여하는 분야와 동등하게 시상 영역에 넣어주었다는 겁니다. 예술의 중요성을 인식하고 있었다는 의미니까요.

예술은 진짜 마이너리티 중에 마이너리티예요. 우리나라뿐 아니라, 세계 전체 인구에 비교해봤을 때도 예술을 전문적으로 하는 사람들은 정말 극소수입니다.

저는 특정 예술가의 삶을 이야기해주는 것보다 더 중요한 것이 "크리에이티브한 마인드를 어떻게 평생 가지고 갈 것인가"라는 질문을 던지는 것이라고 생각합니다. 이를 고민해야 해요. 창의성은 예술가의 전유물이 아닙니다. 창의성과 예술은 누구에게나 필수적인 것입니다. 과학자라도 크리에이티브한 마인드가 있어야 좋은 연구와 업적을 낼 수 있다고 생각합니다. 그러니까 좋아하는 것이 미술이든 음악이든 무용이든 힙합댄스든, 자기의 예술적인 본능의 불씨를 꺼뜨리지 않고 유지하는 방법을 고민해야 합니다.

또 한 가지 이야기하고 싶은 것은 유명한 미술대학에 가는 게 좋은 작가가 되는 지름길은 절대로 아니라는 것입니다. 학교의 유명도에 따라서 유명한 작가가 될 수 있을까요? 절대로 그렇지 않습니다. 그렇다면 명문학교를 졸업한 작가들은 전부 다 세계 최고의 작가가 되어야 하는데, 그렇지 않잖아요. 지름길이나 남이 깔아놓은 정석에 너무 집착하지 마세요.

요즘 청소년들은 저희 어렸을 때보다 훨씬 더 자유로워 보여요. 사회적인 분위기도 예술에 많이 열려 있는 것 같고요. 중요한 건 부모님이 됐든 사회의 시각이 됐든 자기가 하고 싶은 어떤 것을 하는 데 방해하는 요소와 얼마만큼 싸워나갈 것인가입니다. 그것은 결국은 자기 몫입니다.

가장 중요한 것은 '나의 일이나 상황에서 얼마만큼 크리에이티브한 삶을 사는가?'입니다. 예술가가 아니어도 누구나 창조적인 삶을 살 수 있다고 믿어요. '우리 내면에는 예술가가 살아 있다'는 것, 그 사실을 잊지 마십시오.

2012 Ho-Am Prize Laureate in Engineering

나노기술은 도우미기술

현
택
환

―

공학

새로운 질문을 던지는 것, 그 질문을 풀어나가는 것,

그것이 과학자로서 가장 신나는 일입니다.

profile

1964년 대구 출생

1987년 서울대학교 화학과 학사

1989년 서울대학교 화학 석사

1996년 미국 일리노이대학교(어배나 샴페인) 무기화학 박사

1997년~현재 서울대학교 교수

2010년~현재 미국 화학회지 부편집장

2012년 호암공학상 수상

2017년~현재 서울대학교 석좌교수

2020년 Citation Laureate 선정

나노소재 합성 및 응용분야의 세계적인 권위자.

현택환 박사는 세계 최초로 크기가 균일한 나노입자를 제조할 수 있는 획기적인 합성법을 개발하고, 입자의 크기와 모양, 구성성분을 조절하는 기능성 나노입자 제조로 그 응용성을 증명했다. 현재 그가 개발한 소재는 의학, 에너지, 촉매 연구 등에 광범위하게 활용되고 있다.

2001년에 발표한 논문을 통해 크기 분리 과정 없이 열분해 방법을 이용하여, 균일한 자성체 산화철 나노입자를 제조하는 연구결과를 발표했다. 2004년에는 금속염을 출발물질로 이용하여, 균일한 크기의 나노입자를 손쉽게 대량으로 제조할 수 있는 신기술을 개발해 학계의 관심을 끌었다. 이 승온법은 균일한 나노입자를 대량으로 생산하는 표준방법이 되어 연구와 산업분야에 광범위하게 사용되고 있다.

현택환 박사는 나노입자의 다양한 응용을 통해 미래 비전을 제시하고 있다. 나노입자를 조영제로 활용하여 MRI 영상에서 단일 세포까지 영상화할 수 있는 기술을 개발해 미래의 질병 진단과 치료에 새로운 장을 열었다.

나노기술이란 도서관의 모든 정보를
각설탕 한 알 크기에 넣을 수 있는 기술

'나노Nano'는 그리스어로 난쟁이를 뜻하는 나노스Nanos에서 나왔습니다. 난쟁이라고 하면, 가장 처음 드는 생각이 굉장히 작다는 것이죠? 나노미터는 쉽게 말하면, 1미터의 10억분의 1입니다. 금방 와닿지 않을 텐데, 우리가 잘 아는 물질과 비교해볼까요?

매일 마시는 물을 예로 들어봅시다. 물 분자의 크기가 대략 0.3나노미터 정도예요. 비슷한 크기로 금이 있는데, 금의 원자 또한 0.3나노미터 정도고요. 우리 몸속에 있는 단백질 중 소화효소인 키모트립신은 대략 10나노미터보다 조금 작아요. 또 혈관에서 혈액을 운반하는 헤모글로빈의 크기가 30~40나노미터 정도입니다. 눈에 보이지는 않지만 우리 몸속에도 나노 크기의 물질들이 굉장히 많이 존재하고 있죠.

나노라는 키워드가 세계 과학계에 등장한 지는 30년 정도밖에 되지 않았습니다. 역사가 굉장히 짧아요. 제가 서울대학교 화학생물공학부 교수로 온 때가 1997년입니다. 다른 교수님들이 "현 교수, 전공이 뭔가요?"라는 질문을 많이 하셨죠. 제가 "나노과학을 전공했습니다"라고 말하면 "니나노에 나노인가요?"라고 되묻기도 했죠. 물론 농담이었어요. 하지만 나노기술Nano Technology은 그 정도로 굉장히 낯선 분야였습니다. 지금은 시대가 많이 변했죠. 과학자나 전공자가 아닌 사람도 나노기술에 대해서 꽤 많이 알고 있으니까요. 최근에는 세계 5대기술*로 IT 다음에 BT, 그다음 NT를 꼽아요. 먼저 IT, 정보기술은 우리에게 가장 익숙한 기술입니다. 우리나라는 IT 강국이기도 하지요. BT는 바이오 테크놀로지의 약자예요. 인류의 평균수명이 늘어나면서 생명공학에 갖는 관심도 그만큼 커졌지요. 그다음이 NT, 바로 나노 테크놀로지입니다. 사실 저는 NT라는 말을 좋아하지 않아요. 발음이 안티Anti와 같잖아요. 그래서 NT보다 '나노텍' 혹은 '나노기술'이라고 부릅니다.

다시 돌아가서, 나노기술이 이렇게 역사가 짧은데 어떻게 세계를 선도하는 기술로 자리매김할 수 있었을까요? 실제로 미국에서 나노연구에 본격적으로 연구비가 지급된 시기가 1999년 말, 빌 클린턴 대통령 때였습니다. 미국에서는 대통령이 새로 취임하면 과학기술분야에 새로운 화두를 던져요. 최고의 과학기술을 보유한 미국이 아직 연구 초기 단계에 있는 기술을 머지않아 세계를 선도하는 기술로 만들겠다고 선언하는 것이죠. 이것을 '내셔널 이니셔티브National Initiative'라고 합니다. 내셔널 이니셔티브가 발표되면 국가의 과학기술 방향도 자연스럽게 그쪽으로 흘러갑니다. 빌 클린턴 대통령이 '국가나노기술사업National Nanotechnology Initiative' 계획을 발표하면서 한 말이 지금도 유명하죠.

"나노기술이란 미국의회도서관에 소장된 모든 정보를 각설탕 한 알 크기 장치에 모두 넣을 수 있는 기술이다."

빌 클린턴 대통령이 '국가나노기술사업' 계획을 발표하고, 나노기술이 세계 핵심기술이 될 거라고 이야기한 지 20년밖에 안 되었어요.

• 세계 미래를 선도할 다섯 개의 기술분야를 일컫는다. 정보기술Information Technology, 생명공학기술Bio Technology, 나노기술Nano Technology, 문화기술Culture Technology, 환경기술Environment Technology이 속한다.

나노기술의 발전 속도가 참 놀랍죠. 참고로 2004년, 부시 대통령 때는 미국이 '수소 자동차' 즉, 수소연료전지를 자동차의 동력으로 채택하려는 '프리덤카 프로젝트'를 진행했어요. 이때는 수소연료전지 연구가 전성기를 맞이했죠.

나노기술은
도우미기술

나노기술이 오늘날처럼 우리 삶에 혁명을 일으킬 거라고 예측한 사람은 거의 없었습니다. 하지만 2000년 이후 나노기술이 세계적인 과학기술 혁명을 주도하며 정보기술, 신경과학, 예술, 농업은 물론 우주개발에 이르기까지 모든 분야에 쓰이는 도구가 됐죠.

가까운 예를 들어볼까요? 우리가 매일 쓰는 스마트폰에서 가장 먼저 보이는 디스플레이를 뜯어보면 반도체 칩들이 나와요. 이미지 센서, D램 같은 것들이죠. 스마트폰을 구성하는 이런 부품을 일컬어 소자라고 합니다. 그리고 이 소자는 소재로 만들어집니다. 쉽게 말하자면 이렇습니다. 스마트폰의 성능을 올리려면 '제대로 된 소재로 만들어진 성능 좋은 소자가 필요'합니다.

나노기술의 핵심은 그 소재의 성질을 우리가 마음먹은 대로 조절할 수 있도록 해준다는 것입니다. 소재를 만드는 것은 결국 원자입니다. 모든 물질이 원자로 구성되어 있으니까요. 원자 같은 아주 작은 나노 크기의 물질을 컨트롤할 수 있는 것이 나노기술이고요. 제가 나노기술을 빗대어 자주 표현하는 말이 있어요.

"나노기술은 도우미기술, '인에이블링Enabling 테크놀로지'로 다양한 분야에 도움을 주는 기술이다."

앞서 설명한 스마트폰의 예를 다시 들어보죠. 스마트폰의 성능이 높아질수록 디바이스의 크기는 점점 작아집니다. 또 휘어지기도 하죠. 디바이스의 크기나 외형이 다양하게 변화하는 만큼 디스플레이의 성능도 좋아져야 하고요. 최근에 다시 유행하는 폴더블폰을 보면, 화면이 그동안 우리가 생각하지 못한 방향으로 접히는데도 스마트폰의 디스플레이나 기능은 더 향상되었습니다.

중요한 건 이겁니다. 어떤 기술이 한계에 도달했을 때, 나노기술은 그 한계를 극복하도록 돕습니다. 텔레비전이나 스마트폰과 같은 디바이스가 한계를 극복하고 더 자유롭고 뛰어난 성능을 낼 수 있었던 핵심요인은 바로 소재를 나노 크기에서 조종할 수 있게 되었다는 데 있습니다.

2001년, 보다 정밀하고 균일한 나노입자를
만드는 데 성공하다

2008년에 포스코 청암상을 받았고, 4년 후인 2012년에 호암공학상을 받았습니다. 2016년에는 대통령상인 대한민국 최고과학기술인상을 수상했죠. 얼마 전에는 논문인용지수를 관리하는 전문 기관인 웹오브사이언스Web of Science에서 매년 10월 초, 노벨상 수상자 발표 2주 전에 발표하는 '피인용 우수연구자Citation Laureate'에 선정되었어요. 이 상들은 받은 이유가 다 똑같아요. 현재 부편집장으로 일하고 있는

〈미국화학회지Journal of the American Chemical Society〉에 2001년에 발표했던 논문과 2004년에 〈네이처 머터리얼스Nature Materials〉에 냈던 논문 두 편 때문이에요.

2001년 논문• 내용을 한마디로 요약하면, '원하는 나노입자를 크기 분리 과정 없이 바로 합성하는 방법을 개발'했다는 겁니다. 당시 획기적인 연구결과였기 때문에 좀 어렵더라도 설명해볼게요.

나노입자의 크기는 물질의 물리적인 성질을 결정합니다. 가장 대표적인 예로 반도체를 들 수 있습니다. 나노입자로 반도체를 만들어 자외선을 쪼이면 다양한 빛깔이 나오는데 입자 크기에 따라서 나오는 색깔도 달라집니다. 만약 우리가 이 기술을 텔레비전에 적용하려고 한다면 어떻게 응용할 수 있을까요?

텔레비전을 구매할 때 가장 중요하게 여기는 것은 무엇인가요? 아마도 대부분의 사람이 선명한 화질이라고 대답할 겁니다. 그런데 이 화질은 나노기술을 사용해 더욱 좋아지도록 만들 수 있습니다. 바로 반도체 나노입자를 사용하는 겁니다. 나노입자의 크기를 균일하게 만들면 선명한 빛깔을 낼 수 있어요. 예를 들어, 7나노미터 크기로 입자를 만들었을 때 빨간색이 나왔다면, 나노입자의 크기를 균일하게 7나노미터로 만들면 가장 선명한 빨간색을 구현할 수 있어요. 그런데 크기가 서로 다른 나노입자가 섞여 있으면 다른 빛이 섞여서 나오니 흐릿한 색깔이 나올 수밖에 없겠지요. 이런 이유로 균일한 크기의

• Taeghwan Hyeon, Su Seong Lee, Jongnam Park, Yunhee Chung, & Hyon Bin Na, "Synthesis of Highly Crystalline and Monodisperse Maghemite Nanocrystallites without a Size-Selection Process", 〈Journal of the American Chemical Society〉 2001, 123, 12798-12801.

나노입자를 만드는 것이 매우 중요합니다.

제가 연구를 시작하기 전에는 다양한 크기의 나노입자가 섞여 있는 혼합물을 만들고, 마치 체로 거르듯이 원하는 크기의 균일한 입자를 골라내는 방법을 썼어요. 그런데 이 작업이 간단하지가 않습니다. 생각해보세요. 1나노미터는 머리카락 굵기의 5,000분의 1, 1만분의 1밖에 안 되는 크기예요. 여기에서 5나노미터, 7나노미터, 10나노미터를 골라내는 게 얼마나 어려운 일이었겠어요. 시간과 수고가 많이 들어가는 작업이에요. 그런데 우리가 정밀하게 균일한 나노입자를 골라내는 과정 없이 바로 원하는 크기로 만드는 데 성공한 것이죠.

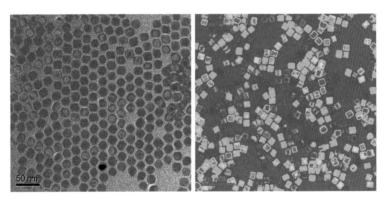

| 그림 1 | 크기가 균일한 나노입자를 전자현미경으로 관찰한 모습

2004년, 나노입자를 대량생산하는
신기술을 열다

2004년 12월, 우리 연구진이 아주 값싼 금속염화물 등의 금속염을 출발물질로 이용해서, 크기가 균일한 나노입자를 손쉽게 대량생산할 수 있는 '승온법Heat-up Process'이라는 신기술을 개발했습니다. 실험실 수준에서 1리터 반응기를 사용해 한 번의 반응으로 40그램의 균일한 자성체, 산화철 마그네타이트Fe_3O_4 나노입자를 제조한 거죠. 반응조건을 조절하여 입자의 크기도 다양하게 조절할 수 있다는 걸 보여준 실험이었습니다.

이 합성법을 이용하여 산화철뿐 아니라 다양한 물질의 균일한 나노입자를 제조할 수 있었습니다. 이 연구결과[*]는 재료분야 세계 최고 권위 학술지인 〈네이처 머터리얼스〉 2004년 12월호에 게재되었습니다. 또 CNN을 비롯한 네이처 퍼블리싱 그룹, AFP 통신 등을 통해 전 세계 언론에 소개되었죠. 2006년 3월에는 '과학논문인용지수'를 관리하는 톰슨Thomson이 선정하는, 2005년 한 해 동안 재료분야에서 가장 많이 인용된 '뉴핫페이퍼'에 뽑혔습니다.

이렇게 많이 인용되는 이유는 크기가 균일한 나노입자를 대량으로 생산해 응용하려면 이 논문을 벗어날 수가 없기 때문입니다. 우리가 개발한 합성법은 크기가 균일한 나노입자를 대량으로 제조할 수 있

---

[*] Jongnam Park, Kwangjin An, Yosun Hwang, Je-Geun Park, Han-Jin Noh, Jae-Young Kim, Jae-Hoon Park, Nong-Moon Hwang & Taeghwan Hyeon, "Ultra-large-scale syntheses of monodisperse nanocrystals", 〈Nature Materials〉, 2004, 3, 891-895

는 거의 유일한 방법이거든요. 세계 여러 연구실에서 이 합성법으로 다양한 나노입자를 생산하고 있습니다.

우리 연구진의 2001년 논문은 나노입자를 균일하게 만드는 방법론을 완성도 있게 보여주었습니다. 그런데 이 기술에 사용하는 물질이 독성이 강하고 비싸다는 문제가 있었어요. 그래서 2004년 논문에서는 독성도 없고, 가격이 저렴한 염화철FeCl₃을 출발물질로 사용해서 크기가 균일한 나노입자를 대량생산할 수 있는 방법을 보여주었습니다. 현재 삼성 QLED 텔레비전에 들어가는 양자점Quantum Dot을 포함하여 다양한 종류의 나노입자 대량생산에 우리가 개발한 합성법과 변형한 합성법들이 이용되고 있습니다.

2004년에 〈네이처 머터리얼스〉에 게재된 논문은 4,000번 가까이 인용되었어요. 전 세계 논문 중에서 이 정도로 많이 인용된 논문은 불과 0.1퍼센트도 안 됩니다. 이렇게 많이 인용된 이유는 결국 나노입자의 대량생산 기술이 공학적으로 다양하게 응용될 수 있기 때문입니다.

크기가 균일한 나노입자를 대량생산하는 기술을 연구한 이후에는 이 기술을 어떻게 응용할 것인지에 초점을 맞추어 연구를 진행했습니다. MRI 조영제나 간암 연구도 이런 과정에서 시작되었습니다. 앞선 연구의 기본적인 방향이 새로운 나노물질을 디자인하는 기술을 개발하는 것이었다면, 2005년 이후부터는 이제 이 기술을 어디에 응용할 것인가에 깊은 관심을 두게 되었습니다.

우리 연구는 활용도가 굉장히 높습니다. 연구실에서 나노분야의 세계 최초라고 꼽을 만한 연구결과만 10개가 넘으니까요. 특히 의료분야와 에너지분야에 많이 사용됩니다. 나노입자 합성이라든가, 더 얇

"새로운 것에 도전하고 있는가?
어떤 어려움을 견뎌내고 있는가?
과학자로서 늘 강조하는 질문입니다."

은 반도체를 만드는 기술, 새로운 MRI 조영제 등이 있습니다. 그중에서 인간의 건강과 관련되는 의료분야의 예를 들어볼게요.

우리는 자기공명영상, MRI 조영제의 문제점을 나노기술로 극복한 새로운 개념의 조영제를 선보였습니다. 기존의 조영제는 우리 몸속에 없는 가돌리늄Gd이라는 성분으로 만듭니다. 병원에서 현재까지도 사용하는 조영제 거의 대부분이 가돌리늄 조영제인데, 이 조영제를 마시면 가돌리늄이 몸속에서 문제를 일으키기도 해요. 그래서 우리는 몸속에 필수영양소로 들어 있는 철Fe의 산화물, 즉 산화철을 아주 작은 나노입자로 디자인해서 독성 문제를 해결하고, 조영제로 사용하기 좋게 만드는 기술을 개발했습니다.

의료분야에도 혁명을 일으킨
나노기술

2020년 2월 〈네이처 나노테크놀로지Nature Nanotechnology〉에 뇌전증 논문*을 발표했습니다. 뇌전증은 쉽게 말하자면 간질입니다. 나노기술과 뇌전증은 서로 전혀 상관없어 보이죠. 나노기술이 뇌전증에 어떤 관여를 했는지 말씀드릴게요. 아주 흥미롭습니다.

뇌전증은 갑작스럽게 경련을 일으키면서 몸이 뒤틀리는 발작 증상

---

*   Jiana Liu, Fangyuan Li et al., "A sensitive and specific nanosensor for monitoring extracellular potassium levels in the brain", 〈Nature Nanotechnology〉, 2020, 15, 321-330

이 반복적으로 일어나는 병입니다. 이 발작 정도가 심해지면 사람이 생명을 잃을 수도 있습니다. 이 발작단계는 1에서 5까지 있습니다. 1에서 3까지 간다 해도 사람이 죽진 않아요. 하지만 5가 되면 죽을 수도 있습니다.

이런 발작은 다른 말로 '근육의 움직임'이라고도 할 수 있어요. 뇌의 신경세포가 불규칙하게 흥분하면서 발작이 일어나는데, 이때 일반인은 칼륨이온K^+을 세포 밖으로 내보내면서 이완을 해요. 칼륨은 칼슘Ca^{2+}, 마그네슘Mg^{2+}, 나트륨Na^+과 함께 신경자극 전달, 근육수축과 이완을 조절하는 이온 중 하나죠. 다시 말해, 우리 근육의 움직임은 신경세포 내 칼륨이온의 농도에 따라서 결정된다고 할 수 있습니다.

그런데 문제는 칼륨이온 한 개가 뇌의 신경세포로 들어가면 나트륨이온 하나가 튀어나와요. 심지어 그 두 이온이 생긴 게 비슷해 구별이 잘 되지도 않고, 한 개가 들어가면 한 개가 나오니 상쇄가 되어버리는 거예요. 그러니 칼륨이온 농도에 따른 근육 움직임, 발작 정도를 추적하기가 힘들었어요. 뇌 질환을 정확하게 진단하려면 이를 실시간으로 추적 관찰해야 하는데 지금까지 방법이 없었습니다. 마취시킨 쥐의 발작 정도를 확인하는 정도였지요. 그런데 여기에 나노입자를 활용하면 상황이 달라집니다.

칼륨이온과 만나면 색을 내는 염료를 나노입자에 가둬두고 이 나노입자에 막을 입힙니다. 이 막의 특징은 나트륨이온은 못 들어가고 칼륨이온만 선택적으로 들어갈 수 있다는 겁니다. 그럼 이 막 안에는 칼륨이온만 쌓이겠지요. 칼륨이온이 쌓일수록 색은 진해질 것이고, 색의 진하기만 잘 관찰하면 칼륨이온의 양에 따라 발작의 정도가 어떻게 달라지는지 바로 확인할 수 있습니다. 이게 바로 우리가 개발한 새

로운 나노입자입니다. (그림 2 참고)

그렇다면 왜 그동안 이런 방식으로 발작단계를 모니터링하지 못했을까요? 이유는 발작단계가 바뀔 때 실제 칼륨이온이 작용하는 양이 크지 않기 때문입니다. 다시 말해서, 발작은 아주 적은 양의 칼륨이온으로도 일어나는데 그 양이 미미해서 측정하기가 힘들었던 거예요. 칼슘의 경우, 사람의 몸에 어떤 병적인 현상이 발생하면 농도가 10이었던 게 갑자기 10만이 되기도 해요. 그럼 특정 이온의 양에 따른 몸의 변화를 감지하기가 쉽죠. 그런데 칼륨이온은 10배밖에 안 바뀌어요. 당연히 찾아내기가 쉽지 않죠. 나노기술은 그런 칼륨이온에 훨씬 민감하게 반응하는 센서를 만들어 쉽게 관찰할 수 있게 한 겁니다. (그림 3 참고)

2,000배 저렴한
과산화수소 개발

대부분의 사람이 과산화수소H_2O_2를 소독약으로만 알고 있을 거예요. 과산화수소는 소독약이면서 반도체 공정의 세정제이기도 합니다. 또 화학산업은 물론 제약산업의 핵심 재료입니다. 많은 화합물 중에서도 굉장히 중요한 역할을 하죠. 폭발물과도 관련이 있고요.

기존에는 과산화수소를 '안트라퀴논 공정'으로 만들어냈어요. 이 공정은 팔라듐Pd이라는 귀금속을 촉매로 사용해 거대 분자를 깨는 방식으로 과산화수소를 생산합니다. 이 공정은 이산화탄소CO_2 같은 부산물을 잔뜩 발생시켜 환경오염을 야기한다는 문제가 있어요. 또

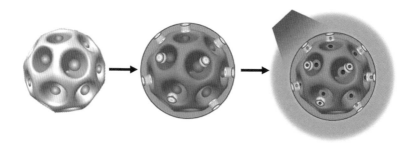

| 그림 2 | 다공성 나노입자 안에 칼륨이온과 결합하면 형광을 내는 염료를 주입한 뒤, 이 입자를 칼륨이온만 통과시킬 수 있는 막으로 코팅했다. 막을 통과한 칼륨이온과 염료가 결합해내는 형광의 세기를 토대로 칼륨이온의 농도 변화를 측정할 수 있다.

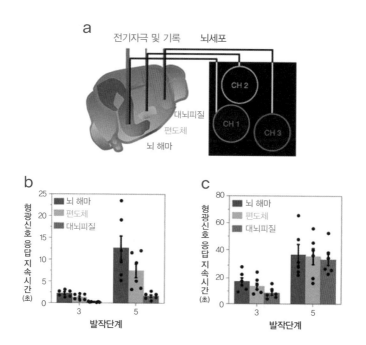

| 그림 3 |

a. 자유롭게 돌아다니는 생쥐의 뇌 해마, 편도체, 대뇌피질에 다공성 나노입자를 주입한 뒤 칼륨이온의 농도 변화를 살폈다.

b. 부분 발작(3단계 발작)과 비교해 전신 발작(5단계 발작)에서 칼륨이온에 의한 형광신호 응답 세기가 크게 증폭되어 발작단계를 명확하게 구분할 수 있다.

c. 부분 발작이 일어나면 자극이 시작된 해마에서 편도체, 대뇌피질 순으로 칼륨이온 농도가 증가하나, 전신 발작에서는 세 지점의 칼륨이온 농도가 동시에 증가하며 부분 발작에 비해 더 오래 지속하는 것을 확인할 수 있다.

팔라듐이라는 값비싼 귀금속을 대량으로 사용해, 생산 비용이 높다는 것도 단점이죠. 그런데 우리 연구진이 우리 몸에서 과산화수소를 생산하는 효소를 모방하여 새로운 촉매를 만들었어요. 2차원의 그래핀 위에 코발트Co 원자를 얹은 비교적 단순한 형태의 촉매지요. 이촉매는 팔라듐 촉매보다 2,000배는 저렴하면서 성능은 8배 정도 좋고, 산소와 물만으로 과산화수소를 만들어 부산물이 전혀 나오지 않아요. 기존 공정의 단점을 보완한 겁니다. 이 연구결과는 〈네이처 머티리얼스〉 2020년 3월호[*]에 실렸습니다.

소재에 규칙적인 결함을 심어
성능을 향상시키다

모든 물질은 원자로 구성되어 있습니다. 원자가 규칙적으로 잘 배열된 물질은 결정성이 좋다고 말해요. 모든 소재의 성질은 결함구조 Defect Structure[**]의 정도와 양에 따라서 결정됩니다. 반도체를 예로 들면, 스마트폰의 카메라모듈, 와이파이모듈 같은 디지털모듈에서 소자의 성능은 소재가 결정하는데, 이 소재의 성능은 바로 결함의 양에

---

[*] Euiyeon Jung, Heejong Shin, Byoung-Hoon Lee, Vladimir Efremov, Suhyeong Lee, Hyeon Seok Lee, Jiheon Kim, Wytse Hooch Antink, Subin Park, Kug-Seung Lee, Sung-Pyo Cho, Jong Suk Yoo, Yung-Eun Sung & Taeghwan Hyeon, "Atomic-level tuning of Co-N-C catalyst for high-performance electrochemical H$_2$O$_2$ production", 〈Nature Materials〉, 2020, 436-442

[**] 격자의 규칙적인 구조가 깨져서 완전격자와 다른 특성을 나타내는 격자. 같은 원자 사이의 연결이 깨지거나 틀어져서 나타나는 결함과 다른 불순물 원자가 격자점에 섞여서 나타나는 결함이 있다.

따라 결정된다는 거죠. 그런데 촉매의 경우, 결함이 없는 결정성이 완벽히 좋은 소재에서는 절대로 반응이 일어나지 않습니다. 촉매의 활성은 원자배열에 결함구조가 있을 경우에 생기는데, 이때 반응을 더 활발하게 일으키려면 결함구조를 의도적으로 조절할 수 있어야 합니다. 하지만 지금까지는 결함구조를 마음대로 조절할 수 없었어요. 우리 연구팀은 미국 버클리대학교 연구진과 공동연구로 소재의 결정 알갱이를 규칙적으로 배열해서 결함을 균일하게 만들었습니다. 더 나아가 원하는 대로 결함의 양과 구조를 제어해 소재의 물성을 조절하는 데 성공했어요. 2020년 1월 〈네이처〉에 그 결과를 발표했습니다. 이 연구를 확장하여 현재 수소연료전지의 효율을 향상시키는 연구를 하고 있습니다.

사람을 치료하는
나노기술

우리 연구팀이 암치료 전반을 연구하게 된 동기를 잠깐 말할게요. 저는 인생의 절반을 서울대학교에서 지냈습니다. 국비로 유학을 갔죠. 국비를 안 받았더라면 상당히 힘들었을 거예요. 그렇게 서울대학교 교수가 됐고, 중요한 연구기금을 받으며 프로젝트를 하고 있죠. 국가의 도움을 참 많이 받았어요.

어느 순간 이런 생각이 들었어요. '정말 나는 행복한 사람이다. 'God's gift' 하나님의 은혜다. 내가 받은 것만큼 더 베풀어야겠다' 그런 생각들을 하면서 가장 처음 떠오른 것은 젊은 교수들을 도와야겠다는 거였어요. 연구자로서 어떤 수준에 오르면서 시간과 물질적 여유가 생겼고, 그 여유를 통해 젊은 사람들을 돕고 싶었죠.

저는 고등학생을 대상으로 1년에 적어도 두세 번 강의를 합니다. 그 외에도 실제로 사람들에게 도움을 줄 수 있는 방법을 고민했죠. 그러다 보니 자연스럽게 환자를 치료하는 일에 관여하게 됐습니다. 그런데 사람의 생명을 살리는 기술을 개발한다는 게, 하면 할수록 어렵더라고요. 제가 벌써 23년째 교수 생활을 하고 있는데, 응용분야 중에서 가장 힘든 경우가 사람을 치료하는 기술을 개발하는 거예요. 기술만 있다고 되는 게 아니거든요. 그런데 아직까지 저는 그 꿈을 버리지 않았습니다. 제가 지금 하는 연구 중에서 적어도 몇 가지는 실제로 사람을 치료할 수 있는 기술이에요. 이런 연구를 시작한 지 10년쯤 됐습니다.

2014년에 간암세포만 파괴하는 표적치료제를 개발했습니다. 싱가폴 국립암센터와 공동연구를 통해 천연물에서 간암치료제인 트립톨리드Triptolide를 새롭게 발굴하고, 여기에 나노입자 기술을 적용해 간암 억제 효과가 뛰어난 '나노 표적치료제'를 개발했어요. 그동안 다양한 종양 치료방법이 제시돼왔는데 간암세포는 기존 치료법으로 환자 생존율이 가장 낮은 종양이에요. 지금까지 미국식품의약국 승인을 받은 간암치료제 중 성능이 가장 우수하다고 알려진 약조차 환자의 생명을 두 달 연장시키는 데 그치고 있죠.

우리는 수백 종의 약물을 조사하고, 그중 천연물인 미역순나무에서 찾은 트립톨리드가 기존 약물에 비해 간암세포 치료효과가 훨씬 뛰어나다는 것을 발견했어요. 그런데 트립톨리드는 독성이 너무 강해서 정상 조직까지 영향을 미쳤어요. 그대로 사용할 수 없는 단점이 있었지요. 그래서 중성에서는 그대로지만 산성인 간암조직에서만 터지는 고분자를 만들어 트립톨리드를 가두고, 마치 미사일 유도장치처럼 간암세포 표면에 있는 특정 수용체와 결합하는 엽산을 붙였습니다.

그 결과 정상조직의 산도에서는 약물 방출이 억제돼 부작용을 최소화하고 간암조직에 선택적으로 트립톨리드를 전달해 치료효과를 극대화했어요. 연구팀은 보다 확실한 효능 검증을 위해 간암에 걸린 생쥐에 개발된 나노 표적치료제를 주입했어요. 뛰어난 간암 억제효과가 있었고, 약 3배 정도 생존율이 향상되는 것을 확인한 겁니다.

이번 연구는 천연물에서 효능이 뛰어난 신규 간암치료제를 발굴했다는 것과 나노기술을 융합해 부작용은 줄이고 간암의 치료효과를 끌어올렸다는 데 큰 의미가 있어요.

남들이 생각하지 못한
새로운 질문을 던져라

창의성에 대해 말하자면, 한마디로 '남들이 생각하지 못한 새로운 질문을 던지는 것'입니다. 저는 석사과정부터 시작해 지금까지 30년 동안 연구생활을 했습니다. 처음 10년 동안은 남들을 쫓아가기에 바빴어요. 그렇게 달리다 보니 어느 순간 남들이 저를 쫓아오고, 그다음부터는 제가 어느 정도 선두그룹이 된 것 같아요.

어느 분야나 그렇겠지만 처음이 쉽습니다. 남의 연구를 쫓는 게 훨씬 쉽다는 말입니다. 앞에 누군가 보이고, 비교할 타인이 있을 때 목표는 분명해집니다. 저 사람보다 앞서나가야겠다는 생각만 하고 있을 땐 사실 편하죠. 하지만 선두그룹에서 그 자리를 계속 지키는 건 정말 힘든 일입니다.

문제를 푸는 과정은 차라리 쉽습니다. 답이 분명 있으니까요. 쉽게 가르쳐줄 수 있죠. 그런데 정말 어려운 건, 문제가 무엇인지를 알아내는 겁니다. 진정한 창의성은 그런 문제를 발견하는 능력입니다.

저는 지금도 거의 매일 〈네이처〉, 〈사이언스〉와 〈미국화학회지〉 등 세계 최고 저널에 나오는 최근 논문들을 읽으면서 새로운 아이디어를 얻습니다. 나노든, 의료든, 무엇이든 모두 읽습니다. 어떤 아이디어는 전혀 엉뚱한 주제의 발표를 듣거나 논문을 읽으면서 얻은 것이기도 하죠. 창의성에서 중요한 건 자유로움입니다. 자유로워야 합니다.

큰 그림으로
나노연구의 미래를 바라보라

나노기술은 앞서 제가 여러 번 강조한 바와 같이 도우미기술과 같습니다. 응용범위가 산업계 전반에 걸쳐 점점 넓어질 수밖에 없어요. 그중에서도 사람의 생명을 연장시키는 의료분야에서 가장 큰 영향력을 발휘할 겁니다. 그런데 가장 큰 숙제가 남아 있습니다. 나노물질이 우리 인체에 어떤 영향을 미치는지 밝히고, 그것들을 조절하는 거예요.

이 물질들이 짧게는 며칠, 길게는 수년 동안 우리 인체에 어떤 유해한 영향을 미칠지 밝히는 것이 현재로서 나노기술 발전에 가장 중요한 문제입니다. 우리 인간에게 긍정적인 치료효과만 주고 바로 사라지면 가장 좋겠지요. 그런데 아직까지는 그것들을 컨트롤하기가 쉽지 않아요.

의료분야뿐 아니라, 에너지나 반도체분야에서도 나노기술이 응용될 때 환경에 부정적인 영향을 끼칠 수 있습니다. 폐기물이 자연으로 돌아가면 결국 우리 인간에게 다시 돌아오는 거니까요. 도우미기술이라 할 만큼 우리 인간의 삶을 발전시키고, 도움을 주던 것들이 다시 우리를 옭아매게 되면 그때도 과연 도우미기술이라고 할 수 있을까요?

그렇기 때문에 이 모든 과정을 전체적인 그림으로 들여다보려는 노력이 필요해요. 플라스틱이 오늘날 우리의 삶을 역습할 줄 누가 알았겠어요? 플라스틱이 처음 개발되었을 때 제가 지금 고민하는 것처럼 큰 그림을 들여다보며 부정적 영향까지 최소화하려는 노력을 했더라면, 오늘날의 사태가 벌어지지 않았을지도 모릅니다.

나노기술의 흐름을 돌이킬 수는 없습니다. 하지만 머지않은 미래에 우리 인간의 삶에 끼칠 부정적 영향을 최소화할 수는 있습니다. 세계적인 연구로 선두에 서 있는 우리 같은 연구자들이 계속 이 문제를 해결하고자 노력해야 하는 이유입니다.

하고 싶은 일을 하며
남들을 도울 수 있는 것이 행복

환경 문제 이외에 나노기술의 미래를 염려하는 이들도 있어요. 청소년을 대상으로 한 강연회에 갔을 때 이런 질문을 하는 학생이 있었죠.

"나노기술의 역사가 30년밖에 안 되지만, 규모가 굉장히 커지고 있고 연구자들도 많은데, 지금 청소년들은 나노기술이 아닌 새로운 무언가를 찾아야 하는 것 아닌가요?"

제가 제자들에게 하는 이야기 중에 가장 많이 하는 말이 있습니다.

"네가 10년 후에도 지금 나와 하고 있는 이 연구를 그대로 하고 있으면 You are a loser."

젊은 사람들에게 루저라고 하면 좋아할 사람 없죠. 저는 미국의 MIT나 시카고대학교와 같은 대학교의 조교수들의 정년보장 심사를 맡고 있어요. 가장 중요하게 보는 것이 '새로운 분야에 들어가서 분투를 하고 있느냐', '어떤 어려움을 견뎌내고 있느냐' 두 가지입니다.

저는 과학자로서 가장 기쁜 일이 새로운 분야에 도전하는 일이라고 생각해요. 전 세계 어느 누구도 해보지 못했던 새로운 일을 발견하고, 새로운 질문을 던지는 것, 그 질문을 풀어나가는 것, 그것이 얼마나 신나는 일인지 모릅니다. 단지 호기심만 충족하는 것이 아니라 언젠가는 많은 사람에게 자신의 연구결과들이 도움으로 연결될 수 있거든요. 지금 하는 일이 당장 성과를 내긴 어려울 수 있어요. 하지만 5년, 10년, 20년 후에는 분명히 빛을 발할 겁니다. 과연 이것보다 더 보람 있고 값진 일이 있을까요? 전 제가 정말 행복한 일을 하고 있다고 생각합니다. 제가 하고 싶은 일을 하면서 남들을 도울 수 있으니까요.

과학자로서 성공하기 위한
세 가지 자질

과학자로서 성공하기 위해서는 세 가지 자질이 필요합니다. 첫 번째는 자신이 잘할 수 있는 '주특기'가 있어야 합니다. 두 번째는 자신이 잘할 수 있는 일에 '집중'할 수 있어야 합니다. 세 번째가 가장 중요한데, '사람관계'를 잘 유지해야 합니다. 과학자에게 관계가 왜 중요하냐고 반문할 수 있어요.

저는 제가 잘할 수 있는 게 뭔지 잘 압니다. 그리고 제가 못하는 일이 너무 많다는 것도 잘 알아요. 이게 중요해요. 다 잘할 수는 없어요. 이건 비밀인데, 저는 손이 굉장히 거친 편이에요. 제가 직접 만드는 것보다 학생들이 만드는 게 더 완성도가 높습니다. 제가 모자란 부분은 학생들이 채워주니까 좋죠. 연구도 마찬가지예요. 제가 세계 최고에 가깝게 피인용된 훌륭한 논문을 쓸 수 있었던 것 또한 공동연구 때문입니다. 알베르트 아인슈타인, 에어빈 슈뢰딩거 같은 과학영웅이 탄생하던 시대는 지났어요. 혼자 힘으로 과학을 할 수 있는 시대는 지났다는 말이에요. 〈네이처〉에 실린 우리의 논문은 버클리대학교 부총장이자, 화학분야의 세계적인 권위자인 폴 알리비사토스Paul Alivisatos를 비롯해서 세계 최고의 교수들과 오랜 시간 연구하며 얻은 결과입니다. 버클리대학교, 서울대학교, 스탠포드대학교 등 최고의 교수들이 만나 이룬 결과였죠.

자기가 잘할 수 있는 분야에 집중하고, 능력이 부족한 부분은 공동연구를 통해 극복한다면 1+1=2가 아닌, 1+1=10이라는 결과물을 만들어낼 수 있을 겁니다.

로봇과 인간이 공존하는 법

오
준
호
—

공학

혁신은 실력에서 나옵니다.

진짜 혁신은 내가 무엇을 뚝심 있게 끝까지 해내서 성공함으로써

하나의 길을 만드는 것입니다.

profile

1954년 서울 출생

1977년 연세대학교 기계공학과 학사

1985년 미국 UC버클리 기계공학 박사

1985년~2020년 카이스트 교수

2013년~2014년 카이스트 대외부총장

2016년 호암공학상 수상

2020년~현재 카이스트 명예교수/석좌교수

한국이 인간형 로봇분야에서 세계적 강국으로 발돋움하는 데 크게 기여한 로봇공학자.

오준호 박사 연구팀은 2002년 이족형 보행로봇 KHR-1 개발을 시작으로 2003년 KHR-2를 발표했다. 2004년에는 한국 최초의 인간형 로봇 휴보를 독자기술로 개발했다. 2005년 부산에서 개최된 APEC에서 다양한 얼굴 표정과 복잡한 몸동작이 가능한 안드로이드 로봇 알버트 휴보와 탑승형 이족보행 로봇 휴보 FX-1을 선보였다. 2008년에는 세계에서 가장 가볍고 신속한 동작이 가능한 휴보Ⅱ 개발에 성공했다. 2015년 6월 미국 국방성 산하의 DARPA 방위고등연구계획국이 주최한 'DARPA Robotics Challenge(다양한 재난상황에 대처하는 능력을 겨루는 국제 로봇경연대회)'에 참여하여 미국, 유럽, 일본 등 세계 최강의 연구팀들을 제치고 우승함으로써 대한민국 로봇 기술의 우수성을 전 세계에 알렸다.

오준호 박사의 로봇 제어기술은 로봇 공학분야를 넘어 자동차, 우주항공, 인공지능 등 미래의 다양한 산업분야에 적용되어 공학 및 산업 발전에 크게 기여할 것으로 예상된다.

판타지 로봇, 산업용 로봇,
그리고 지능형 로봇

우리는 로봇의 개념을 흔히 다음과 같은 세 가지로 이야기합니다. 가장 쉽게 떠올리는 것은 판타지에 가까운 로봇입니다. 영화에서 보는 로봇이죠. 겉모습은 사람과 닮았고, 사람의 일을 대신 해주기도 하면서 우스꽝스러운 모습을 보이기도 하는 로봇이에요. 두 번째는 우리가 주변에서 쉽게 볼 수 있는 산업용 로봇입니다. 산업용 로봇은 판타지 속의 로봇처럼 생기지 않았어요. 특정한 일을 수행하는 데 적합한 모양으로 만들죠. 큰 공장에서 작업을 하는 기계라고 생각하면 이해하기 쉬울 거예요. 이런 산업용 로봇은 주변환경과 관계없이 독자적으로 일합니다. 특정한 작업을 하라는 명령을 받으면 주변에 어떤 장애물이 있든, 온도나 날씨가 어떻든 자기 일을 해요. 사실 산업용 로봇은 매니퓰레이터Manipulator라고 말하는 게 조금 더 정확하지요. 세 번째로는 요즘 자주 회자되는 지능형 로봇이 있습니다.

여기서는 '지능형 로봇'에 대해 주로 다루겠습니다. 지능형 로봇은 산업용 로봇과 달리 주변환경과 상호작용을 전제로 하여 만들어진 로봇입니다. 로봇에게 주변환경이란, 공간은 물론 인간도 포함합니다. 오히려 로봇에게 인간이라는 주변환경은 매우 까다로운 대상이지요. 아까도 말했지만 산업용 로봇은 주변환경과 관계없이 자기 일만 해요. 그런데 지능형 서비스 로봇은 주변환경과 상호작용을 하기 위해서 어떤 장치나 조건이 필요합니다. 예를 들어 스마트센서라든가, 사물인터넷이라든가, 인공지능 같은 것들이 필요하죠.

'주변환경을 인식하고, 판단하고, 어떤 일을 해야 할지 결정하는 것'을 단어로 표현할 때 인공지능이라고 말하는 사람도 있고 '자율 Autonomous'이라고 말하는 사람도 있어요. 가장 쉽고 익숙한 말은 아마도 인공지능일 겁니다. 하지만 이 말이 로봇을 의미하는 것은 아니에요. 로봇다운 것은 물리적인 형태가 존재해야 합니다. 그것은 다른 말로 '모빌리티Mobility'입니다. 우리가 움직이거나, 어떤 물리적인 행위를 할 때 그것을 넓은 의미로 모빌리티라고 말할 수 있죠.

인공지능과 모빌리티가 결합하면 진정한 의미의 지능형 로봇이 되는데, 이에 대해 막연히 두려워하는 사람이 많습니다. 머지않은 미래에 지능형 로봇이 발전해서 독자적인 생각을 펼치며 엄청난 파워로 인간세계를 지배하지 않을까 하는 두려움이죠. 하지만 과연 그것이 가능한 이야기일까요? 이 가능성을 어디까지 신뢰해야 하는지, 그리고 인공지능과 모빌리티를 섞는 것이 과연 바람직한 일인지 생각해봐야 해요. 이 이야기는 뒤에서 더 자세히 하고, 먼저 로봇의 발전과정에 대해 간단히 설명해볼게요.

상상 속 로봇이
현실이 되기까지

로봇이란 말은 1920년 체코 작가 카렐 차페크Karel Capek가 창작한 희곡 《로줌 유니버설 로봇》에서 나왔습니다. 모든 공상과학소설의 밑바탕이 된 이야기이기도 하죠. 이 책은 인간을 힘든 노동에서 해방시켜준 고마운 존재인 로봇 때문에, 생산성이 저하된 인간의 존재 자체가 마침내 멸종 위기에 직면한다는 내용을 담고 있습니다. 그 이후에 아이작 아시모프Isaac Asimov라는 공상과학소설의 대가가 수학을 통한 미래예측을 다룬《파운데이션》과 200세까지 사는 인공지능이 등장하는《바이센테니얼 맨》, 그리고 영화의 원작이기도 한《아이, 로봇》 등 로봇 시리즈를 썼어요. 그러면서 사람들이 상상하던 로봇이 더욱 구체화되었습니다.

1950년대 초, 로봇이 나오기 전부터 지능이라는 말이 나왔어요. 저는 튜링테스트*라는 것도 판타지에 속한다고 봅니다. 로봇이 존재하지 않았을 때, 존재한다는 가정을 전제하면서 나온 이야기이기 때문에 지금으로선 크게 의미 있는 이야기는 아니라고 생각합니다.

현실적인 의미의 로봇은 이렇습니다. 1960년대에 조셉 엔젤버거 Joseph Engelberger 박사가 유니메이트라는 세계 최초의 산업용 로봇을 만들었어요. 이 산업용 로봇이 자동차 공장에 들어가서 작업하게 되면서, 1960년대에 로봇이 급격히 발전했지요. 특히 1960년대 컴퓨터와 결합하면서 컴퓨터 수치 제어 기술이 1960년대 말에서 1970년대에 급격한 발전을 이룹니다. 지금 자동차 공장에 있는 큰 용접로봇이 완성된 시기가 1980년대 초입니다. 그때부터 산업용 로봇이 확산되면서 전 세계적으로 소위 말하는 자동화가 이뤄집니다. 우리나라도 이때 대학교에 자동화, 로봇 및 제어 기술 관련 학과가 생겼어요. 1980년대 중반으로 가면서 산업용 로봇 개발이 더욱 활발해졌는데, 그때부터 많은 사람이 이런 생각을 하기 시작합니다.

'이 로봇이 지금은 외부와 차단된 답답한 곳에 갇혀 있는데, 좀 더

---

* 1950년 영국의 수학자 앨런 튜링Alan Turing이 개발한 튜링테스트는 인간과 동등하거나 구별할 수 없는 지능적인 행동을 보여주는 기계의 능력 테스트다.

주변을 인식할 수 있는 능력을 만들어주면 생산성이 높아지지 않을까?'

그래서 1980년대 중반부터 주어진 환경 내에서 주변을 인식할 수 있는 로봇을 만드는 연구를 시작했어요. 로봇을 공장 밖으로 끌고 나오게 하고 싶었던 거죠. 일본의 대기업들이 컨소시엄을 만들어서 건설분야, 환경분야, 전기통신분야, 해저 광케이블까지 굉장히 많은 분야에 로봇을 이용하려는 시도를 했습니다. 하지만 결과는 실패였어요. 주변과 상호작용을 하도록 하니까, 생각하지 못한 문제들이 너무 많이 발생했던 거죠. 결국 로봇은 다시 공장 안으로 들어가게 됐습니다.

그러다 2000년대에 다시 로봇을 공장 밖 세상으로 끌어내자는 생각을 하게 됩니다. 그 첫 번째 시도가 2000년에 발표된 일본의 아시모ASIMO라는 로봇입니다. 연구는 이전부터 해왔지만, 처음으로 공개한 것이 2000년입니다. 키가 120센티미터인 로봇이 사람처럼 계단을 오르고, 춤을 추는 등 세계 최초로 본격적인 '이족보행 로봇'이 등장한 거죠. 아시모는 많은 사람을 놀라게 했어요. 사실 우리 엔지니어들이 가장 놀랐습니다. 그러면서 점점 로봇에 대한 기대치가 높아지기 시작했죠. 그전까지 로봇은 판타지에 가깝거나 공장 안에서만 존재하는 것이었는데 이제 아시모를 보면서 사람들은 아톰•이 우리 집에 올 수 있다는 생각을 하게 된 거죠. '1가구 1로봇 시대'라는 말도 그때 생겼습니다. 로봇이 우리집에 와서 아이의 숙제를 도와주고, 집안일도 해주고, 아이들이랑 놀아줄 수도 있다고 생각하는 거죠.

• 일본 만화영화 〈철완아톰〉의 주인공. 현대 로봇의 아이콘으로 여겨진다.

많은 사람이 아시모의 개발을 기술적인 혁신이라고 생각하기도 해요. 하지만 엄밀하게 말하면 발상의 전환이라는 말이 맞습니다. '이렇게 만들어야만 해'에서 '이렇게도 만들어지네?'라고 발상을 전환한 거죠.

그 뒤로 로봇 열풍이 일어났습니다. 모든 나라가 지능형 서비스 로봇이 미래의 먹거리가 될 것이라고 이야기할 정도로 간절하게 로봇을 바랐죠. 우리나라도 2003년 노무현 정부가 당시 10대 차세대 성장동력산업으로 지능형 로봇을 선정했습니다. 특히 홈서비스 로봇에 대한 갈망이 컸어요. 그 때문에 세계적으로 로봇 개발에 많은 투자를 했는데, 그 거품이 5년 만에 꺼졌습니다. 3년 정도 열심히 투자하고, 연구하고, 개발했지만 성공하지 못했기 때문입니다. 작동이 전혀 안 됐던 거죠.

로봇 개발이 시들시들해지는 와중에 청소로봇이 등장합니다. 동그란 청소로봇 아시죠? 거품은 꺼졌지만 그 청소로봇으로 로봇의 명맥이 이어졌고, 교육용 장난감 '에듀테인먼트'라는 분야가 쭉 성장하기 시작했어요. 2003년부터 2008년까지 일본에서 강아지 로봇 아이보Aibo와 큐리오QRIO라는 조그만 인간형 로봇을 만든 후에 다시 로봇산업이 주춤한 듯 싶었죠. 그러다 2010~2011년에 미국의 아마존 그룹이 모든 물류를 로봇화하겠다고 선언하면서 물류 전문 로봇기업 키바를 인수했습니다. 아마존이 드론으로 배송을 시작하겠다고 하자, 구글도 로봇산업에 관심을 보이며 로봇회사 8개를 인수합니다. 사물인터넷과 인공지능 빅데이터가 합쳐지면서 2014~2016년에 로봇산업의 규모가 확대되었습니다.

휴보는 로봇 최초로 2018 평창동계올림픽에서 성화봉송을 했다.

인공지능과 모빌리티의 결합,
그리고 새로운 딜레마

로봇이라는 말이 대중화되고, 인공지능과 결합하면서 여러 분야에서 폭발적으로 퍼지기 시작했어요. 그러면서 우리 삶에 친숙하게 자리 잡게 되었죠. 문제는 많은 사람이 인공지능을 로봇과 동일하게 본다는 것입니다. 사실 인공지능은 로봇이 아닌 전혀 다른 개념입니다. 앞에서도 이야기했듯이 인공지능을 구현해줄 운동성을 가진 물리적인 형태의 모빌리티가 결합되어야 로봇이라고 할 수 있어요.

또 로봇이 대중화되면서 사람들은 인공지능과 모빌리티가 합쳐지면 우리 앞에 전혀 다른 세계가 펼쳐지고, 이로 인해 누구도 예측할 수 없는 미래가 펼쳐질 것이라고 생각해요. 앞으로 어떤 일이 발생할지 모른다는 생각 때문에 많은 사람이 로봇에 대한 두려움을 느끼기도 하죠.

이것이 로봇의 딜레마입니다. 엄청난 모빌리티로 무장한 산업용 로봇은 굉장히 위험합니다. 빠르고 무겁고 덩치가 크거든요. 그런 모빌리티에 무엇이든 척척 해내는 인공지능을 결합하는 것은 사실 굉장히 위험할 수 있습니다. 엄청나게 힘이 좋은데 나와 같은 판단을 하는 지능, 혹은 훨씬 더 뛰어난 지능을 가진 셈이니까요. 그런 존재에게 공장을 맡길 수가 없어요. 모든 힘과 지력을 가진 신과 같은 존재가 될까봐요. 그래서 일반적으로 로봇을 만들 때 너무 많은 힘이 발휘될 가능성이 있는 영역은 자율성을 제로로 만듭니다. 그런 영역은 위험하니까 100퍼센트 통제해야 한다는 거죠. 요즘 많이 나오는 자율주행자동차를 생각해보세요. 사실 자율주행자동차라는 이름을 달고 있지만 100퍼센트 혼자서 마음대로 움직이지는 않습니다. 오히려 자율주행자동차는 굉장히 엄격한 규칙을 따릅니다. 자동차에 자율성을 많이 허용할수록 내가 원하지 않는 엉뚱한 일을 할 가능성이 크기 때문이죠. 자동차라는 모빌리티는 빠르고 세다는 장점이 있지만 그만큼 사고를 낼 위험도 많이 내포하고 있으니까요. 이런 장점과 위험성을 어떻게 적용하고, 자율성을 어디까지 허용할 것인지는 아주 중요한 문제입니다.

인공지능 결합 로봇과
현실의 한계

우리가 킬러로봇이라고 흔하게 말하지만, 그것은 너무 공상적인 말입니다. 어떤 엔지니어나 어떤 공학자도 모빌리티와 인공지능을 결합해 킬러로봇을 만들진 않습니다. 너무 위험할 뿐더러 만들 능력도 없습니다. 인간 수준의 인공지능은 아직 완전히 완성되지도 않았고, 현재 기술로선 굉장히 불안하거든요.

여러분도 한 번쯤 경험해봤을 거예요. 스마트폰에 대고 이름을 부르면 인공지능이 대답하죠. 그런데 인공지능이 우리가 하는 말을 간혹 못 알아듣는 경우도 있어요. 엉뚱한 대답을 하기도 하고요. 질문의 단계가 올라갈수록 알아들을 수 없다고 혼자 대화를 끊어버리기도 하잖아요. 스마트폰 속 인공지능이 엉뚱한 대답을 할 때는 재미있기라도 하죠. 그러나 자동차 핸들을 인공지능에게 맡기는 문제는 전혀 다릅니다. 인공지능이 독립적으로 판단하도록 내버려둘 수는 있지만 그 행동에 대한 책임을 지게 하는 일은 상당히 어렵습니다. 그런데 사람들은 이 일을 쉽게 할 수 있을 거라고 생각해요. '알파고가 이세돌보다 바둑도 잘 두는데, 이제 운전도 잘하겠지'라고 오해하면서요.

집을 짓는다고 가정해봅시다. 집을 지으려면 기둥이 최소 네 개 필요하잖아요. 높이도 2.5미터는 되어야 하죠. 그런데 지금은 기둥이 1미터밖에 되지 않는데 사람들은 그걸로 집을 짓겠다고 하는 상황이나 다름없습니다. 이런 기둥으로는 집을 만들 수가 없어요. 인공지능을 비롯해서 모빌리티를 구성하는 배터리, 소재, 구동장치 등 기술요소가 아직 그 정도 단계에 있어요.

지금은 로봇공학자만 로봇을 개발하는 것이 아니라, IT업체들이 로봇시장에 뛰어들고 있어요. 어떤 면에서는 로봇공학이 기계나 모빌리티 쪽에 가까웠다면, 2010년 이후에는 IT쪽이 결합되면서 인공지능이 더 강화되었죠. 드론도 마찬가지입니다. 드론의 기술은 이미 '공기역학Aerodynamic'에서 벗어나서 항공과학자들의 손을 떠났어요. 이제 인공지능과 결합할 일만 남은 거죠.

꼬마박사
대한민국 1세대 이족보행 로봇공학자가 되다

저는 그저 세상에 재미있는 물건을 만드는 일을 좋아한 공학자, 과학자였습니다. 어릴 적에 공부를 잘한다는 이야기를 들어본 적이 없었어요. 좋아하는 것만 좋아했으니까요. 수학과 과학을 잘해서 별명이

'꼬마박사'였죠. 그런데 나머지 과목은 낙제 수준이었습니다.

또 비행기나 천체 망원경 같은 물건을 만드는 걸 좋아했어요. 폭탄도 만들고 로켓도 만들고 화약도 제조해봤어요. 옆집에 불도 내보고, 창문도 깨보고, 위험한 장난감도 만들어봤죠. 물론 범죄는 아니다 싶을 정도로요. 그만큼 해보고 싶은 거 다 해봤어요. 중학교 때는 상대성 이론이니 뭐니, 이해도 안 되는 책들을 보고 전자장치를 많이 만들었어요. 무전기도 만들고, RCRadio Control 자동차도 만들고, 전축이나 라디오도 나름대로 회로설계를 해서 만들어보고요.

제가 생각하기에 영재란, 자신이 하고 싶은 것을 좋아하고 잘하는 사람을 이르는 말 같습니다. 너무 좋아하고 재미있어서 못 하면 답답하고 죽겠는 거죠. 그게 노래가 됐든 축구가 됐든 골프가 됐든 스케이트가 됐든 상관없습니다. 아이는 하기 싫은데 부모가 엄청난 스트레스를 줘서 억지로 하는 1등이 영재가 아닙니다. 영재는 스스로 반짝여야 해요. 한마디로 빵틀에 넣어 영재가 만들어지는 건 아니라는 말이죠. 그런 점에서 저도 엉터리 공학영재였쯤은 되지 않을까요?

대학교 전공은 기계공학을 했어요. 그때 선택을 잘한 것 같아요. 지금까지 한 번도 학문에 대한 갈등이 없었어요. 로봇을 하게 된 것도 우연이었죠. 대학교 때는 시스템을 해석하는 자동제어를 좋아했어요. 유학을 가서 박사과정을 할 때도 시스템제어 계통을 공부했고요. 카이스트에 부임한 이후에는, 기계 및 시스템 제어, 센서, 기계설계 등의 연구를 수행했습니다.

2000년에 아시모 로봇이 나왔을 때 정말 놀랐어요. 그런데 1, 2년 지나고 보니 대단한 기술이 아닌 것 같다는 생각이 들었어요. 아무리 생각해봐도 그 아시모에 외계인처럼 엄청난 기술이 들어 있을 리 없잖아요? 아시모 개발에 비용도 많이 들고, 한 20년 고생했다고 하는데 그렇더라도 그렇게 비쌀 이유도 없다고 생각했어요. 다이아몬드나 금가루가 들어간 건 아니잖아요. 플라스틱에 알루미늄, 쇠, 구리, 마이크로프로세서Microprocessor●를 썼겠지요. 한번 만들어볼 수 있지 않을까 싶었던 거죠. 그때는 아시모를 만든 기술과 관련한 자료를 볼 수 없었는데 제가 해낼 수 있을 것 같았어요.

대한민국 최초
인간형 로봇 제작에 도전하다

2001년에 연구 제안서를 직접 써서 여러 군데에 내보았어요. 3년 안에 인간형 로봇을 만들겠다고 했더니 많은 사람이 그 짧은 시간 안에 할 수 없다고 하더라고요. 다른 사람이 몇십 년 연구했던 것을 몇 년 안에 이루기도 어렵지만, 이뤄봐야 앞서서 연구했던 사람은 그 몇 년 동안 더 발전을 이뤘을 테니까요. 돈을 투입해봤자, 당장 상업화되기는 어려울 것이고 너무 허황되다는 분석 결과가 있었어요.

카이스트에서는 2002년, BK21사업을 통해 교수들에게 자유롭게 연구하라며 1,000만 원씩 배당해줬어요. 다들 이 돈을 어디에 쓸지 고민했는데 저는 네 명의 동료 교수가 지원해준 연구비를 포함해 5,000만 원으로 'KHR-1'을 만들었지요. 인간형 로봇이 어느 정도 힘

● 컴퓨터의 산술논리연산기, 프로그램 카운터, 제어회로 등의 연산장치와 제어장치를 작은 실리콘 칩에 모아놓은 처리장치다.

이 필요한지, 무게는 어느 정도 되어야 하는지, 어떤 모터를 달아야 하는지 아무런 정보가 없었어요. 또 교과서적으로 만들면 모순이 생긴다는 것도 알고 있었죠. 그래서 기존의 적절한 모터를 선택하는 설계를 모두 갖다 버리고, 최적화된 새로운 설계를 기반으로 만들었습니다. 그 설계도를 기준으로 기본적인 기능만 확인할 수 있는 이족보행 로봇을 만들었어요. 손과 머리가 없을 뿐이지 있을 건 다 있는, 걸어다니는 로봇을 만든 것이지요. 만드는 데 6개월, 걷게 하는 데 2개월이 걸려서 1년 안에 완성했습니다. 인간형 로봇을 만드는 데 필요한 기술적인 조건들을 확인할 수 있는 연구였어요.

KHR-1이 완성돼서 걷기 시작할 때, 2차 사업 보고를 이미 준비하고 있었습니다. 학교에 '자체 연구비'라는 제도가 있었는데 KHR-1을 보여주고, 1년 만에 인간형 로봇을 개발하겠다며 1억 5,000만 원을 달라고 했어요. 그러자 심지어 학교에서 연구비도 올려주었어요. 기간 안에 해내지 못해도 좋은 연구이니, 계속하라고 했지만 저는 1년 안에 이걸 만들지 못하면 실패라고 큰소리치며 연구비를 받았어요. 다행히 1년 만에 개발했습니다.

모양새는 투박했지만 나름대로 완성도 높은 인간형 로봇이 만들어졌어요. 이 연구는 비밀 프로젝트도 아니었어요. 그렇다고 공개적으로 발표하거나 소문을 내지 않았습니다. 아직 완성된 것이 아니었으니까요. 그 당시 세계적인 로봇 연구 붐에 편승하여 우리나라에서도 아시모 수준의 인간형 로봇을 개발하기 위한 연구기획팀이 꾸려지고 있었어요. 당초 계획은 1차로 앞선 일본의 인간형 로봇 기술을 도입한다는 것이었습니다.

그런데 카이스트를 방문한 어느 일본 연구진이 한국에 가니 '이런 로봇을 만드는 사람이 있더라'는 얘기를 전하면서 소문이 난 거예요. 우리나라 정부가 일본의 연구소, 기업 등을 돌며 연구 파트너를 찾고 있을 때 우연히 제 연구소식을 일본에서 듣게 된 것입니다. 'KHR-2' 를 연구할 때였고, 우리 연구실을 방문했던 오명 과학기술부총리, 이희범 산업자원부 장관과 진대제 정보통신부 장관의 놀라는 모습이 아직도 선합니다. 때마침 우리나라의 신성장동력 사업에 힘입어 인간형 로봇을 위한 프로젝트가 수립되었지요. 그리고 2004년, 일본에 이어 세계 두 번째, 한국 최초 휴머노이드 로봇 '휴보'가 나왔어요.

로봇기술의 완성, '<u>DRC-휴보</u>'를 세계 중심에 세우다

휴보는 엄청나게 새롭고 독창적인 결과물은 아니에요. 아시모랑 비견되도록 잘 만들어보자는 게 첫 번째 목표였어요. 판도라의 상자를 열었다는 것만으로도 의미가 있는 것 같아요. 저는 휴보를 만들고 나서 모든 부품과 사양을 공개했어요. 다른 과학자들이 그것을 참고로 비슷한 로봇을 많이 만들었죠.

휴보는 아시모와 비교해서 부족한 점이 많았어요. 휴보가 더 무겁고, 더 느렸어요. 단시간 내에 만들어 여러 기능을 최적화할 틈이 없었죠. 그래서 '휴보 II'는 '가장 가벼운 인간형 로봇'이라는 설계 콘셉트로 개발되었습니다. 아시모가 60킬로그램이라면 휴보 II는 40킬로그램 남짓이에요. 20킬로그램이나 다이어트를 한 셈이지요.

휴보는 기획부터 설계, 디자인, 알고리즘을 모두 우리가 만들었기 때문에 우리가 모든 라이센스를 갖고 있어요. 설사 누군가 달라고 하면 공짜로 줄 수도 있어요. 그리고 제가 이런 결정을 할 수 있는 위치에 있었지요. 실제로 2011년에 갑자기 미국에서 휴보Ⅱ를 6대 만들어달라고 연락이 왔어요. 그리고 한두 달 뒤에 또 싱가포르에서 2대를 더 만들어달라고 했죠. 8대를 만들어야 했는데, 그때 당시 값을 한 대당 40만 달러로 정했습니다. 그렇게 비싼 가격이 아니었지만 모이니 총 320만 달러, 우리 돈으로 40억쯤 큰돈이 되더군요. 이 큰돈을 학교 회계 시스템으로는 해결할 수 없어서 학교와 상의한 후 2011년에 '레인보우 로보틱스'라는 회사를 창업했습니다. 그것이 계기가 되어 중국을 비롯해 20여 대를 수출했습니다. 이처럼 로봇 상업화의 계기를 마련했다는 것도 휴보의 큰 성과입니다.

그다음 버전이 2015년에 만든, 휴보Ⅱ보다 키가 크고 성능이 강화된 'DRC-휴보'입니다. DRC-휴보는 미국 국방부 산하 방위고등연구계획국DARPA이 주최한 재난대응 로봇 도전 '다르파 로보틱스 챌린지'에 나가 우승을 차지했습니다. 이 챌린지는 3년짜리의 아주 큰 프로젝트로, 전체 예산이 1억 달러가 넘는 큰 규모였습니다.

이 프로젝트는 로봇이 스스로 자동차를 운전해 사고현장에 도착한 후 차에서 내리기, 문 열고 들어가기, 장애물 통과하기, 계단 오르기 등 재난상황에 필요한 여덟 단계 미션을 한 시간 내에 수행하는 것입니다. 시간 내 가장 빨리 수행한 팀에게 챔피언 타이틀을 주는 프로젝트죠. 미국에서 다섯 팀을 선발했는데, 참가비로 지원된 금액만 300만 달러였습니다. 우리 연구팀도 그중 하나였죠.

미항공우주국과 MIT, 일본의 아시모 개발팀 등 로봇 강국의 24개

팀이 참가한 대회에서 우리가 1등을 해냈습니다. 그 당시에 굉장히 유명한 사건이었는데, 정작 우리나라는 메르스 사태로 한참 시끄러웠을 때라 잘 알려지지 않았어요. 하지만 외신에는 화제가 되며 소개가 많이 되었고, 로봇 연구하는 사람들에게는 정말 큰 이벤트였습니다. 당시 카이스트의 강성모 총장님은 어디를 가도 축하를 받았죠. 카이스트의 명성을 올리는 엄청난 역할을 했습니다. 5년이나 지났는데도 여전히 'DARPA 휴보'라고 이야기하면 화제가 되지요. 로봇을 연구하는 사람은 모두 알아요.

저는 DRC-휴보가 기술적 완성도가 높았다고 봅니다. DRC-휴보는 머리에 최신 카메라와 레이저 스캐너를 장착해 상황에 따라 적합한 행동을 판단하는 기능이 뛰어났어요. 정강이와 발밑에 바퀴도 달았죠. 두 발로 걷다가 무릎을 꿇으면 자동차처럼 바퀴로 움직일 수 있도록 변신 기능을 추가한 거예요. 인간형 로봇이 움직일 때, 관절마다 위치와 속도, 가속도가 모두 달라요.

이 때문에 어떤 조합이 가장 이상적인지, 어떤 조합이 에너지를 최소화하는지 수억 개의 조합을 계산해 그중 최선의 조합을 제시해야 로봇이 움직일 수 있습니다. 이렇게 처음 만들기 시작할 때부터 기술의 완성도를 높이려고 노력했어요. 미션에 충실하되, 종합적인 조화가 이뤄지도록 기술적인 밸런스를 잘 잡았습니다. 그때까지만 해도 한국의 로봇 기술력을 전 세계가 잘 알지 못했는데, 이 계기로 확실하게 각인시켰죠.

한국 인간형 로봇 발달사

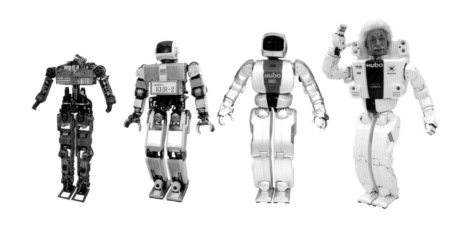

2002 KHR-1	2003 KHR-2	2004 휴보	2005 알버트 휴보
120cm/48kg	120cm/56kg	125cm/55kg	137cm/57kg
한국 최초의 인간형 로봇. 기초적 보행 가능하며, 머리가 없는 것이 특징이다.	휴보의 실험용 모델. 독자 개발한 균형잡기 센서로 정교한 보행이 가능하다.	일본 아시모와 거의 유사한 인간형 로봇이다.	웃거나 찡그리는 자연스러운 표정이 구현 가능하다.

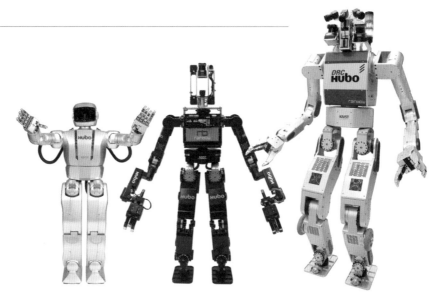

© 카이스트 휴머노이드 로봇연구센터

2009 휴보 II	2013 DRC-휴보	2015 DRC-휴보+
125cm/45kg	140cm/60kg	180cm/80kg
휴보보다 더 가볍고 빠르다. 우리나라 최초의 달리는 로봇이다.	머리에 최신 카메라와 레이저 스캐너가 장착되어 있다.	자동차 운전부터 문 열기, 밸브 잠그기 등 8가지 임무를 44분 28초 만에 완수했다.

첨단기술보다 중요한
원천기술을 갖춰라

저는 오랜 시간 과학자로서, 또 공학자로서 로봇을 연구하면서 우리 나라의 원천기술이 많이 부족하다는 생각을 했어요. 이제는 우리 스스로 부품을 개발하며 원천기술을 발전시켜야 합니다. 저는 원천기술의 중요성을 잘 알고 있기 때문에, 그걸 염두에 두고 연구하고 있어요.

예를 들어 높은 사양의 모터 같은 것들을 우리 기술로 만드는 것이지요. 저희가 개발하고 있는 유압장치, 서보밸브 같은 것은 만들기가 굉장히 까다롭습니다. 하지만 남들이 기피하는 길이라도 꾸준히 도전하는 것이 옳다고 생각해요.

원천기술 없이 혁신기술 없고 혁신기술 없이 첨단기술 없습니다. 유행에 따라 기존의 연구를 참고해서 일부 수정하는 수준의 연구를 반복하는 과학자들이 많은데, 그렇게 해서 혁신적인 연구를 이뤄내기 어렵습니다.

혁신은 실력에서 나옵니다. 진짜 혁신은 내가 무엇인가를 뚝심 있게 끝까지 해내서 성공함으로써 하나의 길을 만드는 것입니다. 요즘은 그런 인내심이 있는 과학자가 많이 없는 것 같아 아쉬워서 제자들에게 이런 점을 많이 강조합니다.

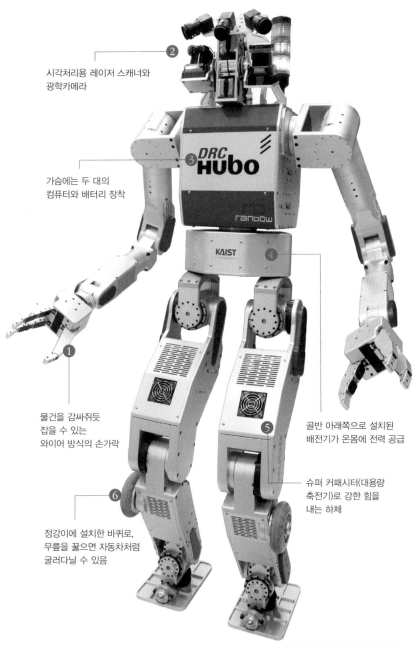

② 시각처리용 레이저 스캐너와
광학카메라

③ 가슴에는 두 대의
컴퓨터와 배터리 장착

① 물건을 감싸쥐듯
잡을 수 있는
와이어 방식의 손가락

⑥ 정강이에 설치한 바퀴로,
무릎을 꿇으면 자동차처럼
굴러다닐 수 있음

④ 골반 아래쪽으로 설치된
배전기가 온몸에 전력 공급

⑤ 슈퍼 커패시터(대용량
축전기)로 강한 힘을
내는 하체

© 카이스트 휴머노이드 로봇연구센터

2015 DARPA 로보틱스 챌린지에서 우승을 차지한 DRC-휴보+

로봇은 더욱 인간답게 만들어주는
가장 편리한 기계

로봇은 인간을 대체해서 모든 일을 할 수 있는 만능일까요? 로봇이란 인간을 더 인간답게 해주는 '편리한 소프트웨어'가 장착된 '편리한 기계'일 뿐 그 이상도 그 이하도 아니라고 생각합니다. 앞서 언급한 대로 지능로봇이 되기 위해서는 자율성(인공지능)과 운동성(모빌리티)이 필수요소입니다. 형태로는 안내로봇, 착용로봇, 협동로봇과 같은 전형적인 로봇 모습일 수도 있고, 청소로봇 등과 같이 기존 고유 기능에 자율성과 운동성이 탑재된 로봇도 있습니다.

자율주행자동차의 경우를 살펴볼까요? 자율주행자동차는 자동차 스스로 도로와 인도를 구분하고 장애물과 주변 차량을 인식하는 자율성과 가속 페달과 핸들, 브레이크 등을 조작하는 운동성, 그리고 탑승자를 목적지까지 이송하는 기능을 수행하는 로봇화된 자동차라고 볼 수 있지요. 단순한 운전을 대신해 줌으로써 우리를 더 편리하게 만들어주는 기계인 셈입니다.

그러나 완벽한 수준의 완전 자율주행자동차는 아직 어렵다고 봅니다. 완벽하게 운전을 하려면 주변 차들의 움직임을 예측하는 모델이 있어야 해요. 하지만 도로 위의 모든 상황을 포괄하는 모델을 찾기 어렵지요. 이는 최첨단 인공지능도 매우 버거운 일입니다. 그래서 모델을 더 보수적으로 만드는 수밖에 없어요. 예를 들어 앞차와 간격을 멀리 띄우고, 무조건 양보하면서 가는 거죠. 그 밖에도 자율주행 자동차의 한계는 많아요. 비보호 좌회전을 하다가 사고가 나면 누가 책임을 져야 하는지 법적인 문제도 애매하죠.

자율주행의 예에서 보았듯이 지능로봇의 능력은 많은 가능성을 가지고 있으면서도 제한점이 있다는 것입니다. 즉, 로봇이 잘할 수 있는 분야와 버거워하는 분야가 있지요. 지능로봇이 쉽게 잘 적용될 수 있는 분야는 앞으로도 굉장히 발전하겠지만, 로봇이 어려워하는 분야는 점점 사용을 안 하게 될 것입니다. 지금은 비록 지능로봇이 무엇이든 다 해줄 수 있을 거라는 기대가 크더라도, 기대치가 점차 현실이 될 것이라고 생각합니다. 예를 들어 로봇이 인간의 감정까지 완벽히 이해하기는 좀 더 기다려야 할 것이라 봅니다.

로봇은 인간의 일자리를 빼앗는 게 아니라 오히려 인간답게 해줄 겁니다. 청소기와 세탁기 없는 가사노동, 굴착기 없는 건설 현장, 사다리차 없는 이사, 로봇 없는 자동차 조립 라인, 트랙터 없는 농사 등등을 상상해보세요. 인간은 생각할 수 있고 그렇기에 창의적인 행위를 합니다. 단순 작업을 하는 편리한 기계는 우리를 더 인간답게 만들어줍니다.

로봇이 사람을
지배한다는 말은 판타지

로봇에 대한 또 다른 시각은 로봇이 언젠가 인간을 지배할 수 있다는 두려움입니다. 자아가 없는 로봇을 두려워할 필요가 있을까요? 인간은 생각함으로 존재한다는 철학자의 말이 있습니다. 즉 생각하는 주체로서의 자아가 곧 인간이란 뜻이지요. 로봇의 뇌 즉, 인공지능에는 자아가 없습니다. 자아가 생각을 해서 결론을 내야 하는데, 로봇은 계산해서 숫자가 나올 뿐입니다. 어느 날 청소기가 "아, 나 오늘 기분이 안 좋아서 청소 안 할 거야"라고 할 수 없잖아요. 센서가 고장이 나서 작동이 안 될 뿐이에요. 로봇이 스스로 똑똑해져서 사람을 지배한다는 말은 판타지에 가깝습니다. 그래서 결국 인과관계가 분명한 법률, 의학 진단, 패턴인식이 용이한 소비자 특성 분석, 화상 및 음성인식, 모델이나 규칙이 분명한 바둑, 장기 등 인공지능이 잘할 수 있는 영역만 더 집중해서 확장될 겁니다.

로봇과 윤리 문제에 대해 좀 더 이야기할게요. 포스트휴먼•과 관련된 한 학회에 연사로 초청된 적이 있어요. 그런데 학회 첫 모임에 너무 황당한 이야기들이 나와 당혹스러웠던 적이 있습니다. 로봇의 윤리와 감정에 관해 이야기하는데 제가 생각하기에 그건 너무 먼 시점의 이야기, 사실 공상에 가까운 이야기였어요. 감정이 있으려면 자아가 있어야 하는데, 로봇에게 어떻게 자아를 만들어줄 수 있나요? 그렇다면 로봇 권리를 논할 수 있을까요? 누군가 '실리콘 영혼'을 이야기하는데, 그건 너무 먼 이야기입니다. 또 이런 주장들이 많은 사람을 혼란을 빠뜨리게 할 수 있다는 것 또한 문제입니다. 로봇에게는 자아가 없는데 있는 것 같은 착각에 빠질 수 있는 것이죠.

그렇다면 현실은 어떨까요? 우리 스스로 로봇에게 지배당하여 이미 노예가 된 것은 아닌가요?

많은 사람이 스스로 생각하지 않고 스마트폰 지령에 따라 판단 없

•　현 인류보다 더 확장된 능력을 갖춘 존재로서, 지식과 기술의 사용 등에서 현대 인류보다 월등히 앞설 것이라고 상상되는 진화 인류. 생체학적인 진화가 아니라 기술을 이용한 진화로 반영구적인 불멸을 이룰 것이라고 여겨진다.

이 편하게만 움직이며 살고 있지요. 내비게이션이 알려주는 길을 따라 목적지에 가고, 구글에서는 내가 좋아하는 상품으로 나를 연신 유혹하고, 맛집을 검색해서 나오는 대로 따라 하는 겁니다.

자아를 가진 인간이 로봇과 다른 점은 주체적으로 생각하고, 판단하고, 의지를 갖고 지키는 실천력입니다. 예를 들어 포털 사이트를 검색해서 나온 결과대로 생각 없이 선택하는 사람과 의미를 알고 선택하는 사람 사이에는 분명한 차이가 있습니다. 중요한 것은 판단과 선택은 나의 주관적인 몫이자 책임이어야 합니다.

다시 한번 말하지만, 로봇이라든가 인공지능이라는 것이 특별하다고 생각하지 않습니다. 특별한 게 아니라, 편리한 것입니다. 편리한 소프트웨어와 편리한 기계의 연장선으로 일하는 것일 뿐, 절대 그 이상이 아닙니다. 두려워할 필요가 없습니다.

로봇과 인간은
어떻게 공존할 것인가

인간과 로봇은 다행히도 서로 잘하는 것이 달라요. 인공지능도 잘하는 것이 다 다르기 때문에 인간과 경쟁할 수가 없어요. 오히려 인간과 로봇은 상호보완적이기 때문에 잘 활용하면 굉장히 생산적입니다. 이것이 정말 중요한 지점입니다.

로봇은 계산을 할 뿐이지, 본질을 이해하지는 못합니다. 바둑을 하면서 신의 한 수를 둘 줄은 알아도, 그게 왜 신의 한수인지는 모르는 거죠. 인간만이 해석하고 의미를 부여할 수 있습니다. 요지는, 로봇과 사람은 완전히 다른 존재이기 때문에 로봇은 사람만이 할 수 있는 일은 빼앗을 수 없습니다. 인간과 로봇의 상호보완적인 면이 인간을 더 인간답게 만들어준다는 것은 아주 중요한 메시지죠. 로봇 때문에 일자리가 줄어들 것이라고 미래를 예측하는 사람도 있는데, 저는 그렇지 않다고 생각합니다. 로봇은 사람에게 위험하거나 적합하지 않은 일을 대신할 뿐, 일대일로 사람을 대체할 수는 없습니다. 객관적인 분석은 인공지능이 잘하지만 이를 바탕으로 창의적이고 주관적인 판단을 하는 것은 여전히 인간의 몫이기 때문에 일자리는 훨씬 다양해질 수 있습니다.

그러나 로봇이 가진 위험성도 존재합니다. 간단히 설명해보죠. 첫 번째 위험은 로봇에 대한 의존도가 좀 더 높아지는 반면, 로봇 자체가 불완전하게 만들어지다 보니까 의도치 않게 크고 작은 오류가 생기면서 사회적 혼란을 야기할 수 있습니다. 로봇을 만드는 것도 결국 인간이니까요. 인터넷이 다운된다든가, 시스템이 엉켜서 생기는 오류도 그 한 예이지요.

저는 가끔 로봇을 연구하며 이런 생각을 합니다. '신이 인간을 창조했다고 해서 신이 인간의 마스터가 될 수 있을까?' '내가 어떤 프로그램을 짰다고 해서 이 프로그램의 마스터가 될 수 있을까?' 저는 제가 만든 프로그램도 못 고칠 때가 많아요. 그럼 마스터가 아닌 거죠. 오히려 그 프로그램에 끌려 다닐 때도 있죠. 사람이 예측하지 못하는 오류가 숨어 있을 수도 있고요. 그래서 저는 절대적으로 완벽한 프로그램은 존재하지 않는다고 생각합니다. 완벽하게 되는 순간, 사람은 더 욕심을 부려 프로그램을 복잡하게 만듭니다. 더 복잡하게 만들고, 더 비선형적인 요소를 집어넣으면 에러도 그만큼 많이 생기겠죠. 만든 사람도 원인을 알 수 없는 오류가 언제든 튀어나올 수 있죠.

두 번째 문제점은 사람들이 주체적으로 로봇을 컨트롤하지 못한다는 것입니다. 맛있는 음식을 생각해보세요. 맛있는 음식을 자제하지 못하고 많이 먹으면 살이 찌고, 심지어 죽을 수도 있습니다. 그렇다고 맛있는 음식을 만들지 못하게 할 수는 없죠. 맛있는 음식이 문제가 아니라, 먹는 사람이 자제력이 부족한 것이 문제니까요. 편리함 때문에 자제력을 잃어버리는 것은 문제가 될 수 있습니다. 로봇도 내가 자제를 못하면 문제가 될 수 있는 겁니다. 그 편리함에 의존하고, 사람이 노예가 되어서 자기 자신이 통제하지 못하는 수준에 이르면 부작용이 일어날 수 있죠. 맛있는 음식과 마찬가지로 편리함이 죄는 아닙니다. 자제력이 없는 것이 문제죠.

세 번째 문제는 기술 소유의 양극화입니다. 기술을 만들고, 이해하고, 소유하는 사람은 점점 더 힘이 세질 것이고 그렇지 못한 사람은 종속될 수밖에 없는 구조가 될 것입니다. 지금 전 세계적으로 보면 정보 소유의 불균형이 심하게 나타나고 있습니다. 마찬가지로 로봇기술도 많이 소유한 나라가 국력이 더 커질 수 있겠죠. 규모가 작은 나라는 못 쫓아갈 수 있습니다. 하지만 이것을 모두 제도적으로 막을 수는 없어요. 로봇공학만이 가진 특별한 문제라기보다는, 기술이 가진 보편적인 문제라고 생각할 수 있을 것 같습니다.

내가 좋아하는 일을 찾아
그 공부를 성실하게 하는 것이 성공의 길

청소년기에는 다양한 분야에 관심이 많을수록 좋은 것 같아요. 만약 저와 같이 로봇을 좋아한다면 큰 틀에서 생각해보세요. '아, 내가 과학을 좋아하는구나' '뭔가 만들고 조립하는 것을 좋아하는구나'라고 큰 틀에서 생각해보고 다양한 가능성을 열어 두면 좋겠어요.

그다음으로 중요한 것은 성실함입니다. 학생일 때는 성실히 공부해야 합니다. 특히 과학자가 되고 싶다면 수학과 과학을 좋아하고 잘해야 합니다. 좋아하지 않고서 억지로 공부하는 것은 소용이 없어요. 제 이야기를 잠깐 하자면, 저는 학교에 다닐 때 수학을 그다지 좋아하지 않았어요. 고등학교 때 수학을 반에서 50등, 꼴찌였어요. 그런데 어느 순간 미적분이 너무 재밌는 거예요. 재미가 있어 열심히 공부했더니, 그다음 모의고사에서 전교 2등을 했죠. 재미를 느끼지 않았다면 하지 못했을 거예요.

로봇을 연구하고 싶다고 로봇만 파고들면 안 돼요. 지금 내가 잘해야 하는 것에 집중해서 공부하고 시간이 남을 때 관심 있는 로봇을 공부하면 됩니다. 로봇을 좋아하더라도 공부를 열심히 하지 않으면 로봇을 연구할 기회를 얻을 수 없어요.

학문적으로 호기심이 있는 것도 대단한 능력이에요. 여기에 성실한 노력이 갖춰져야 창의성이 빛을 발합니다. 그렇지 않으면 길거리 몽상가가 되기 십상입니다.

제 로봇 연구실에는 소위 말하는 스카이 대학을 나온 학생들만 있는 것은 아닙니다. 지방대 학생도 있고, 서울의 중하위권 대학을 나온 학생들도 있어요. 한 학생은 고등학교 때 로봇경진 대회에서 1등도 했고, 스스로도 재미있어 하니 행복한 일이죠.

자신이 좋아하는 일을 찾아 그 공부를 성실하게 하는 것, 그것이 중요하다는 것을 꼭 기억하면 좋겠습니다.

장애인, 비장애인 모두 평등한 세상

이
동
한

—

사회봉사

모든 사람이 평등하게 태어나지는 않습니다.
하지만 누구나 평등하게 꿈꿀 수 있으며,
그 꿈을 이루기 위해 노력할 수 있습니다.

profile

장애인들이 자립할 수 있도록 직업재활을 성공적으로 이끈 제주도 사회복지
법인 '춘강'의 이사장.

이동한 이사장은 두 살 때 소아마비로 중증장애인이 되었으나 조경업 등을
통해 사업가로 성공했다. 이를 기반으로 1986년과 1994년에 개인 재산으로
장애인복지관을 설립할 수 있는 부지를 마련하여 기증, 제주도에 현대적 장애
인복지가 실현될 수 있는 기반을 마련했다. 또한, '장애인이 단순히 보호받는
대상으로 사는 것이 아니라, 일할 수 있는 떳떳한 노동자의 지위를 갖게 하겠
다'는 의지로 우리나라에 최저임금제도가 도입되자 바로 장애인 노동자에게
최저임금 이상의 임금을 지급했다. 1994년부터는 중증장애인의 의료재활을
지원하는 제주재활의원(현 제주춘강의원)을 제주도 최초로 설립하여 운영하고
있다.

장애인복지는 단순한 보호와 시혜를 베푸는 데 있지 않고 직업인으로서 자립
하는 생산적 복지를 지향하는 것이며, 정부 지원에 의존하기보다는 민간에서도
복지사업에 적극 투자해야 한다는 이동한 이사장의 뚜렷한 소신과 헌신이 우리
나라 사회복지의 본보기가 되고 있다. 호암상, 국민훈장 석류장, 국민포장, 제주
시민상, 적십자 박애장 금장, 아시아필란트로피어워드 등의 수상 경력이 있다.

장애인복지란 장애인 스스로
삶의 자생력을 갖도록 돕는 것

복지란 무엇일까요? 우리가 잘 알다시피, 복지는 인간의 삶의 질을 향상시킨다는 데 큰 의미가 있습니다. 일반복지와 장애인복지를 다르게 생각할 수도 있지만 본질은 같아요. 삶의 질을 향상시키고, 부당한 일을 당하지 않고, 공동체 생활을 잘할 수 있도록 돕는 거죠. 장애인복지는 장애인이 비장애인과 다르다는 생각에서 벗어나, 같은 인간생활을 하며 공존하고 있다는 인식을 심어주는 것에서 시작합니다.

이런 시각은 가정과 사회의 경제에도 큰 영향을 끼칩니다. 예를 들면 이런 겁니다. 우리 집에 장애인이 있다고 가정해볼까요? 과거의 관점으로 본다면 장애인은 노동을 할 수 없어요. 그리고 장애인 가족을 돌볼 사람이 필요하고 양육비를 벌어올 사람도 필요합니다. 장애인 가족을 돌보느라 보호자가 노동력을 상실한다면, 그 가정은 보호자가 벌었던 만큼의 손실을 더 보는 겁니다. 저는 장애인 가정의 이런 사회적, 경제적 손실을 상기시키고, 이 손실을 얼만큼 생산지향적으로 바꿀 수 있느냐에 주안점을 두고 있어요.

블랙홀과 우주에 관한 연구로 큰 업적을 남긴 과학자 스티븐 호킹을 생각해보세요. 그는 희귀질환인 루게릭병 때문에 전신근육이 점차 약해지면서 손가락 두 개밖에 움직일 수 없었죠. 말도 잘할 수 없었어요. 하지만 스티븐 호킹은 인텔에서 개발한 음성합성 소프트웨어로 글을 쓰면서 연구를 계속했습니다. 이 소프트웨어는 스티븐 호킹의 손가락이나 눈썹의 운동을 인지해 글자를 입력할 수 있도록 도와췄다고 해요. 나중에 그의 병세가 더 악화되었을 때도 동공을 추적하고, 단어 자동완성 등의 기능을 업그레이드해 연구를 지속하도록 도왔죠. 스티븐 호킹의 지식과 인텔의 기술력이 어우러져 한 사람의 삶을 더 보람 있게 만든 것은 물론, 세상에도 엄청난 업적을 남긴 것이지요. 이건 장애인복지의 아주 좋은 예라고 할 수 있어요. 제가 생각하는 장애인복지도 이와 맥락이 비슷합니다. 개개인의 생산성을 끌어올리고, 사회구성원의 한 사람으로서 삶의 의미를 찾도록 돕는 거죠.

장애인복지에 대한 가장 큰 오해는 모두 나눠주는 거라고 생각하는 것입니다. 하지만 나눠주기만 하는 건 복지가 아닙니다. 이렇게 비유해볼까요. 우리가 설탕을 먹으면 달고 맛있지만 많이 먹으면 이가 썩고, 당뇨병에 걸리잖아요. 돈으로만 주는 복지도 마찬가지예요. 장애인이 스스로 삶을 꾸려나가는 데 방해가 됩니다. 노동의 가치, 즉 머리를 쓰거나 몸을 써서 스스로 얻은 정당한 결실을 만들려는 노력이 진정한 복지를 추구하는 겁니다.

또 많은 사람이 장애인복지를 떠올릴 때 사람으로서 살기 위한 최소한의 도움만 주면 된다고 생각해요. 의식주만 해결해주면 된다고 생각하는 거죠. 하지만 거기서 멈추면 안 됩니다. 장애인도 비장애인과 같이 사회구성원으로서 노동하고, 세상에 도움을 줄 수 있는 일을 한다는 것에 삶의 가치와 보람을 느껴야 합니다. 나아가 사회발전에 동참하도록 이끌어주어야 합니다.

장애를 딛고
장애를 넘는 삶으로

저는 두 살 때 소아마비에 걸렸고, 세 살 때 아버지가 돌아가셨어요. 아버지에 대한 기억은 전혀 없어요. 우리 가족의 삶은 아버지가 돌아가신 날 이후로 모두 어머니가 책임지셨죠. 그 당시에 어머니는 수도 대행사업을 하면서 다양한 사회봉사와 대한적십자사 활동을 하셨어요. 제주도에서 주는 가장 큰 상인 만덕봉사상과 내무부장관상도 받으셨죠. 당시 자식을 둔 여성으로서 드물게 사업을 성공적으로 이끌었고, 늘 주변을 돌아보며 기증도 많이 하셨습니다. 제가 태어나고 자란 제주도에서 오태인 여사 하면 모르는 사람이 없을 정도였어요.

아버지가 돌아가시고 삼년상을 끝낼 무렵, 제가 다섯 살 때였을 거예요. 저는 어머니 등에 업혀 제주도에서 부산 메리놀 병원을 오가며 8개월 동안 소아마비 치료를 받았습니다. 제주도에서 부산까지 치료를 받으러 다닌다는 건 정말 쉬운 일이 아니었습니다. 어머니는 이후에도 제주도에 명의가 왔다는 이야기만 들으면 어떻게 해서든지 집에 모셔왔어요. 어머니의 지극한 정성 덕분에 두 다리를 전혀 못 쓰고 기어다니던 제가 양쪽에 보조기를 신고 지팡이를 짚으며 한 발 한 발 떼어놓을 수 있었어요. 일곱 살 때, 처음으로 대문까지 20미터쯤 걸어간 기억이 아직도 생생해요.

이동한 이사장과 어머니 오태인 여사

"어머니는 없는 자, 약한 자의 이웃이 되는 삶을
평생 몸소 실천하셨습니다."

강한 사람으로 만들어준
어머니의 세 가지 가르침

열다섯 살 때, 어머니와 마당에서 걷기 연습을 하고 있었는데 라디오에서 뉴스가 나왔어요. 서울대학교 이덕용 박사와 가톨릭의대 김영조 교수가 소아마비 수술 방법을 미국에서 전수받아 이제 한국에서도 수술받을 수 있게 됐다는 거예요. 뉴스를 듣자마자 어머니는 제 손을 잡고 성모병원을 찾아갔어요. 저는 2년 6개월에 걸쳐 16번의 수술과 치료를 받았습니다.

만약 제가 어머니였다면, 어머니와 똑같이 할 수 있었을까요? 잘 모르겠습니다. 어머니는 그만큼 제가 '장애'라는 벽을 딛고 혼자서도 당당히 잘살 수 있길 바라셨죠. 아버지도 일찍 돌아가셨으니 홀어머니 자식이란 말을 들을까봐 엄할 정도로 예의범절을 가르쳤습니다. 특히 강조하며 자주 하신 말씀은 세 가지입니다.

첫째 "은혜에 대한 보은을 꼭 해야 한다", 둘째는 "남과 네 자신을 비교하지 마라. 조금 잘나면 우쭐해서 노력하지 않게 되고, 조금 못하면 의기소침해진다" 세 번째는 "남들과 경쟁은 하되, 남이 잘하는 것은 시기 질투하지 마라"였습니다. 독실한 불교 신자였던 어머니는 없는 자, 약한 자의 이웃이 되는 삶을 평생 몸소 실천하셨습니다.

어머니는 제가 말귀를 알아듣기 시작할 때부터 매일같이 이 말씀을 하셨어요.

"내가 항상 네 옆에 있어줄 수는 없다. 혼자 살 수 있는 길을 찾아야 한다. 무엇보다 배우는 일에 게을리하면 안 된다. 배워야 일을 하고 너 혼자 살아갈 힘을 얻을 수 있다."

이건 제 평생의 화두였어요. '어떻게 혼자 살아갈 수 있을까?' 당시 저에게는 상당히 절박한 일이었습니다. 혼자서 살아갈 줄 알아야 한다는 절박함은 모든 장애인의 가장 큰 고민이자 숙제일 거예요. 장애인 자식을 둔 부모 역시 이를 가장 많이 고민하죠. '내가 죽으면 이 아이를 누가 봐줄 것인가, 차라리 내가 죽기 전에 자식이 앞서야 하는 게 아닌가' 이런 생각을 하는 부모에게 저는 이 말을 꼭 합니다.

"자식에게 장애가 있다고 포기하지 마십시오. 사랑으로 품고 지속적인 관심을 갖고 기다리면 자식은 작은 틈새로라도 자신의 재능을 발산할 것입니다."

부모도 장애인인 자식이 어떤 일을 잘할 수 있을지 확신하지 못합니다. 하지만 장애인들도 기회를 얻을 수만 있다면 잘할 수 있는 일이 무궁무진합니다.

홀로 설 수 있어야 한다는
절실함이 가져다준 첫 성과

어릴 때부터 제 꿈은 저처럼 아픈 사람을 치료해주는 의사였습니다. 하지만 오랫동안 병원 치료를 받았음에도 양쪽 다리 기능이 정상인의 40퍼센트밖에 되지 않았어요. 이 다리로는 의사를 할 수 없었습니다. 제가 할 수 있는 건 법률가가 되거나, 기술을 배우는 것뿐이라고 생각했죠.

진로에 대한 고민을 하고 있을 때, 당시에 상공부(지금의 산업통상자원부)에 계시던 한 분이 앞으로 계량화할 수 있는 기기를 다루는 사업이 유망하니까, 제주도에 내려가서 공부와 사업을 병행하여 경제적 기반을 닦는 것이 어떻겠냐고 하셨어요. 계량기에 대한 개념과 계량사 면허취득 방법도 자세하게 말씀해주셨죠. 저도 그 일이 무척 흥미로웠어요. 그 분의 제안이 제 진로를 확정짓고, 제가 하고 있는 일의 초석이 되었죠.

당시 어머니의 수도 대행 사업을 자주 돕다 보니 자연스럽게 수도 공사와 관련한 일이 눈에 들어왔어요. 그리고 스무 살에 계량사 자격시험에 합격해 제주도 최초 계량사가 되었어요. 전 종목의 계량기를 다룰 수 있는 자격을 얻어 제주도 최초의 수도 미터기 수리소도 개업하고, 제주도 최초의 택시 미터기 부착 업소가 되었습니다.

그 시절만 하더라도 장애인들이 할 수 있는 일은 앉아서 하는 단순 노동이 전부였습니다. 트랜지스터라디오를 고치거나, 텔레비전을 고치거나, 도장 파는 일 같은 거요. 장애인이 머리를 쓰는 일도 할 줄 안다고 생각하는 사람은 거의 없을 때였어요. 그런 분위기 속에 제가 최연소 상수도 시공기술자 자격증을 땄으니, 주변에서 많이 놀랐죠.

되돌아보면 제 안에는 항상 '현재에 안주하면 안 된다', '더 도전해야 한다'는 의식이 있었던 것 같아요. 이 얘길 하면 지금도 많은 사람이 물어요. 장애가 있으면 자기 안으로만 움츠러들기 쉬운데, 남들이 하지 않는 일을 하겠다는 도전정신이 어디에서 나오냐고요. 별거 없어요. 남들처럼 잘 살아보겠다는 욕구, 스스로 자립해야 한다는 의지, 그게 전부였어요.

우리나라 경제 사정이 좋아지면서 상수도 사업과 택시 미터기 사업이 큰 성공을 했어요. 이게 저의 재정적 토대가 되어주었습니다. 스물세 살에는 한국상호신용금고도 창업했습니다. 하지만 잘 운영하진 못했어요. 대출받은 사람이 원금 상환을 못 하면 압류하고 집이나 담보를 경매에 넘거야 했는데, 어려운 사람들에게 매정한 말을 건네는 것이 계속 마음 쓰였거든요. 더 이상 나의 일이 아니라는 결심에 운영이 잘되던 금고를 매각했습니다. 그리고 다른 사람에게 즐거움을 줄 수 있는 사업을 찾게 되었고, 그렇게 예식장 사업을 시작했어요.

성공한 사업가가 되어도
가장 큰 바람은 장애인복지

재활치료를 계속 받아야 하는 저에게는 걷기 운동이 중요했어요. 걷기 운동을 하는 데 제일 좋은 게 뭘까 생각했더니, 농사였죠. 당시 제주도에는 귤나무를 심으면 자식도 대학에 보낼 수 있다는 말이 있었거든요. 귤나무를 심으려고 했더니 관리가 생각보다 어려웠어요. 제 다리로는 무리였죠. 그때 누군가가 관상수를 심는 게 전망이 좋다는 얘기를 해줬어요. 사람들이 점점 잘살게 되면 어느 정도 수요가 있을 거라고요. 관상수는 관리를 잘하면 병충해가 거의 없고, 1년에 한두 번 옮기는 일을 해야 하지만 사람을 쓰면 되었어요. 그래서 관상수를 심기 시작했습니다. 그러다 조경면허를 땄고, 운 좋게 1985년 제주국제공항 조경사업 시행자로 낙찰되었어요. 무려 1억 5,000만 원짜리 일이었죠. 당시에 1억이면 정말 큰돈이었습니다. 결과도 좋았죠. 2년 동안 공사하면서, 선 굵고 장엄한 조경으로 제주도만의 향토색을 잘 담아냈다는 평을 받았어요.

이 일로 번 돈이 지금 춘강 사회복지법인의 기초가 되었습니다. 사업하면서 물질적으로 여유가 생기니까 저와 같은 장애인들을 위한 일을 하고 싶다는, 오랫동안 마음에 담아두었던 소망이 자꾸 생각났습니다.

저는 자라면서 장애인으로서 두 가지 큰 물음이 있었어요. 첫 번째는 '어머니가 안 계시면 누가 나를 돌봐주고, 나는 어떻게 스스로 살아가야 할까?'였고 두 번째는 '나도 장가를 가서 자식을 낳으며 가정을 이룰 수 있을까?'였습니다. 제 삶의 두 가지 물음은 제 아픔과 다른 장애인의 아픔이 하나일 거라는 생각을 계속하게 했고, 제 삶에 복지사업의 씨가 자라도록 도와주었습니다.

당시만 하더라도 제대로 된 장애인 단체가 없었습니다. 그런데 제주도청에서 저를 회장으로 세우면 장애인 단체를 허가해주겠다고 말했어요. 망설일 필요가 없었죠. 그렇게 1984년에 제 사업장인 전원예식장에서 제주도 지체장애인협회의 발기 총회식을 열었습니다. 부푼 마음과 동시에 다른 마음 한구석에는 장애인의 참담한 현실을 어떻게 극복해나갈지 고민이 많았습니다.

또 다른 어려움도 있었습니다. 우리나라에서 '88서울장애인올림픽'이 열리면서 1987년부터 국가정책으로 각 도에 장애인복지관 설립이 추진되고 있었어요. 하지만 제주도는 행정당국의 관심 결여로 부지도 마련되지 않은 채 방치되고 있었습니다. 장애인복지관은 정부지원을 받았지만 조건이 있었어요. 땅을 기부하고, 건축비의 10퍼센트를 부담하라는 조건이었죠. 저는 이 기회가 제주도에 장애인복지관을 설립할 수 있는, 제주도 장애인복지에 한 획을 긋는 순간임을 직감했습니다. 묻고 따지지 않고 모두 제 개인 재산으로 부담했습니다. 그렇게 '사회복지법인 춘강'이 시작된 거죠.

제가 저만 잘사는 데 만족하고 안주했다면 오늘날의 춘강은 없었겠죠. 저와 똑같은 장애를 겪는 사람들을 돕고 싶다는 생각을 하게 된 건 어려운 사람, 가난한 사람을 도와야 한다던 어머니 가르침 덕분이었습니다. 그리고 그 가르침에는 불교정신이 깔려 있었죠. 어머니는 제가 글을 읽을 줄 알았을 때부터 제 옆에 항상 불경을 두셨는데, 그 불교정신은 평생 장애인복지를 위해 일하도록 제 양식의 바탕이 되었습니다.

춘강의 업적 1
장애인에게 일자리를 주다

춘강을 운영하면서 제게 주어진 첫 번째 문제는 '장애인에게 어떻게 일자리를 주느냐' 하는 것이었습니다. 장애인복지보다 장애인을 스스로 일어설 수 있게 만드는 것이 더 시급한 일이라고 생각해서 장애인복지관보다 장애인근로센터를 먼저 지었어요. 직종별로 10개 사업장을 계획했는데, 처음에 했던 구체적인 생각은 이런 거였습니다.

'분야별로 10명씩 기술을 전수하면 기술자가 100명이 된다. 그 장애인들을 10개의 읍과 면에 배정하면 1,000명의 고용 효과가 나온다. 도내 장애인 3,300여 명 중 미성년자이거나 일할 수 없는 1,000명을 제외하면 도내 장애인의 절반에게 일하는 기쁨을 줄 수 있다!'

원대한 꿈을 품고 시작했지만 장애인에 대한 인식이 좋지 않았던 당시 사회 분위기에서 장애인이 만든 물건은 거의 안 팔렸어요. 장애인이 만들었으니 품질이 떨어질 거라 생각하는 건 아닐까 해서 품질관리에 정말 심혈을 기울였습니다. 2002년에 중소기업청에서 '2002년 월드컵 관련 상품 생산 유망기업' 16곳을 뽑았는데, 그때 우리 춘강이 사회복지법인으로는 유일하게 이름을 올렸어요. 그만큼 품질에 신경을 썼다는 반증이지요. 그런데도 안 팔렸어요. 비장애인이 장애인이 만드는 물건을 하나 사는 것을 '시혜'라고 생각하는 것 같았습니다. 생색내는 데 불과한 거였지요.

춘강의 업적 2
장애인을 위한 법안 마련과 최저임금 이상 지급

장애인에 대한 비장애인의 인식 말고도 어려운 점이 있었습니다. 바로 장애인들 스스로의 문제였어요. 비장애인이나 장애인 할 것 없이 끈기가 없으면 어떤 것도 해낼 수가 없는데, 당시 장애인들에겐 이 문제가 가장 큰 걸림돌이었어요. 저희가 제주도에서 가장 큰 창호공장을 세우고 세탁공장도 만들었는데, 우리 공장에서 일하던 장애인들이 모두 금방 그만두는 거예요. 자꾸 이런 일이 반복되니 결국 장애인 용역에 관한 것을 제도화할 방안이 없을까 고민했어요.

그러다 한국노동연구원의 강순희 박사를 만나게 됐습니다. 그분이 오히려 저에게 어떻게 하면 장애인을 고용해 생산량을 늘릴 수 있겠느냐고 먼저 물어왔어요. 그래서 제가 장애인에게 일거리를 주는 기업에게 일정 비율만큼 고용으로 인정하여 장애인고용부담금을 경감해주는 제도가 마련된다면, 장애인들이 일자리를 구할 수 있을 것이라고 제안했습니다. 그 계기로 만들어진 제도가 바로 '장애인연계고

이불, 매트리스 커버, 베개 등 다양한 침구류를 제조하는 모습

양초 포장작업과 양초 성형작업을 하고 있는 직업재활시설 어울림터의 직원들

용제도'입니다.

그다음에 시각장애인인 정화원 국회의원에게 '장애인생산품 우선 구매'를 법으로 만들어달라고 건의했습니다. 그때 국회에서 공청회가 열려 제가 발언을 했는데, 장애인생산품을 공공기관이 우선 구매해야 한다고 제안했죠. 이런 과정을 통해 '중증장애인생산품 우선구매 특별법'이 제정되고 정착하면서 비로소 직업재활시설이 숨통을 트기 시작했습니다.

제가 장애인복지에 영향을 미쳤다면 바로 이 지점일 겁니다. 1990년 춘강 장애인근로센터를 개원한 이후, 다른 장애인 직업재활시설과 달리 창호, 목공예, 피혁공예, 귀금속공예, 한복, 칼라믹스, 복사용지 등 다양한 직종을 운영하여 장애인들에게 직업을 폭넓게 선택할 기회를 주었습니다. 또한 장애인들의 경제적 자립과 생활안정을 위한 관련 법안이 제정되도록 온갖 노력을 했고, 실제로 적용되었고요. 그리고 춘강은 전국 장애인 직업재활시설 중 최초로 전 장애인노동자에게 최저임금 이상의 급여를 지급하고 4대보험 가입 등의 노력으로 직업재활의 본보기가 되었죠. 항상 꿈꾸던 생산복지를 실현하기 위해 노력한 결과였습니다.

춘강의 업적 3
교육사회재활, 의료재활, 직업재활의 삼박자를 갖추다

춘강은 우리나라 최초이자 유일하게 장애인복지에 필요한 세 가지 조건을 모두 갖췄습니다. 바로 '교육사회재활', '의료재활', '직업재활'

입니다.

교육사회재활이란 이런 걸 말합니다. 영유아 혹은 미취학 때부터 몸의 어느 한 부분이라도 장애가 발생한다면 이에 대한 지원이 이뤄져야 하겠죠. 또 그 아동이 좀 더 자라면 집에서 살아가는 법뿐만 아니라 사회생활을 하는 법도 배워야 합니다. 즉, 교육사회재활은 밥을 하는 방법이라든지, 우체국에 간다든지 또 버스를 어떻게 타야 하는지 등 일상생활과 우리 사회에 적응하는 방법을 알려주는 활동입니다. 이런 일련의 활동이 장애인복지관의 기능과 역할입니다.

의료재활은 장애인을 위한 의료지원이라고 할 수 있습니다. 비장애인이 이용하는 일반 병원에서는 장애인을 진료하기 힘들어요. 장애인은 비장애인과 다른 치료를 받습니다. 예를 들어 언어장애가 있는 사람을 위한 치료, 동작능력을 위한 재활, 사회성이나 심리적 안정을 위한 치료 등이 있죠. 춘강의원은 이런 장애인을 위한 의료 서비스를 종합적으로 지원하고 있습니다. 제주도에서는 춘강이 처음으로 시작했는데, 의사가 아닌 장애인이 이런 의원을 연 것은 우리나라에서 처음입니다.

마지막으로 직업재활은 제가 가장 중요하게 생각하고, 춘강에서도 가장 중점을 두고 있는 부분입니다. 지금 우리 법인의 장애인들이 하는 일은 총 아홉 가지입니다. 호텔세탁 용역, 사무용지 제조, 침구류 제조, 가방 제조, 토너 카트리지 제조, 전산업무 서비스, 양초 제조, 전통장류 제조, 꽃차 제조를 하고 있고 시대의 흐름에 맞춰 목창호, 알루미늄샷시, 전통한복, 피혁공예, 칼라믹스공예, 귀금속공예 등 여러 일을 했습니다. 이곳에서 세탁을 배워서 세탁사업을 시작한 사람도 있고, 월급을 모아 자신의 힘으로 집을 구입하고 자립생활을 하는 발달장애인도 있죠. 그 사람들은 저희 춘강에서 목표로 하는 일, '스스로 자립기반을 갖는 일'을 충분히 해내고 있는 좋은 예입니다.

춘강이 가진 차별점도 여기에 있습니다. 교육, 의료, 직업 이 세 가지 재활 지원을 모두 하고 있다는 점이죠. 제가 장애인으로서 직접 살아왔기 때문에 할 수 있는 일이었습니다.

장애인복지의
현실적 어려움

장애인 직업재활이 시작부터 순탄했던 것은 아니었습니다. 어려움도 많았지요. 가장 큰 문제는 생산성이 낮다는 거였습니다. 그래서 처음에는 숙련 기술자를 투입해 품질을 향상시키면서, 장애인이 기술을 배우도록 했습니다. 맨 처음에 시작했던 것이 목공예입니다. 그런데 이 분야는 인도네시아나 베트남에서도 값싸게 수입되기도 했고 실제 만드는 데 시간이 많이 걸려 생산량도 낮았지요. 경쟁력이 떨어질 수밖에 없더라고요. 생산성을 끌어올리는 일이 쉽지 않았어요. 다른 사업도 마찬가지 문제를 겪고 있습니다. 휴대전화는 6개월이면 또 새 제품이 나오잖아요? 그만큼 하루가 다르게 세상은 달라지는데 저희 같은 복지법인은 이런 시장의 변화에 민감하지 못한 것이 큰 문제였어요. 또 정부의 지원이 한계가 있는 것도 사실입니다. 그러니 결국 사업자가 직접 부담할 능력이 있어야 했습니다.

저희 춘강이 이뤄낸 성과는 이런 눈에 보이지 않는 어려움들을 이겨내고, 개원부터 지금까지 한결같은 목표로 걸어왔다는 걸 인정받은 것과 다름없다고 생각합니다. 그런 점에서 춘강은 제게 큰 의미가 있습니다. 되돌아보면 실패도 많았지만 다 겪어야 하는 과정이라고 생각합니다. 그래서 후회는 없지만, 한 가지 안타까운 점은 있어요.

컴퓨터분야에 도전해봤지만 성공하지 못했습니다. 저는 컴퓨터분야가 장애인들이 가장 잘할 수 있는 분야이고, 미래도 있는 일이라고 생각합니다. 게임이나 프로그램 소프트웨어 개발 같은 일 말이죠. 실제로 제주대학교에 제안해 저희 장애인들이 기술교육을 받기도 했습니다. 아쉽게도 지속적으로 이어지지 못했어요. 장애인이 기술을 습득하는 속도보다 사람들이 새로운 것을 찾는 변화의 속도가 빨랐기 때문입니다.

하지만 좀 더 많은 기업가와 전문가가 관심을 가져준다면 장애인이 할 수 있는 일은 무궁무진할 겁니다. 장애인들은 비장애인 못지않은, 혹은 더 뛰어난 집중력이 있거든요. 게다가 요즘 장애인은 기술의 힘을 빌려 자신의 불편을 해소하는 일이 좀 더 쉬워졌어요. 청각장애인은 스마트폰을 통해 의사소통이 좀 더 쉬워졌고, 시각장애인 역시 스마트폰의 여러 음성 기능을 사용해 소통이 더 편해졌죠. 삼성과 같은 큰 기업에서 장애인들 중 우수인력을 데려다가 좀 더 발전된 기술을 개발할 수 있을 거라고 생각해요.

요즘은 장애인 우선채용제도가 있어서 장애인이 대기업을 포함한 여러 기업에 채용되는 일이 늘어났지만, 문제는 장애인의 일이 전화를 받거나 다른 사람의 업무를 보조하는 단순노동에 그친다는 데 있습니다. 안타까운 일입니다. 좀 더 많은 기업과 전문가가 장애인 각 개인의 능력에 관심을 가져줬으면 좋겠습니다.

장애인 또한 스스로 자신의 능력을 개발하고 좀 더 전문적인 일을 하기 위해 노력해야 하겠죠. 쓴맛을 본 사람이 단맛, 쓴맛 모두 압니다. 장애인 자신도 간절한 마음과 의지로 자신의 일을 찾고, 능력을 개발해야 합니다.

장애인의 특별한 재능을 이끌어내는
세상을 꿈꾸다

25년 전에 독일 비텔 마을이란 곳을 방문한 적이 있었어요. 이곳에는 3만 평, 5만 평 단위로 장애인이 거주하는 마을이 있었는데, 장애인들이 이곳에서 직업재활과 의료재활을 받더라고요. 다양한 수공예품을 만들고 있었는데 제가 궁금해서 물어봤어요. 장애인들이 만든 수공예품이 잘 팔리는지요. 잘 팔린다고 하더라고요. 관광객이 오면 하나씩 사서 집에 갖다놓는다는 겁니다. 아이에게 보여주려고요. 일종의 독일 사람들의 교육철학이 아닐까요?

하지만 우리나라는 어떤가요? 장애인이 만든 물건이라면 거부감부터 갖지 않나요? 인식의 출발선이 다른 거죠. 사실 이것이 장애인 복지에서 가장 시급하고 중요한 일이라고 생각합니다. 장애인과 비장애인을 똑같이 봐줄 수 있는 사회적 환경이 만들어져야 합니다.

태어날 때부터 장애인과 비장애인이 갈리는 것도 아닙니다. 누구나 어느 날 갑자기 불의의 사고를 겪어서 장애인이 될 수 있습니다. 자신을 예비 장애인이라고 생각해본다면 서로 돕고 안 할 일이 없다고 생각합니다. 장애인이 할 일, 비장애인이 할 일 구분도 없어지겠죠.

또 장애인에 대한 인식을 바꾸기 위해선, 장애인이 성공적으로 자리를 잡는 사례가 사회에 더욱 많이 소개되어야 해요. 실제로 우리 복지관에서 일하던 직원이 독립해서 '제주클린'이라는 회사를 만들었어요. 그 회사 직원들도 우리 복지관 출신의 장애인들이었죠. 아파트나 주택 청소, 자동차 세차장, 카펫클리닝과 같은 일을 하는데 중증장애인도 기초교육과 현장실습을 거쳐 일하고 있어요. 그뿐만 아니라 장애인들이 조향이나 공예 기술을 배워서 공방을 차리는 경우도 있어요. 세탁소를 차린 경우도 있고요. 이런 사례가 더 많이 알려져야 비장애인의 인식 개선에 도움이 될 거라고 생각합니다.

보통 비장애인은 장애인을 사회적 약자로 보거나, 혹은 더 낮은 시각으로 보기도 합니다. 하지만 함께 살아가는 세상이라면 좀 더 평등하게 바라봐야 합니다. 아니, 그보다 더 나아가서 장애인이 가진 뛰어난 능력을 발견하고 개발해줘야 합니다. 장애인은 비장애인이 겪어보지 못한 독특하고 다양한 경험이 있어요. 장애인만의 특별한 세상에 대한 시각, 다른 사람을 이해하는 마음, 그리고 그들의 탁월한 오감이 있죠. 그런 점을 종합하면 사실 어떤 일에서는 장애인이 비장애인보다 훨씬 뛰어난 능력을 갖고 있다고 볼 수도 있습니다. 이런 능력을 이끌어내고 개발한다면 장애인이 사회에 도움을 받아야만 하는 대상에 머물지 않고, 거꾸로 우리 사회에 이바지할 수도 있다고 생각해요.

무조건 주는 후생복지보다
의미 있는 삶을 만들어주는 생산복지가 필요

제가 후생복지를 넘어서 생산복지를 강조하는 이유도 여기에 있습니다. 장애인의 숨겨진 능력을 개발해주는 교육을 해야 해요. 자극을 줘야 합니다. "너는 할 수 있어"라는 메시지를 계속 주는 거죠. 그래야 더 의미 있는 삶을 살고 싶은 이유를 만들어줄 수 있거든요.

직업교육을 통해 삶의 가치와 의미를 깨닫게 해준다면, 저는 장애인들이 100퍼센트 자신의 능력을 발휘할 거라 확신합니다. 하지만 그 일은 혼자서 할 수 없습니다. 누구의 뒷받침 없이 혼자 해낼 수 있는 일이 아니에요. 보호자나 교육자 누군가가 장애인의 성장과정부터 잠재된 능력을 알아봐주고, 자신의 능력을 제대로 발휘할 수 있게 뒷받침해줘야 합니다. 장애인을 위한 맞춤형 교육이 필요하다는 말입니다. 또 동기부여를 해줘야 합니다. 일해서 스스로 성과를 내면 의식주 해결은 물론, 가정을 꾸릴 수 있다고 방향과 방법을 제시하는 겁니다.

이렇게 되는 데에는 무엇보다 정부의 역할이 중요합니다. 정부에서 장애인이 잘할 수 있는 일들을 좀 더 찾아줘야 해요. 예를 들면 세탁공장은 제주지역에 꼭 필요한 업종이지요. 예전에 제주도는 최고의 신혼여행지였어요. 제주에서 관광산업은 앞으로도 계속 이어질 것이고, 호텔의 세탁 용역도 꼭 필요한 사업이겠다는 생각에 아이디어를 내고 실행에 옮겼어요. 세탁을 장애인 직업재활 업종으로 선택한 업체는 우리나라에서 춘강이 최초일 것입니다. 이런 사업이나 아이디어를 정부 차원에서 내고 민간이 경쟁적으로 참여하면 얼마나 좋을까요? 그리고 실제로 이런 정책을 펼치는 기업이나 복지단체에 지금보다 더 큰 보상이나 지원을 해준다면 기업들이 먼저 장애인과 함께하는 데 앞장서지 않을까요?

복지재단을 운영하는 입장에서는 항상 정부의 규제가 안타깝습니다. 이런저런 사업을 펼치고 싶은데 정부의 규제로 시도조차 해보지 못하는 일이 많아요. 그렇다고 정부에서 그런 정책을 대신해주는 것도 아니고요. 정부 차원의 복지정책을 확대하면서도 민간 복지단체에는 좀 더 규제가 완화되었으면 하는 바람이 있습니다.

성공은 결과만큼 과정이 중요하다는 것을
깨달을 때 이뤄진다

저는 장애인을 돌보는 사회복지사의 기본적인 역할도 중요하지만, 단순히 돌봄이 아닌 새로운 분야나 다른 분야를 접목해 도전적으로 복지를 연구할 필요가 있다고 생각해요. 머지않은 미래에는 예비 장애인의 리스크를 관리해줄 수 있는 사회복지사의 역할이 더욱 중요해질지도 모르지요. 과학과 사회복지가 융합되어 언젠가는 사람의 유전 정보를 분석해서 발생할 가능성이 있는 장애를 예방하고 관리하는 쪽으로도 사회복지사의 역량이 확대될 수 있지 않을까요?

요즘에는 주의력결핍장애ADHD가 너무 많아졌어요. 공황장애를 앓는 환자도 많아졌죠. 저는 특히 우리나라의 높은 자살률을 어떻게 낮출 수 있을 것인지에 관심이 많아요. 이런 정서적인 장애를 다룰 수 있는 프로그램이나 매뉴얼을 개발하는 것도 사회복지사의 중요한 역할일 수 있어요. 이건 국가적으로 중요한 문제이기도 하지요. 사회복지사를 꿈꾸는 청소년이 있다면 예비 장애인을 위해 어떤 예방적 사회복지를 실현할 수 있을지 고민해봤으면 좋겠어요.

마지막으로 장애인과 비장애인이 함께 어우러진 성공적인 기업 모델을 만들어내는 꿈도 가졌으면 좋겠습니다. 장애인에게 맞는 일자리를 제공하여 장애인뿐만 아니라, 비장애인 모두에게 이익이 되는 세계적인 기업가가 되겠다는 이상과 야망을 품은 청소년이 더욱 많아졌으면 좋겠습니다.

그런데 이런 일에는 가장 중요한 조건이 있어요. 인성이지요. '나만 잘되면 된다' 혹은 '나만 잘하면 된다'는 식의 마음가짐으로는 사회복지뿐만 아니라 어떤 일도 성공할 수 없습니다. 청소년들이 결과만큼 과정도 중요하다는 걸 잘 깨달았으면 좋겠어요. 과정이 좋으면 성과도 좋게 나타날 수밖에 없습니다.

줄기가 곧게 뻗은 나무는 가로수로서도 가치가 있고, 조경수로도 가치가 있어요. 열매도 탐스럽게 열리죠. 하지만 줄기가 비틀어진 나무는 관상수, 가로수 그 어떤 역할로도 쓰일 수 없어요. 열매가 부실하게 열리는 것은 당연하고요. 제가 여러 번 강조하지만, 자기 자신을 이겨내는 마음이 필요해요. 부정적인 환경과 생각에서 오는 순환의 고리를 끊는 용기 있는 청소년이 많을수록 그 사회는 밝아질 겁니다.

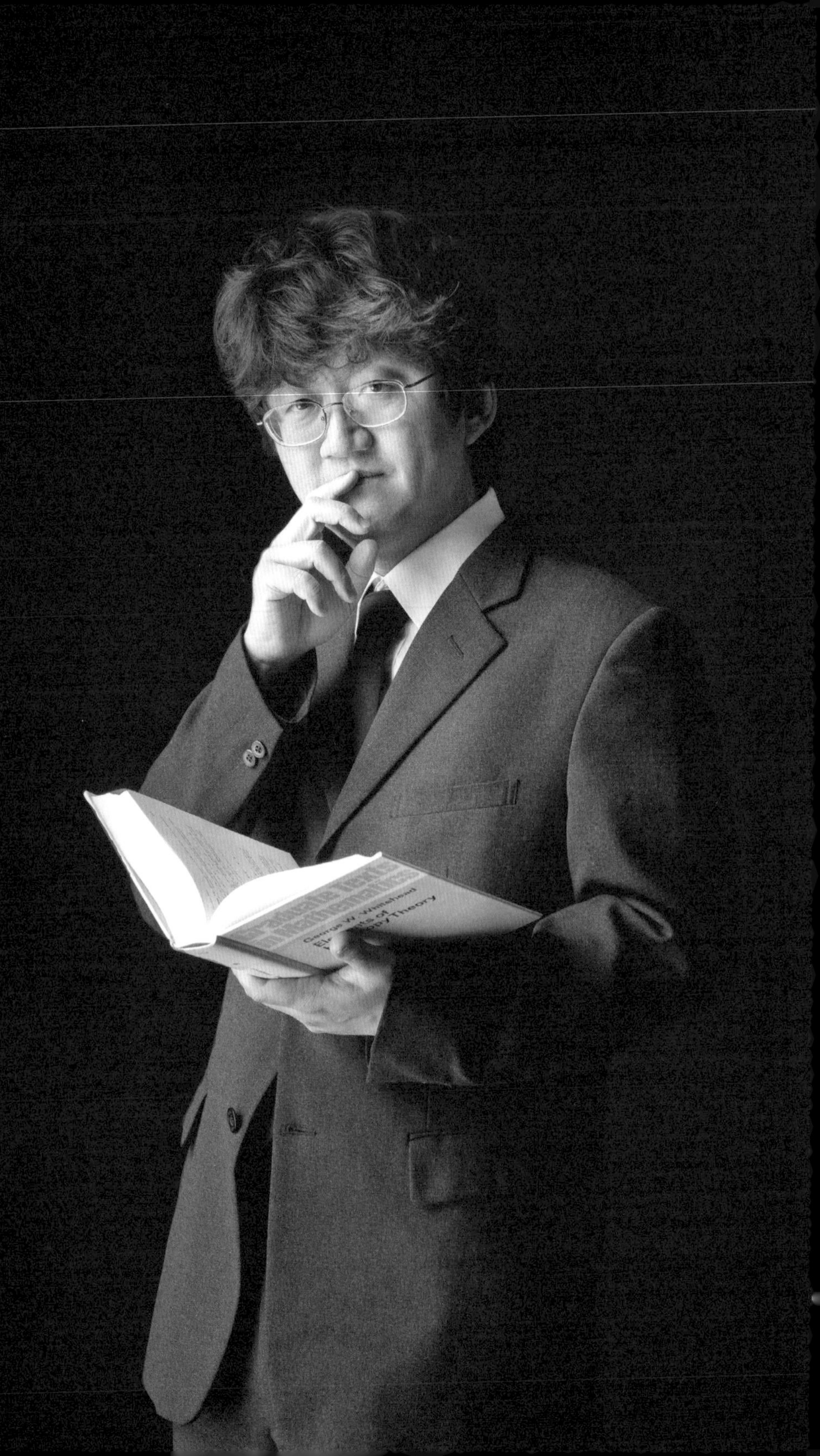
George W. Whitehead

수학은 세상을 이해하는 도구

김
민
형

—

과학

무지가 어렴풋한 직관으로 바뀌고

불완전한 지식이 됐다가 정밀한 이해로 성숙해가는 과정에서

큰 즐거움을 느낍니다.

1963년 서울 출생

1985년 서울대학교 수학과 학사

1990년 미국 예일대학교 수학 박사

1990년~1993년 미국 MIT 연구원

1993년~1995년 미국 컬럼비아대학교 조교수

1995년~2005년 미국 애리조나대학교 조교수, 부교수

2005년~2007년 미국 퍼듀대학교 교수

2007년~2011년 영국 유니버시티칼리지런던 석좌교수

2011년~2020년 영국 옥스퍼드대학교 교수

2012년 호암과학상 수상

2020년~현재 영국 워릭대학교 석좌교수

현대 수학의 최고 분야인 산술대수기하학Arithmetic Algebraic Geometry의 디오판토스 방정식의 해를 위상수학적으로 찾는 혁신적인 이론을 제시한 최고의 수학자.

산술대수기하학은 유명한 피에르 페르마Pierre de Fermat의 '마지막 문제'에서 비롯된 것이다. '$n > 2$ 일 때 $x^n + y^n = z^n$ 이 성립하는 정수 x, y, z는 존재하지 않는다'는 이 문제는 몇백 년이 지난 1995년, 앤드루 와일스Andrew J. Wiles가 마침내 해결하며, 다시 '정수계수 다항식의 해가 되는 유리수'를 찾는 문제로 일반화됐다. 이 유리수 해를 찾는 문제는 산술기하학분야에서 가장 중요한 문제인데, 김민형 박사는 지너스가 2 이상일 때, 호모토피 이론과 P-진 해석 기하의 결합으로 모든 해를 찾는 알고리즘을 만드는 방법을 제시했다.

김민형 박사의 방법론은 클레이 수학연구소가 제안한 수학의 7대 난제 중 하나인 '버치와 스위너턴-다이어 추측Birch & Swinnerton-Dyer Conjecture Analysis'의 철학을 일반화하는 과정이다.

수학의 역사는
문명의 역사

수학의 역사를 진지하게 다루기에는 지식이 너무 부족하지만, 제가 이해하는 범위 내에서 간단히 설명해보겠습니다. 제가 아는 수학의 역사는 수학자들이 스스로의 전통을 재미있게 기술하기 위해서 만들어낸 일종의 신화입니다. 물론 단군신화처럼 어느 정도 사실에 근거한 신화입니다. 그런데 그 신화에 따르면 수학의 역사는 문명의 역사와 같습니다. 문명이 발전하는 과정에서 수학은 항상 핵심적인 역할을 했고, 세상에 대한 이해는 결국 수학적 이해로 진화해왔습니다.

기원전 500년경에 부흥하기 시작한 고대 그리스의 수학은 민주주의의 발전과 함께했다는 재미있는 주장이 있습니다. 왜냐하면 어떤 주장을 증명해야 하는 관점 자체가 권위에 의존하는 사고의 틀을 깨뜨리면서 발전했기 때문입니다. 수학적 담론의 체제는 그 이후 헬레니즘시대에 유클리드와 아르키메데스 같은 학자들 덕분에 비약적으로 발전했는데 그들은 거의 모든 수학을 기하학으로 생각했습니다.

즉, 수학적 방법론 자체를 기하적 방법론과 동일시한 것이지요. 그 이유를 지금 정확하게 짐작하기 어렵습니다. 하지만 유리수가 아닌 수가 존재한다는 사실이 수 체제, 그리고 대수적 논리에 대한 회의를 불러일으켰다는 짐작이 많습니다. 그러니까 두 변의 길이가 1인 직각삼각형의 빗변이 유리수일 수 없다는 사실에 충격을 받아서 될 수 있으면 대수를 회피하는 경향이 나타났다는 것입니다. 물론 기하 자체가 가장 오래된 자연과학에 속하기도 합니다. 원의 둘레, 원반의 면적, 구의 부피 등을 계산하는 공식은 거의 모든 과학에서 사용하기도 하지만, 그 자체가 또 자연의 모양에 대한 기본적인 관찰입니다.

또 하나의 전설로 대수는 인도와 아랍문명의 발전과 함께했다고 전해집니다. 알지브라Algebra, 알고리즘Algorithm 등의 수학용어가 모두 아랍학자들의 이름을 따온 것이고, 우리가 학교에서 배우는 근의 공식의 일반꼴이 아랍학자들이 처음 발견한 것이기 때문입니다. 이로써 아랍문명과 대수의 밀접한 관계를 짐작할 수 있습니다.

그들은 또 빛의 성질, 즉 광학을 기하학적으로 기술하는 데 특히 관심이 많았다고 합니다. 아랍문명의 대수와 기하는 르네상스를 통해서 유럽에 전해졌고, 레오나르도 다빈치와 피에로 델라 프란체스카Piero della Francesca 같은 르네상스인의 노력으로 미술과 문화 전반의 판도를 크게 바꿔 놓았습니다.

대수와 기하가 17세기 과학혁명에 미친 영향은 인류 역사의 가장 중요한 전환점이라고 할 수 있습니다. 그 시대의 대표적인 인물인 아이작 뉴턴은 역학과 미적분학을 개발하며 인류의 우주관을 크게 진척시켰습니다. 뉴턴 이후로 사물의 정밀한 공부에 항상 정량적인 사고가 필요하다는 원리가 팽배해지면서, 19세기부터는 물리학 같은 분야는 완전히 수학적으로 기술할 수밖에 없는 체제가 구축됐습니다.

수학의 이해는
세상을 정확하게 이해하는 일

과학, 경제학은 물론 정치학까지 수학적 방법론을 도입하는 지금 시대에는 역사의 흐름을 수학의 흐름과 동일시할 수밖에 없습니다. 그러니까 세상과 사물에 대한 사고가 정밀해질수록 점점 수학으로 바뀌는 것 같습니다. 우리 시대에는 정보혁명의 효과로 점점 더 추상적인 수학이 일상화되고 있습니다. 한 예로 유한수 체계를 들어보겠습니다. 이는 유한개의 수만 가지고 덧셈과 곱셈을 하는 시스템인데, 원소가 8개인 덧셈과 곱셈표가 다음과 같습니다.

×	0	1	2	3	4	5	6	7		+	0	1	2	3	4	5	6	7
0	0	0	0	0	0	0	0	0		0	0	1	2	3	4	5	6	7
1	0	1	2	3	4	5	6	7		1	1	0	3	2	5	4	7	6
2	0	2	4	6	3	1	7	5		2	2	3	0	1	6	7	4	5
3	0	3	6	5	7	4	1	2		3	3	2	1	0	7	6	5	4
4	0	4	3	7	6	2	5	1		4	4	5	6	7	0	1	2	3
5	0	5	1	4	2	7	3	6		5	5	4	7	6	1	0	3	2
6	0	6	7	1	5	3	2	4		6	6	7	4	5	2	3	0	1
7	0	7	5	2	1	6	4	3		7	7	6	5	4	3	2	1	0

아마 이 표를 보면 생소하고 어쩌면 무의미한 장난이란 느낌을 받을 것입니다.

그러나 이 표에 숨은 첫 번째 중요한 사실은 수 체계가 상당히 짜임새 있는 구조라는 것입니다. 두 연산이 모두 보통 연산이 가진 모든 성질, 결합법칙과 교환법칙을 만족하고, 둘 사이의 상호작용을 관할하는 배분법칙도 만족합니다. 또 0이 아닌 수로는 나눗셈도 가능합니다.

활용 가능성은 우리가 다루는 모든 정보가 유한개의 수로 치환돼서 저장되고 처리된다는 사실에서 옵니다. 그리고 덧셈과 곱셈은 정보의 처리 과정에서, 특히 오류가 생겼을 때 정보를 효율적으로 교정

© 채널예스

"과학, 기술은 물론이고 세상을 이해하거나 도구를 만드는
모든 작업은 정밀해질수록 결국 수학적이 됩니다."

하는 데 핵심 역할을 합니다.

　여기에 필요한 이론은 19세기 수학자 에바리스트 갈루아Évariste Galois가 처음 제안해서 지금은 대학교 추상대수 커리큘럼의 일부가 된 내용입니다. 그런데 이런 이론이 정보처리에 활용되기 시작한 것은 20세기 말입니다. 그 내용을 여기서 설명하기는 조금 어려운 일이지만 재미있는 사실은, 모든 사람의 전화기 안에 이런 연산이 이미 저장돼 있어서 대기를 지나다니는 신호에 생기는 오류를 자동으로 교정한다는 것입니다. 특히 태양계 먼 곳에서 지구로 보내는 우주선의 신호는 방사선의 효과로 항상 잡음이 많기 때문에 정보 대수 없이는 원활한 작동이 불가능합니다.

　이런 식으로 순수 수학적인 추상구조의 예상치 못한 활용은, 수학의 발전과 문명의 발전이 인류 역사에서 항상 같이 일어난다는 것을 이미 알고 있는 사람조차도 놀라게 할 때가 많습니다.

수학은 인류의 발전에
어떻게 기여해왔는가

수학은 과학, 기술은 물론이고 세상을 이해하거나 도구를 만드는 모든 작업이 정밀해지는 과정에서 보편적으로 도움이 될 만한 개념적 틀을 항상 창출해왔습니다. 간단한 계산에서 시작해 미적분학, 추상대수, 기하학에 이르기까지 모든 수학은 다른 대부분의 학문을 앞서면서 도구를 제공했습니다. 아르키메데스는 기하학을 역학과 공학에 적용했고, 뉴턴은 미적분학으로 천체를 이해했으며, 카를 프리드

리히 가우스Carl Friedrich Gauss와 베른하르트 리만Bernhard Riemann이 개발한 내면기하학 덕분에 아인슈타인은 상대성 이론을 개발할 수 있었습니다. 또 복소수 체계Complex System는 14세기경에 방정식을 풀다가 발견됐지만 20세기 들어서는 물질의 미세한 구조를 파악하는 양자역학에서 재발견됐습니다. 측정 가능한 물리량의 내면에서 일어나는 중첩현상을 설명하는 데 핵심 역할을 하는 것이지요. 위상수학에서 개발한 연속함수의 고정점 이론은 또 경제학의 평형 이론의 기반을 이룹니다.

이런 여러 역사적인 사례들은 지금 수학자들에게 지표를 마련해줍니다. 수학을 공부하는 사람은 세상을 이해하는 데 도움을 줄 만한 도구를 개발하도록 항상 노력해야 한다는 것이지요.

그러나 조심할 점은 현재의 응용성만으로 섣불리 판단하기는 어렵다는 것입니다. 즉, 깊은 전통 속에서 핵심적인 수학을 계속하다 보면, 궁극적으로 놀라운 응용이 나타나고 때로는 수백 년, 수천 년 이후에, 때로는 은밀하게 문명의 발전에 기여하게 됩니다.

산술기하에 관한
가장 쉽고 가장 흥미로운 이야기

산술기하의 성질을 설명하기 위해 하나의 예를 들어보겠습니다.

실수 세 개 a, b, c가 직각삼각형의 세 변을 이룰 때 등식 [1]을 만족한다는 사실이 많은 사람이 알고 있는 '피타고라스의 정리'입니다.

$$a^2 + b^2 = c^2 \quad [1]$$

수학 전통에서 '정리'라고 묘사되는 항목 가운데 상당히 오래된 것에 속하지요. 조금 더 정확히 표현하자면, 이 등식은 실수 a, b, c가 직각삼각형을 이루기 위한 필요충분조건입니다. 그래서 가령 $a=1$, $b=2$, $c=3$인 경우는 직각삼각형이 안 되고 세 변의 길이가 각각 $(1, 2, \sqrt{5})$일 때는 직각삼각형이 됩니다. 이 기초적인 정리는 이미 기하와 대수 사이의 상당히 오묘한 관계를 나타냅니다. 삼각형의 각 하나가 직각이 된다는 것은 완전히 기하, 즉 모양에 관한 조건인데 이를 수 세 개 사이의 관계로 표현한 거니까요.

오늘날과 같은 정보의 시대 관점에서 보면, 직각삼각형에 들어 있는 정보는 위 등식을 만족하는 양수 세 개, 그 이상도 이하도 아닙니다. 제가 알기로 가장 오래된 산술기하적 탐구 중 하나가 정수직각삼각형을 찾는 문제입니다. 그러니까 '직각삼각형의 세 변의 길이로 나타나는 수 세 개가 모두 자연수가 되는 경우'를 이야기합니다. 그때 세 변의 길이 (a, b, c)를 '피타고라스 세 쌍'이라 부르기도 합니다. 가령 밑변 a와 높이 b가 모두 1인 직각삼각형의 빗변 c는 $\sqrt{2}$가 되니까 피타고라스 세 쌍을 이루지 못합니다.

그러나 $a = 3$, $b = 4$이면 $c = \sqrt{25}$라서 가장 간단한 피타고라스 세 쌍 $(3, 4, 5)$가 나옵니다. 또 하나의 잘 알려진 예는 $(5, 12, 13)$ 정도이지요. 정수직각삼각형을 찾는 문제는 결국 방정식 [2]의 자연수 해를 구하는 문제로 귀결됩니다.

$$x^2 + y^2 = z^2 \quad [2]$$

방정식의 정수, 혹은 유리수 해를 공부하는 연구를 '디오판투스 방정식 이론'이라고 합니다. 정수직각삼각형은 이런 식으로 기하적 성질과 산술적 성질을 동시에 지니고 있다는 점에서 산술기하 구조의 간단하고도 전형적인 예입니다. 산술기하 구조를 공부할 때는 항상 기하와 대수와 수론이 긴밀하게 상호작용을 합니다.

이 사례를 조금 더 탐구하자면 이제 방정식 [2]의 자연수 해를 찾아야 합니다. 당장은 (3, 4, 5), (5, 12, 13) 외에 예가 있는지도 확실하지는 않으니까요. 그런데 새로운 예를 만들어내는 아주 쉬운 방법이 있습니다. 정수직각삼각형 하나로 시작해서 크기를 계속 두 배, 세 배, 네 배, 이렇게 늘려가면 됩니다. 피타고라스 세 쌍의 관점에서 보면, 가령 (3, 4, 5)로부터 (6, 8, 10), (9, 12, 15), (12, 16, 20)… 등과 같이 계속 생성할 수 있다는 이야기입니다. 그래서 진짜 질문은 "닮은꼴이 아닌 정수직각삼각형을 계속 만들 수 있는가?"입니다.

방정식의 관점에서 닮은꼴을 제외하는 방법이 있습니다. 자연수 세 개가 $a^2 + b^2 = c^2$을 만족하면, 임의의 정수 n배를 해주었을 때,

$$(na)^2 + (nb)^2 = n^2(a^2 + b^2) = n^2 c^2 = (nc)^2$$

이 성립하기 때문에 단순하게 피타고라스 세 쌍이 많이 생성되는 것입니다. 그런데 c^2으로 나눈 방정식으로 바꾸어 생각해볼까요.

$$\frac{a^2}{c^2} + \frac{b^2}{c^2} = \left(\frac{a}{c}\right)^2 + \left(\frac{b}{c}\right)^2 = 1$$

$$x^2 + y^2 = 1 \quad [3]$$

그러면 이 문제는 방정식 [3]의 유리수 해를 구하는 것이 되고, 그랬을 때, 모든 닮은꼴 삼각형들은 아래처럼 같은 유리수 해와 대응하게 됩니다.

$$\frac{na}{nc} = \frac{a}{c}, \quad \frac{nb}{nc} = \frac{b}{c}$$

따라서 [3]의 서로 다른 유리수 해로부터 서로 닮지 않은 정수직각삼각형들을 만들 수 있습니다. 그런데 여기서 처음과 약간 다른 종류의 기하학이 나타났습니다. 왜냐하면 $x^2 + y^2 = 1$은 '원의 방정식'이기 때문입니다. 이제 정수직각삼각형을 찾는 문제는 원상에 유리수 점을 찾는 문제로 바뀝니다.

여기서 또 다른 기하적 방법론을 불러오자면, 간단한 유리수 점 $(-1, 0)$을 이용해서 나머지 유리수 점을 만들어낼 수 있습니다. $(-1, 0)$을 지나는 모든 직선을 생각해보세요.

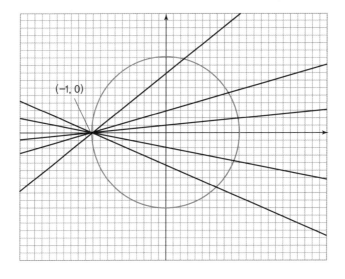

그러면 그런 직선은 접선만 제외하면 다른 한 점에서 원을 또 만나게 됩니다. 그런데 요점은 선의 기울기가 유리수면, 또 다른 교점도 반드시 유리수 점이 된다는 것입니다. 그 이유는 계수가 유리수인 이차다항식의 근이 유리수면, 나머지 한 근도 반드시 유리수가 되기 때문입니다. 간단한 계산으로 살펴보지요. (-1, 0)을 지나고 기울기가 t인 선의 방정식은 아래와 같습니다.

$$y = t(x + 1)$$

원과의 교점을 찾기 위해서 원의 방정식에 대입하면 다음과 같아요.

$$x^2 + t^2(x+1)^2 = 1$$

다시 정리해서 방정식 [4]가 됩니다.

$$(t^2+1)x^2 + 2t^2x + t^2 - 1 = 0 \quad [4]$$

따라서 해는 이와 같습니다.

$$(-t^2 \pm \sqrt{t^4 - (t^2+1)(t^2-1)}/(t^2+1) = (-t^2 \pm 1)/(t^2+1)$$

그래서 원래 점 (-1, 0), 그리고 새로운 점 $P(t) = (\dfrac{1-t^2}{1+t^2}, \dfrac{2t}{1+t^2})$를 교점으로 찾는데, 기울기 t가 유리수이면 당연히 $P(t)$의 좌표가 둘 다 유리수입니다. 이렇게 해서 원상의 유리수 점을 무한히 많이 찾을 수 있었습니다. 이제 원래 문제로 돌아가기 위해서 $t = \dfrac{m}{n}$ 이라 놓으면 피타고라스 세 쌍 $(n^2-m^2,\, 2nm,\, n^2+m^2)$을 얼마든지 만들 수 있습니다. 물론 진짜 삼각형을 만들기 위해서는 t를 0과 1 사이, 즉 n을 m보다 크게 잡아야 합니다.

이 사례는 산술기하학의 기본 성질을 비교적 잘 보여줍니다. 구조 자체가 기하산술적 성질을 가지고 있고, 그것을 공부하기 위해서 기하, 대수, 산수 사이를 끊임없이 오갑니다.

비슷한 예를 하나 더 살펴봅시다. 유리직각삼각형이란 직각삼각형으로서 세 변이 전부 유리수인 경우를 이야기합니다. 물론 정수직각삼각형은 유리직각삼각형이 되고 임의의 유리직각삼각형의 각 변을 공통 분모로 곱해주면 합동인 정수직각삼각형이 됩니다. 자연수 n이 유리직각삼각형의 넓이로 표현되면 n을 '합동수'라고 부릅니다. 가령 위의 $(3, 4, 5)$의 경우 넓이는 6이기 때문에 6은 합동수가 되고, $(5, 12, 13)$ 세 변으로 이루어진 직각삼각형의 넓이는 30이니, 30도 합동수입니다. 그런데 정수로 표현되지 않는 직각삼각형에서 만들어진 합동수도 많습니다. 예를 들자면 이것입니다.

$$\left(\dfrac{20^2}{3^2}\right) + \left(\dfrac{3^2}{2^2}\right) = \dfrac{1681}{36} = \left(\dfrac{41^2}{6^2}\right)$$

세 변의 길이가 $\left(\dfrac{20}{3},\, \dfrac{3}{2},\, \dfrac{41}{6}\right)$인 직각삼각형이 있습니다. 그런데 이 직각삼각형의 넓이는 5라서 5도 합동수가 됩니다. 7도 합동수가 된다는 것을 연습삼아 확인해보십시오.

그런 반면에 '마지막 정리'를 제시한 걸로 유명한 페르마는 1, 2, 3 세 수는 합동수가 되지 않는다는 것을 보여주었습니다. 그런데 조금 놀라운 사실은 n이 합동수가 되는 필요충분조건인 방정식 [5]가 유리수 해를 무한히 많이 갖는다는 것입니다.

$$y^2 = x^3 - n^2x \quad [5]$$

페르마는 이미 이 동치관계를 알아채서, 그가 증명한 것은 $y^2 = x^3 - x$의 유리해가 $(0, 0)$, $(1, 0)$, $(-1, 0)$밖에 없고 $y^2 = x^3 - 4x$는 유리 해가 $(0, 0)$, $(2, 0)$, $(-2, 0)$, 그리고 $y^2 = x^3 - 9x$는 유리 해가 $(0, 0)$, $(3, 0)$, $(-3, 0)$밖에 없다는 사실입니다.

이 필요충분조건은 약간의 대수만 가지고 보일 수 있습니다. 그런데 방정식 [5]는 타원곡선의 예로 산술기하적 연구의 중요한 대상입니다. 우선 한 가지 지적할 것은 임의의 자연수 k에 대해서 n이 합동수인 것과 k^2n이 합동수인 것은 동치라는 것입니다. 따라서 합동수를 거론할 때 처음부터 n의 소인수분해가 서로 다른 소수 pi에 대해서 $n = p_1p_2p_3 \cdots p\_k$ 꼴이라고 가정해도 무관합니다. 또 이야기를 간소화하기 위해서 n이 홀수인 경우만 따지겠습니다. 그때 다음 방정식 두 개를 생각합니다.

$$2x^2 + y^2 + 8z^2 = n \quad [6]$$
$$2x^2 + y^2 + 32z^2 = n \quad [7]$$

방정식 [6]의 정수해의 개수를 $a(n)$, 방정식 [7]의 정수해의 개수를 $b(n)$이라 놓습니다. 예를 들자면

$$a(1) = 2, b(1) = 2, a(3) = 4, b(3) = 4,$$
$$a(5) = 0, b(5) = 0, a(7) = 0, b(7) = 0$$

등을 쉽게 확인할 수 있습니다. 그런데 제러미 터너Jeremy Turner라는 수학자가 1970년대에 다음 정리를 증명했습니다. '버치와 스위너턴 다이어의 추측BSD'을 가정하면 방정식 [5]의 유리해의 무한성은

$$a(n) = 2b(n)$$

공식이 성립하는 것과 동치입니다. 이것은 수론의 놀라운 여러 정리 중에서도 희귀한 종류의 명제이고, 그 출처를 이해하기 위해서는 보형형식 이론을 공부해야만 합니다. 버치와 스위너턴 다이어의 추측은 여기에서 거론하기 조금 어려운 광범위한 주제이고 수론의 가장 중요한 난제 중 하나이기도 하지요. 기하와 수론의 근본 정체성을 탐구하는 각종 철학을 제시해준다고만 간단히 이야기하겠습니다. 어쨌든 BSD에 의하면 1, 3은 합동수가 아니고 5, 7은 합동수라는 사실을 재확인할 수 있습니다. 그런데 요점은 [6], [7]의 해의 개수는 항상 계산 가능하다는 것입니다. 따라서 n이 주어지면 합동수인지 아닌지를 계산을 통해서 확인할 수 있습니다. 많은 경우에 양쪽 다 0이 돼서 합동수가 됩니다. 가령 $a(157) = 0, b(157) = 0$이라서 157은 (버치와 스위너턴 다이어의 추측에 의하면) 합동수인데, 다음 세 변을 가진 직각삼각형의 넓이로 나타남을 계산기로 확인할 수 있습니다.

$$a = \left(\frac{4113405192277161493832203}{21666555693714761309610} \right)$$

$$b = \left(\frac{680329848782643505121754 0}{4113405192277161493832203} \right)$$

$$c = \left(\frac{2244035177043369699245575130906748631609484720 41}{89123322689288595880255351789671635700164808 30} \right)$$

그런가 하면 $a(41) = 32$, $b(41) = 16$이라서, 41도 합동수임을 알 수 있습니다. 41의 경우 a, b, c는 꽤 어려운 연습문제로 남겨놓겠습니다. 문제는 두 개의 방정식을 동시에 풀어야 하는 것이지요(물론 x, y, z 는 유리수여야 해요).

$$x^2 + y^2 = z^2$$

$$\frac{1}{2} xy = 41$$

위에서 본 터너의 정리는 이 방정식들을 풀지 않고도 해가 있음을 보 장합니다.

산술기하가 무엇인지 설명하다 보니, 위의 두 사례를 보여줘야겠 다는 생각을 했습니다. 사실 첫 번째 사례는 비교적 기초적인 경우이 지만, 두 번째 합동수 이야기에서는 정말 예측하기 어려운 기하와 수 론의 상호작용이 나타났습니다. 산술적인 구조와 기하적인 구조가 얽힌 상황에 집중하다 보면 직관적으로 짐작하기 어려운 연결점이 수없이 나타나고 수학이 개발한 거의 모든 도구를 다 활용하게 된다 는 것도 산술기하의 특징입니다.

체계적인 유한성으로
현실과 부합된 언어와 생각을 만들다

앞에서 산술기하를 일종의 원초적인 질문을 예시로 설명했습니다. 그런데 산술기하의 일반적인 연구 대상은 '유한생성 수 체계 위에서의 기하학'라 할 수 있습니다. 여기서 유한생성 수 체계Absolutely Finitely-Generated Ring란 정수 체계에서 시작해서 유한개의 수를 넣어준 다음, 덧셈과 곱셈으로 생성할 수 있는 수 체계를 이야기합니다. 예를 들자면, 정수와 $\sqrt{2}, \sqrt{3}, \varpi, 1/35$만으로 만들 수 있는 모든 수의 체계를 말합니다. 따라서 이 수 체계는 $(37\sqrt{2} + 123\varpi + 55\varpi^3)/35^2$ 같은 수를 포함합니다.

이 개념을 이해하기 위해서 일반적인 수 체계가 무엇인가 잠시 복습해볼까요? 지금 맥락에서는 복소수 체계 C를 생각한 다음 복소수의 부분집합으로서 0과 1을 포함하고 덧셈, 뺄셈, 그리고 곱셈에 의해서 닫힌 구조를 수 체계라고 부릅니다. 그렇다면 가장 작은 수 체계는 정수집합 Z이고 유리수, 실수 모두 수 체계를 이룹니다. 일반적으로 수 체계 A로부터 시작해서 특정한 복소수 t를 넣어준 다음 덧셈, 뺄셈, 곱셈을 이용해서 생성되는 수 체계를 A[t]라고 표기합니다.

예를 들자면 정수 체계에 -1의 제곱근 i를 더한 다음 생성되는 수 체계를 Z[i]로 표기하고 가우스정수Gaussian Integer라고 부릅니다. 그래서 유한생성 수 체계란 $Z[t_1, t_2, \cdots, t_n]$ 꼴의 수 체계를 말합니다. 보통 수학 교육 과정에서는 $Z[i, \sqrt{2}, \frac{1}{35}, \varpi]$ 같은 비교적 작은 수 체계를 다루지만, 일반적으로는 수천만 개의 복소수 t_i를 넣어준 수 체계도 유한생성 수 체계 개념에 포함됩니다.

보통 기하학에서 좌표계를 이용해서 기하적 구조를 방정식으로 표현하는 방법을 보았을 것입니다. 가령 $x^2 + y^2 = 1$은 원을 나타내고 $\dfrac{x^2}{a^2} + \dfrac{y^2}{b^2} + \dfrac{z^2}{c^2} = 1$은 타원체입니다. 또 $z = xy$는 말 안장 모양의 휘어진 곡면입니다.

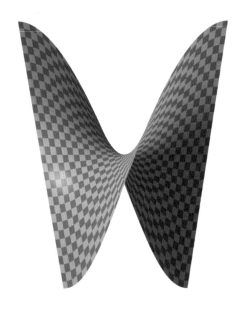

산술기하의 기본구조는 이런 식의 다항식으로 표현되는데, 단지 계수들이 어떤 유한생성 수 체계 A에서 왔을 때, 실수나 복소수를 사용하지 않고 A만 가지고 할 수 있는 기하 이론을 펼치기 때문에 산술기하라고 부릅니다. 물론 이 작업을 위해서는 기하의 개념을 상당히 추상적으로 확장해야 합니다. 이런 기초를 닦고 나면 산술기하의 입장에서는 실수나 복소수기하는 일종의 이상세계에서 일어나고, 유한생성 수 체계 위에서의 기하가 현실의 본질을 더 잘 나타낸다는 입장을 갖게 되죠.

이런 기하를 공부하는 기본적인 동기는 현실 세상의 기본 요소들이 일종의 유한성을 지니고 있다는 믿음과 관계가 깊습니다. 이상세계에서는 무한하고 연속적으로 분포된 시공간을 가정하지만 실제로는 유한개의 수만으로 세상을 표현할 수 있어요. 그런 종류의 유한성을 체계적으로 상정하고 현실과 부합하는 데 필요한 언어와 생각의 틀을 만들어나가는 기하가 산술기하학입니다.

위상수학과
산술기하

위상수학은 체계적인 모양을 공부하는 데 가장 근본이 되는 이론입니다. 어떤 물체의 위상이란, 그 물체의 모양이 지닌 거시적인 성질만 포착하는 구성요소입니다. 위상의 정확한 정의는 여기서 다루지 않겠습니다. 예를 들면 구와 육면체와 럭비공은 모양이 다른 것 같아도 위상은 같습니다. 밥 공기와 공기 뚜껑과 접시도 위상이 같습니다. 다음 두 모양도 세세한 성질은 다르지만 위상은 같습니다.

위상수학의 직관적인 기초는 18세기 수학자 레온하르트 오일러

Leonhard Euler의 연구에서 나온 오일러 수Euler's number의 정의에서 시작한다고 볼 수 있지만 19세기 말에 앙리 푸엥카레Henri Poincare에 의해서 광범위한 기반이 갖추어지고 20세기 중반부터 대수적 위상수학이 개발되면서 수학 전반에 지대한 영향을 미치기 시작했습니다. 그때부터 위상과 대수와 기하의 밀접한 상호작용이 섬세하게 발전하면서 물리학, 생물학 심지어 경제학의 평형 이론에 적용되기 시작했습니다.

그런데 산술기하에서는 모양의 위상조차 완전히 대수적으로 AFGR만 가지고 표현하는 방법을 알고 있습니다. 우리가 처음에 만난 방정식 $x^2 + y^2 = 1$ 같으면 복소수 해의 집합이 평면에서 원점 O가 빠진 공간과 같습니다.

그 공간상의 두 점 p = (r, s), q = (t, u)가 주어지고 p에서 q까지 가는 경로의 집합 C(p, q)를 보았을때, 그 경로들도 위상을 가지고 있습니다. 다음 그림에서 색이 같은 경로들은 위상이 같습니다.

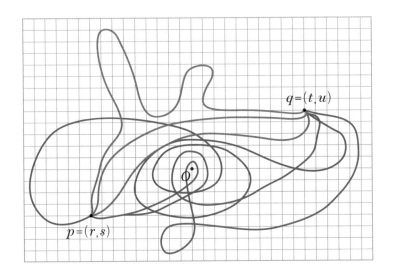

그런데 상당히 놀라운 점은 그런 경로들의 위상이 p, q가 유리수 점일 때 즉, 각 좌표 r, s, t, u가 유리수일 때와 아닐 때 상당히 큰 차이가 나타난다는 것입니다.

피상적으로만 표현하자면, C(p, q)는 p, q가 유리수 점일 때가 그렇지 않을 때에 비해서 굉장히 많은 숨은 대칭성이 있기 때문입니다. '유리수 끝점을 가진 경로들의 특별한 성질을 이용해서 방정식의 유리수 해 집합을 찾을 수 있다는 착안'이 제가 개발한 이론의 핵심입니다. 즉, 더 복잡한 방정식도, 복소수 해 집합상의 경로들의 위상을 이용하면 유리수 해 집합을 찾는 데 큰 도움이 됩니다. 이런 '숨은 대칭성 이론'은 입자물리에서 중요시하는 내면 대칭Internal Symmetry과도 구조적인 연결점이 있기 때문에 이 이론을 개발하는 데 물리학 개념의 도움을 많이 받았습니다.

수학의
두 가지 미래

수학의 미래를 두 가지 방향에서 생각해보겠습니다. 첫째는 수학 내에서 가능한 발전이고, 둘째는 수학과 타 학문과의 상호작용입니다.

수학 내에서는 기하의 개념이 계속 발전하고 있습니다. 기하라는 것은 결국 모양의 탐구라고 할 수 있는데, '모양이란 무엇인가'에 대한 답이 점점 섬세하고 고등해지고 있습니다.

우리가 모양을 '본다'는 뜻이 무엇인지 생각해보지요. 무엇인가를 볼 때, 우리 눈으로 빛이 들어오는 현상을 생각합니다. 그전에 빛은 또 우주 방방곡곡을 돌아다녔겠지요. 가령 지금 책상이 보이는 이유는 태양에서 온 빛이 대기를 배회하다가 우리집 창문으로 들어와서 책상에서 튕겨져 나와 우리 눈으로 들어왔기 때문입니다. 우리 눈 속에서는 또 특정한 화학작용이 일어나고 전류가 뇌로 전해져서 뇌 속에서는 또 복잡한 계산이 일어나는 과정이 '본다'는 말의 과학적인 뜻입니다. 그러니까 세상에 가능한 여러 가지 상호작용 중 하나가 제가 실행하는 모양의 인지입니다. 추상기하에서는 이 과정의 핵심을 여러 관점에서 포착하고자 합니다.

그런데 이미 앞에서 언급했듯이 모양 사이의 상호작용을 완전히 대수적으로 기술하는 데 필요한 언어가 많이 개발돼 있습니다. 간단한 예를 또 보지요. 우리는 좌표계를 이용해서 기하구조를 묘사하는 방법을 이미 복습했습니다. 가령 원점을 중심으로 하는 타원은 $\dfrac{x^2}{a^2} + \dfrac{y^2}{b^2} = 1$의 해집합으로 생각하고, 수직이 아닌 직선은 $y = cx + d$ 꼴의 방정식으로 주어집니다. 그런데 타원과 직선이 만나는지 알고 싶으면 어떻게 하나요? 직선 방정식의 y좌표를 타원의 방정식에 대입해서 $\dfrac{x^2}{a^2} + \dfrac{(cx+d)^2}{b^2} = 1$을 풀어야 하는데 이는 x에 관한 2차 방정식입니다. 따라서 실근이 두 개 있을 수도 있고, 한 개 혹은 전혀 없는 것도 가능합니다. 그에 따라 교점이 있느냐 없느냐가 결정되고, 또 만나는 점에서 주어진 직선이 타원의 접선이 되느냐 하는 섬세한 사실도 이 계산을 통해서 알 수 있습니다.

이런 계산은 중고등학생들도 다 압니다. 생각해보면 학생들이 개념적으로 상당히 놀라운 작업을 실행하는 것입니다. 완전히 기하적인 사실들, 모양과 모양이 만나느냐 접하느냐 등을 순전히 계산만을 통해서 알아냅니다. 이 현상의 내막에는 두 가지 가능성이 숨어 있습니다. 첫째는 우리의 뇌가 일종의 컴퓨터이기 때문에 모든 인지 과정이 계산이고, 그 때문에 모든 모양과 물체의 상호작용이 대수적으로 표현된다는 관점입니다. 둘째는 현실 그 자체가 대수적이란 관점입니다. 어쨌든 이런 생각은 기하학의 추상화 과정에서 핵심적인 역할을 해왔고 앞으로도 할 것입니다. 그리고 여기에 필요한 새로운 수학이 계속 개발되고 있습니다.

예를 들자면 요즘과 같은 빅데이터 시대에 인기 있는 주제 하나가 '데이터의 모양'입니다. 전통 통계학에서는 데이터의 분포, 특히 고차원 데이터를 보았을 때 데이터 점들이 무리를 이루는 현상에 관심이 많았던 반면에, 지금은 데이터의 추상적인 특징, 가령 데이터의 위상이 어떤 의미를 갖는지가 큰 관심사 중 하나입니다. 이런 식으로 추상적인 수학은 계속 현실의 이해에서 영향권을 넓혀가고 있습니다. 앞으로도 이런 진화는 당연히 계속되겠지요. 그리고 그에 필요한 개념적 도구 역시 계속 수준이 높아지면서 일상화되는 현상을 예측할 수 있습니다. 지금 중고등학생들이 좌표 기하를 쉽게 하듯이 약 50년 후에는 위상수학도 교육 과정에 포함될 것이라고 예측합니다.

우리는 왜 수학을
공부해야 하는가

저는 개인적인 이유로 중고등학교를 안 다녔기 때문에 수학 실력이 많이 모자랐습니다. 더구나 수학을 좋아하는 것도 아니었습니다. 청년기에 조금 남다르게 공부한 분야가 있었는데, 논리학이었습니다.

그 당시 논리학자 레이먼드 스멀리언Raymond Smullyan이 '괴델의 불완전성 정리*'에 대해서 쓴 대중서를 상당히 재미있게 읽었고, 인지과학자 더글라스 호프스태터Douglas Hofstadter가 쓴 《괴델, 에셔, 바흐》도 감명 깊게 보았습니다. 그래서 수학 그 자체보다는 수학의 철학적 배경에 주로 관심이 많았습니다. 수학이 무언가 완전한 논리를 추구하는 학문이라는 느낌이 있었고(쉬운 표현으로는 '정답이 분명해야 한다'는 생각이었겠지요), 그 관점에서 불완전성 정리가 수학의 역사에서 굉장히 중요하다는 의견을 들으면서 그 방향으로 공부하고 싶다고 생각했던 것이지요.

대학교의 전공도 철학과를 선택했습니다. 하지만 입학 몇 주 만에 자퇴하고 자연과학분야로 다시 지원할 생각을 했습니다. 그때의 어린 직관으로도 세상을 이해하려면 과학적인 지식이 필수라고 판단했던 것 같습니다. 그다음 해에 다시 지원할 때 1지망을 물리/천문 계열로 정했는데 학력고사 성적이 모자라서 정원이 미달됐던 2지망, 수학/계산학 계열로 겨우 입학했습니다. 생각해보면 수학을 공부하게 되는 데는 운도 많이 작용했습니다. 모두 참 잘됐던 것 같습니다. 수학의 철학적 배경에 대한 그 당시 생각은 완전한 오류가 대부분이었고 물리학도 수학을 제대로 공부한 이후, 교수가 되고 나서 배우기 시작한 것이 저에게는 더 나은 경로였습니다. 크고 작은 실패와 우연이 거듭되는 인생을 살면서 결국은 적당한 방향으로 흐르는 삶을 다른 많은 사람도 경험하겠지요?

---

* 수리물리학자 쿠르트 괴델Kurt Gödel이 1931년에 발표한 정리다. 정수체계를 묘사하는 공리체계에는 사실이지만 증명할 수 없는 명제가 반드시 존재한다는 결론을 내린다.

저는 항상 스스로를 아마추어 수학자라고 생각해왔습니다. '어떤 업적을 이루겠다' 혹은 '어려운 문제를 해결하겠다'는 생각을 한 번도 해보지 않았습니다. 그저 수학과 세상을 이해하고 싶다는 마음으로 일생을 보냈기 때문입니다. 그래서 열심히 연구하는 사람들보다 업적이 많이 부족합니다. 그런데 그런 성향 때문에 생기는 강점도 가끔은 보입니다. 한번 이해하기로 마음먹은 현상이 있으면 수년 동안이라도 자꾸 돌아와서 다시 생각해보는 습관이 있기 때문입니다. 독창적인 수학을 창출하려고 골똘히 생각하고 노력하는 수학자들에 비하면 저는 늘 느긋한 접근을 하는 것 같습니다.

하여간 저의 주요 관심사는 우리가 사는 시공간과 사회의 크고 작은 양상들을 점점 잘 파악해가는 것입니다. 저는 무지가 어렴풋한 직관으로 바뀌고 불완전한 지식이 됐다가 정밀한 이해로 성숙해가는 과정에서 큰 즐거움을 느낍니다. 다행히도 그런 이해에 필요한 개념적 도구 중에 수학만큼 강력한 것이 없기 때문에 수학을 공부하기로 했던 것은 참 잘한 결정이었던 것 같습니다.

꿈보다 중요한 것은
하루하루를 충실하게 사는 것

요즘과 같은 세상에 수학이 입시에만 필요하다고 생각하는 사람은 만나보지 못했습니다. 그러나 전문가들만의 영역으로 생각하는 사람들은 많지요. 그런 의미에서 자신이 할 일이 아니기에 배울 이유가 없다고 생각하는 사람들이 있습니다. 그런데 이 생각 또한 오류입니다. 누군가가 "수학을 왜 배우느냐"라고 물었을 때 그 질문에서 수학이 의미하는 바를 오해하는 경향이 많습니다. 사칙연산을 배울 필요가 없다고 생각하는 사람은 거의 없습니다. 그런데 그런 기초산수가 지금처럼 널리 보급돼 있는 상황은 인류 역사에서 비교적 최근에 일어났습니다. 아주 소수의 엘리트들만 알고 있는 고급 지식이 문명의 진화 때문에 일상화된 것이지요. 물론 자연에 대한 이해, 그리고 사회 구조의 정량화 때문입니다.

17세기 과학자 갈릴레오 갈릴레이는 우주의 철학서가 수학의 언어로 쓰였기 때문에 수학을 모르는 자는 미로 속에서 길을 잃고 방황하는 것이라고 말했습니다. 그런데 지금은 그 경향이 심화되었습니다. 가령 현대 경제학자의 논문을 들여다보면 수학공식으로 가득 차 있습니다. 평형 이론, 사회선택 이론, 산업의 분포 등에 미적분학, 선형대수, 함수해석, 위상수학 등 각종 수학적 도구가 등장합니다. 물론 일반인이 그런 논문을 자세히 이해할 필요는 없겠지요. 그러나 보통 시민이더라도 조세, 이자율, 최저임금, 사회복지 같은 중요한 관건을 결정하는 사람들의 사고를 전혀 이해 못하면서 민주사회의 일원으로 사는 것이 가능할까요?

현대사회의 이해는 과학적인 관점으로 이루어지기 때문에 전문가가 아닐지라도 문명이 진화할수록 점점 고등한 수학을 배울 수밖에 없습니다. 전문지식이 점점 일반화된다는 이야기입니다. 물론 이 과정은 시간이 걸립니다. 2500년 전에 극소수만 알던 사칙연산이나 간단한 평면기하는 이제 누구나 알게 됐습니다. 450년 전에 개발된 미적분학이나 확률론은 고등학생이 배웁니다. 앞에서 언급한 유한생성 수 체계 이론은 지금의 대학생이 배웁니다. 그런 식으로 현재의 최첨단 수학도 수백 년, 수천 년이 지나면서 일상화될 것입니다. 어느 때 누가 어느 정도 배우는 것이 적당한가는 물론 어려운 문제입니다. 이것은 교육자, 수학자, 그리고 수학을 활용하는 사회 각계 각층의 사람들이 과거, 현재, 미래의 필요에 입각해서 유연하게 결정해야 하겠지요.

그런데 구체적인 실력의 습득 이외에도 수학 공부가 하는 중요한 역할이 있습니다. 뇌의 건강을 증진시키는 일입니다. 운동선수가 아니더라도 어느 정도 체력을 단련하고 신체적 건강을 유지해야 함은 상식입니다. 마찬가지로 뇌도 적당한 수준의 운동을 다양하게 해야 합니다. 그래서 독서, 글쓰기, 문화 · 예술활동, 이 모든 것이 중요하지만 제 생각으로는 수학적인 사고의 연습만큼 효율적인 뇌 운동은 없는 것 같습니다.

많은 청소년이 꿈에 대해 묻습니다. 그런데 저는 특별한 꿈이 없이 살아왔습니다. 인생에서 꿈이 하는 역할이 무엇인지 잘 모르겠습니다. 미래에 대한 준비를 하면서 하루하루 충실하게 사는 것이 좋지 않을까요? 저는 그저 인생이 가져다주는 은혜들을 고맙게 받아들였을 뿐입니다. 특별한 어려움도 그다지 없었습니다. 있었다면 누구나 겪는 일상적인 어려움이었습니다. 시험 보는 어려움, 학위논문 쓰는 어려움, 직장 찾는 어려움, 그런 평범한 것들이었습니다.

수학의 공부는 시작도 끝도 없는
세상의 공부와 같다

어느 나라 교육이든 장단점이 있기 마련입니다. 그리고 우리나라 교육의 문제점은 어느 나라에서나 볼 수 있는 것들이 대부분이고요. 수학 공부에 대한 흥미가 낮다는 문제는 대부분 선진국의 고민거리입니다. 우리나라의 장점은 평균적으로 학교에서 요구하는 수학 수준이 높기 때문에 하다가 포기하더라도 꽤 높은 수준에 이미 올라 있는 사람들이 많다는 것입니다. 이것은 제가 우리나라 학생, 교사, 일반인을 만나면서 항상 놀라는 현상입니다. 또 누구나 열심히 공부해본 경험이 있기 때문에 평균 집중력이 높아서 다양한 작업을 효율적으로 처리하는 잠재력이 있습니다. 전체 시스템을 평가하자면 교육 공동체의 조직력이 굉장히 뛰어납니다. 학교 수학선생님들의 높은 실력과 학업에 대한 열정은 세계 어디에서도 찾아볼 수 없는 귀한 자원입니다.

수학은 누구나 다 포기하게 됩니다. 공부는 끝이 없고 공부할수록 계속 어려워지기 때문에 할 만큼 하다가 포기하게 됩니다. 그러나 중요한 것은 포기한 사람들 가운데 실력이 뛰어난 사람이 참 많다는 것입니다. 특히 우리나라 학생들은 수준 높은 교육 과정을 수학 능력이 굉장히 탁월한 선생님들에게 배우기 때문에 평균 실력이 상당히 뛰어납니다. 우리나라 평균 학생이 보통은 미국의 뛰어난 학생 수준입니다. 스스로 잘하는 수학을 잘 활용할 수 있는 자신감이 필요한 것 같습니다.

수학을 잘하고 싶다면, 오랜 시간을 두고 공부하면서 점차 파악해가는 습관이 좋은 것 같습니다. 수학 이론은 대부분 어렵기 때문에 단기간에 완전히 이해되는 경우는 거의 없습니다. 그래서 한번 들어보고 나서 불완전한 이해를 조금씩 다듬어가면서 꾸준히 이해력을 높이는 노력이 필요합니다. 처음 보면 전혀 모르겠다가 간단한 예를 통해서 부분적으로 이해했다가 어려운 개념에 익숙해지면 점점 깊이 들여다보는 과정을 반복하는 것이지요. 대부분 수학은 수천 년 역사적 진화의 산물이기 때문에 구조적인 복잡도가 높아서 자신의 사고 과정으로 원활하게 흡수하는 데는 시간이 필요합니다. 너무 단기간에 뚜렷하게 이해하려고 하면 소화불량과 같은 고통을 겪게 됩니다.

수학의 공부는 세상의 공부와 같으므로 시작도 없고 끝도 없습니다. 끊임없이 새로운 수학을 공부하고, 이미 알고 있는 수학을 재조명해보고, 지속적으로 사고 능력을 키워나가기를 당부합니다.

2008 Ho-Am Prize Laureate in Science

양자물질의 미래

김
필
립

—

과학

세상에 소개되지 않은 신물질을 찾아내고,

그것이 어떤 성질을 갖고 있는지

탐구하는 것이 과학자로서 소명이자 기쁨입니다.

profile

1967년 서울 출생

1990년 서울대학교 물리학과 학사

1999년 미국 하버드대학교 응용물리학 박사

1999년~2001년 미국 UC버클리 밀러연구소 연구원

2002년~2014년 미국 컬럼비아대학교 교수

2008년 호암과학상 수상

2014년~현재 미국 하버드대학교 교수

차세대 신소재 물질로 각광받는 탄소나노 연구를 선도하는 세계 최고의 응집 물질 물리학자.

저차원 탄소나노구조는 일차원의 탄소나노튜브와 이차원 구조의 그래핀 등의 물질이며, 새로운 전자재료 물질로 세계적으로 많은 연구가 이뤄지는 분야다. 김필립 박사의 주 연구분야는 저차원 나노물질의 양자역학적 수송 현상 규명과 이를 바탕으로 한 전자 및 전자기계적 응용 가능성 탐구다.

이차원 탄소나노물질인 그래핀의 트랜지스터 구조를 바탕으로 강한 자기장 하에서 전하 운반자인 전자 및 홀양공, 양공의 반정수배 양자홀 효과를 세계 최초로 실험을 통해 관측했다. 최근에는 상온에서의 그래핀 양자홀 효과 관측, 나노튜브에서 상온 양자 탄도 수송현상 연구, 그리고 그래핀 나노띠 제작 및 물성 구명을 통해 탄소 저차원구조 물질이 기존 실리콘 기반 반도체의 한계를 극복하는 새로운 탄소 기반 전자소자로의 응용 가능성을 제시했다. 오늘날 융합과학 기조 속에서 기초 물리학 현상이 어떻게 응용과학과 접합할 수 있는지 보여주는 하나의 예로써 향후 성과가 주목된다.

세상에서 가장 얇은 물질,
그래핀

제가 주로 그래핀Graphene을 연구해왔고, 지금도 중점적으로 연구하는 주제이기는 하지만 좀 더 크게 보면 저는 응집물질 물리학Condensed Matter Physics을 연구하고 있습니다. 제 연구분야를 좀 더 쉽게 설명하기 위해 먼저 넓은 의미의 물리학을 설명해볼게요.

물리학은 분야가 넓어요. 천체물리, 고에너지, 입자물리학처럼 우주의 근본이나 기본을 탐구하는 영역이 있고, 저에너지 물리학이라고 부르는 영역이 있습니다. 여기에 응집물리학이나 분자과학을 비롯한 몇 개의 분야가 포함되죠.

저에너지 물리학은 우리 주변에서 많이 볼 수 있는 물질에서 나타나는 물리현상을 어떻게 볼 것인지 연구하는 학문입니다. 특히 응집물질 물리학은 우리가 흔히 보는 많은 물질이 어떻게 이뤄져 있고, 어떤 작용을 하고, 거기에서 작용하는 물리현상이 어떻게 일어나며, 혹은 새로운 물리현상이 나타날 수 있는지 그 가능성을 찾아보는 학문입니다. 더 나아가서는 새로운 물질을 찾아 거기에서 어떤 물리현상이 나타나는지도 연구합니다. 이게 제가 연구하는 분야입니다.

지금까지 발견된 원자의 개수가 118개 정도 되는데요. 이 원자가 모여 분자가 되고 분자가 다시 물질이 되니까 만들어질 수 있는 물질의 숫자는 굉장히 다양하지요. 그중에서 모여 있는 물질을 '응집물질'이라고 합니다. 응집물질 물리학과 관련된 분야는 많습니다. 응집물질 물리학은 물리의 기본적인 것들을 연구하지만, 신물질을 만드는 소재와도 관계가 있어서 응용과도 상당히 맞닿아 있습니다. 제가 관심을 두고 있는 것은 그중에서도 '저차원 물질'입니다.

쉽게 이야기하면, 우리는 삼차원 공간과 일차원 시간 속에 있습니다. 삼차원의 두꺼운 물질, 그러니까 입체적인 물질을 줄이고 줄이고 줄여 얇은 면으로 된 물질로 만든 것을 이차원 물질이라고 해요. 그리고 그 이차원 물질을 더 줄여서 선처럼 만들면 일차원 물질이 되는 겁니다. 점처럼 만들면 영차원 물질이고요. 원자와 분자가 이 영차원 물질에 해당합니다. 제가 관심 있는 것은 '이차원과 일차원에 해당하는 물질이 어떤 새로운 성질을 가지고 있는지, 어떤 물질을 만들 수 있는지'에 관한 것입니다.

영차원	일차원
풀러렌	탄소나노튜브

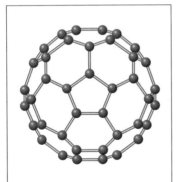 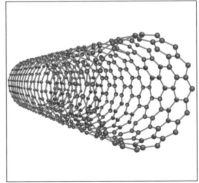

공간의 차원에 따른 탄소의 모습

그래핀은 이차원 물질에 속합니다. 탄소c라는 중요한 원소가 아주 얇은 육각형 모양의 한 층으로 펼쳐진 것이 그래핀이지요. '지금까지 세상에 나온 물질 중에서 가장 얇은 물질'이라고 볼 수 있습니다. 하지만 얇은 물질임에도 같은 면적일 때 전류를 구리보다 더 많이, 실리콘보다 훨씬 빨리 전달합니다. 열전도율도 높고, 강도도 강철보다 200배 이상 강하죠. 신축성도 좋아서 늘리거나 접어도 성질을 잃지 않아요. 지금까지 없었던 재미있는 물리현상을 보여주는 겁니다. 게다가 성질이 다양하니 여러 가지로 응용해서 쓸 수 있다는 기대로 전 세계적으로 많은 과학자가 흥미롭게 연구하고 있는 신물질입니다.

이차원   삼차원

그래핀   흑연

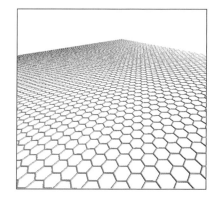
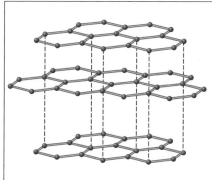

가장 단순한 생각에서
가장 획기적인 방법이 나온다

저는 박사과정 당시에 한창 신물질로 각광받던 탄소나노튜브Carbon Nanotube를 연구하고 있었어요. 박사논문 주제로 탄소나노튜브를 선택하면서 자연스럽게 저차원의 탄소물질을 연구하게 됐어요. 1990년대쯤 발견된 이 물질에 재미있는 현상들이 굉장히 많이 나타났거든요.

탄소나노튜브는 '아주 얇은 흑연의 한 층을 말아놓은 관'입니다. 이 탄소나노튜브를 펼치면 그래핀이 되지요. 다시 말하면, 우리가 흔히 접하는 연필심에 들어 있는 흑연은 그래핀이 층층이 쌓여서 만들어진 물질입니다. 1950년대에 흑연을 연구했던 사람들은 이미 흑연 원자 한 장짜리가 존재한다는 걸 알고 있었어요. 심지어 그 원자에 양자역학적인 효과가 있다는 것도 알고 있었죠. 다만 거기에 이름을 붙이진 않았는데, 그게 바로 지금 얘기하는 그래핀입니다. 실제로 그 물질을 어떻게 만들어낼 수 있는지 아무도 몰랐기 때문에, 당시 연구가 많이 진행되지는 않았습니다.

제가 박사과정과 박사후과정을 마친 후, 제 실험실을 갖고 연구를 시작할 때 연구주제 중의 하나로 그래핀을 만들어보면 재미있겠다는 생각을 했습니다. 우연히 그 무렵에 저와 비슷한 생각을 했던 사람들이 몇 명 더 있어서 조금 더 깊이 연구할 수 있었죠. 저를 비롯해 그래핀을 초창기부터 연구했던 사람들은 어떻게 하면 그래핀을 좀 더 쉽고, 빨리 만들 수 있을지에 몰두했어요. 그 과정에서 그래핀이라는 신물질이 더욱 유명세를 타면서 연구원들이 많이 모여들기 시작했지요. 그러다 2004년, 안드레 가임Andre Geim과 콘스탄틴 노보셀로프Konstantin Novoselov*가 그래핀을 만드는 획기적인 방법을 개발했어요.

그 이전에는 그래핀을 만들 때 탄소가 들어 있는 기체를 뜨겁게 만들어 탄소를 분해하고, 그 탄소 원자를 표면에서 얇게 기르는 식의 연구를 하기도 했지요. 저는 '흑연이 그래핀을 쭉 쌓아서 만들어진 거니까 이걸 연필처럼 만들어서 기계적으로 떼어낼 수 있을까? 나노연필을 만들어볼까?'라는 생각을 했고요. 그래핀을 가장 빨리 만들어낸 가임그룹은 아주 창의적인 생각을 했어요. 스카치테이프를 가지고 흑연을 한 장 한 장 떼어내는 단순한 방법이었는데 그게 유용한 방법이었던 거죠. 가장 단순한 방법이 가장 획기적인 방법임을 보여준 사례였습니다.

내가 가장 재미있는
전공을 선택하다

처음부터 그래핀 연구를 계획했던 것은 아니었어요. 어쩌면 모든 게 우연이었던 것 같아요. 대학 시절에 과학사 과목을 굉장히 재밌게 들어서 과학사를 해볼까 하는 생각도 잠깐 했고, 당시 굉장히 인기 있었

---

* 러시아 출신의 과학자들이다. 스카치테이프와 연필이라는 가장 단순하면서도 획기적인 방법으로 그래핀을 만들어내며, 2010년 노벨물리학상을 받았다.

던 고온 초전도체*와 관련된 실험물리를 해볼까도 싶었죠. 또 다른 관심사는 통계물리학 이론이었어요. 여러 진로를 고민하다 실험을 하게 됐고, 고온 초전도체로 석사과정을 마쳤습니다.

외국에 나가 박사과정을 밟으면서 어떤 전공을 선택해야 할지 또다시 고민에 빠졌어요. 교수님들 방을 쫓아가서 물어보기 시작했습니다. 당시 반도체를 굉장히 작게 만들어서 양자효과를 내는 연구를 하는 교수님 밑에 들어가서 공부하고 싶었는데, 실험실에 자리가 없었어요. 그런데 제 지도교수인 찰스 리버Charles Lieber 교수님이 고온 초전도체에 관심 있으면 한번 해보라고 조언해주셨습니다. 찰스 리버 교수님은 화학과와 응용물리학과 겸임으로 계셨는데, 기반은 화학이었어요. 제가 응용물리학과에 관심이 있는 걸 아는 동료들이 우려 섞인 조언을 해주더라고요. 화학을 기반으로 하는 연구를 하면 물리도 아니고 화학도 아닌 이상한 공부를 할 수 있다면서요.

1990년대 초반만 해도 학제간 연구**가 굉장히 낯선 개념이었습니다. 물론 지금은 분위기가 많이 바뀌었지만요. 저는 교수님이 흔쾌히 받아주시고 연구주제도 재미있을 것 같아서 별 고민 없이 선택했어요. 돌이켜보면 정말 운이 좋은 선택이었습니다. 박사과정 중에는 고온 초전도체를 재미있게 연구했죠. 그런데 찰스 리버 교수님은 연구

---

* 초전도체는 전기저항성이 없는 물질이기 때문에 전력 손실 없이 전기가 흐를 수 있도록 해준다. 초전도는 특정 물질이 절대온도, 혹은 섭씨 영하 273도 근처의 온도로 과냉각될 때에 나타난다. 하지만 고온 초전도체는 전통적인 초전도체 이론을 따르지 않는, 흔히 영하 243도 이상의 온도에서도 초전도성을 보이는 물체를 말한다. 최초의 고온 초전도체는 구리산화물계열이었고 2008년에는 철산화물계열의 고온 초전도체가 발견되어 귀추가 주목된다.

** 어떤 대상을 연구할 때 서로 다른 여러 학문에 걸쳐 참여하는 연구를 말한다.

취향이 독특한 분이었어요. '아, 이게 중요한 것 같다'라는 생각이 들면, 그쪽으로 연구 방향을 잘 바꾸었습니다. 예를 들어 제가 고온 초전도체로 실험을 하고 보고서까지 썼더니, "이만하면 됐고, 나노튜브를 해보지" 하시는 겁니다. 교수님 밑에서 이것저것 연구는 많이 했는데 졸업논문에 제목을 붙이기가 어렵더라고요. 곰곰이 생각하다가 이런 제목을 붙였어요. 고온 초전도체와 표면 전하밀도파는 이차원 물질, 나노튜브는 일차원 물질이니 〈저차원계의 물리와 응용〉이라고요. 그동안 연구하면서 이차원, 일차원 물질을 모두 다루었으니 딱 알맞은 제목이었습니다.

그런데 재미있는 것은 이 논문 제목이 지금 연구하는 것과 딱 맞아떨어진다는 거예요. 사실 그때만 하더라도 제가 연구하는 물질에 대해 '이거 평생 살아도 다시 만나기 어려운 물질 같은데?', '이 물질은 별로 쓸 데가 없는 것 같아', '물리학 하는 사람이 이 정도 지식은 교양으로 알면 좋지'라고 중요하지 않게 생각했거든요.

그런데 그 후에 연구하면서 이 물질들을 계속 만났습니다. 나노튜브 연구가 자연스럽게 그래핀 연구로 이어지고, 그래핀 연구가 다시 이차원 연구로 이루어지는 흐름을 탔죠. 생각해보면 제가 참 운이 좋았던 것 같습니다. 제가 의도하지 않은 것들에 길이 있었나 싶어요.

바로 그때, 그 자리에, 준비된 연구자로

갑자기 어떤 기회의 문이 열려서 사람들이 몰리고, 계속 관심을 받아서 쭉 뻗어가는 경우가 있어요. 그런데 그런 경우는 굉장히 큰 행운이라고 생각해요. 어떤 게 잘될지 모르는데 마침 내가 연구하고 있는 분야의 문이 크게 열리면 선두에 서게 될 수 있으니까요. 그러면 쭉 달릴 수 있는 거죠. 제가 실험실을 만든 지도 얼마 안 됐고, 그래핀도 나노튜브에서 자연스럽게 이어져서 연구하게 됐는데, 어느 날 갑자기 기회의 문이 크게 열린 겁니다. 제가 하던 실험들에 대해서 사람들이 굉장히 많은 관심을 보이기 시작하니 저희가 선도한다는 느낌이 들었습니다. 마치 야구할 때 아무 생각 없이 공을 휘둘렀는데 홈런을 맞는 것처럼요. 이 공이 내가 친 게 맞나 싶은 거죠. 이런 경험은 정말 흔하지 않거든요.

안드레 가임은 그래핀을 만들려는 여러 사람을 제치고 제일 먼저 만들었잖아요. 엉뚱하고 창의적이지만, 운도 굉장히 좋았던 겁니다. 하지만 그런 능력이 어느 날 갑자기 발휘된 게 아니에요. 하늘에서 툭 하고 성과가 떨어진 게 아니죠. 연구배경을 보면, 그분들은 이차원의 금속을 얇게 만드는 시도를 해왔었거든요. 어떻게 하면 얇게 만들 수 있는지 연구해온 거죠. 그런 순간에 비슷한 생각을 하는 사람을 만나고, 연구의 문이 더 넓고 깊게 열린 거죠. 결국 이런 성과가 나오기 위해서는 'Right Time, Right Place, Right People' 바로 그때, 그 자리에, 언제나 준비된 연구자로 있어야 해요. 이 세 가지가 가장 중요한 요소라고 할 수 있어요.

과학자라면 누구나 다 세상을 흔드는 연구를 하고 싶죠. 하지만 홈런에 더 비유해보면, 홈런만 치려고 방망이를 길게 잡으면 좋은 야구선수가 되지 못해요. 정말 야구를 잘하는 사람은 홈런도 잘 치지만 단타도 잘 쳐야 합니다. 과학자라면 어떤 것이 홈런이고 어떤 것이 안타가 될지 모르는 상황에서 작은 문제라도 잘 풀어야겠다는 자세를 가져야 합니다. 헛바람이 불어서 방망이만 길게 잡으면 잘 안 되는 경우가 많더라고요.

무엇을 탐구할 것인가,
어떻게 유용하게 쓸 것인가

응집물질 물리학은 범위가 굉장히 넓어요. 하지만 물리학은 공학이 아니기 때문에 기본적인 관심은 나의 연구를 꼭 응용하겠다는 것보다 '이 안에 어떤 새로운 무엇이 있는가' 하는 탐구가 먼저 되어야 합니다. 어떤 면에서는 '어떻게 유용하게 쓰느냐'라는 질문과 '무엇을 탐구할 것이냐'라는 구분이 잘 안 되는 경우가 많습니다. 많은 물리학자의 발견들이 그렇듯이, 응용 가능성을 미리 염두에 두지 않고 공부하는 경우가 대부분입니다. 새로운 물질이 발견되고, 새로운 물리현상이 나타나면 응용할 수 있겠다고 생각할 수 있는데 그것 때문에 연구하는 것은 아닙니다.

그래핀 연구도 비슷한 맥락입니다. 그래핀 신물질의 경우에는 우리가 그동안 몰랐던 새로운 성질들이 많이 발견되었고, 응용도 할 수 있을 거라는 기대와 많은 사람의 연구가 뒷받침되었기 때문에 지난 15년 사이에 그래핀 붐이 일어났죠. 그런데 어떤 물질이든지 그것이 우리 실생활에 유용하게 쓰이기까지는 많은 우여곡절이 있기 마련입니다. 여러 난관에도 부딪히죠. 새로운 물질이 발견되었다고 해서 바로 상품으로 개발되거나, 꼭 필요한 응용처가 생기는 경우는 많지 않습니다.

오히려 중간에서 여러 이유로 실패하는 경우가 더 많죠. 실제 응용되기까지는 또 다른 종류의 연구가 뒤따라야 하고 그만큼 시간과 비용이 필요합니다. 그런데 신물질을 연구한다고 하면 저희 아버지만 해도 이런 걸 물어보세요. "그런데 그 그래핀은 도대체 언제쯤 쓰이는 거냐?" 그럼 저는 이렇게 말하죠. "저는 그런 연구를 하는 사람이 아니에요. 저는 그것과 관계가 없어요."

현대사회에서 과학을 하려면 투자도 많이 받아야 하고, 그만큼 결과물이 더 나와줘야 합니다. 경제를 발전시켜야 하니까요. 과학자들에게 어느 정도 압력이 있어야 하는 것도 맞아요. 하지만 제가 아는한, 신물질이 꼭 응용되는 것도 아니고 응용이 되어야만 의미가 있는 것도 아닙니다.

처음에는 사람들이 그래핀을 이곳저곳에 많이 쓸 수 있을 거라고 예상했어요. 그래핀은 성질이 가볍고, 원자 한 장이지만 전기가 굉장히 잘 통하니까요. 또 전기가 잘 통하면 금속처럼 빛을 잘 통과시키지 못하기 마련인데, 빛도 통하고 휘기도 하죠. 이런 그래핀을 어디에 쓸 수 있을까요?

우리가 많이 쓰는 스마트폰을 예로 들어볼게요. 스마트폰에서 화면을 터치했을 때 손가락 위치가 어디인지 알기 위해서는 빛을 통과시키면서 전기가 통하는 얇은 막이 필요합니다. 쉽게 말하면 액정인 거죠. 이 막은 산화인듐주석ITO이라는 물질로 만들어요. 15년 전 그래핀이 처음 나왔을 때, 산화인듐주석을 대체할 수 있을 거라고 생각했습니다. 또 그때 마침 인듐을 생산하는 중국에서 값을 많이 올렸어요. 원재료 값이 비싸져서 우리가 대체물질을 만들어 써야겠단 생각

"'어떻게 유용하게 쓸 것인가?' 하는 질문보다
'어떤 새로운 탐구를 할 것인가?'라고 질문하는 게 먼저입니다."

에 연구도 많이 했죠. 그런 과정에서 중국이 다시 인듐 가격을 확 내렸어요. 그러면 어떻게 될까요? 그래핀으로 액정을 만들면 일단 값이 올라가니 가격경쟁력이 떨어져요. 첫 번째 난관에 부딪힌 거죠. 또 산화인듐주석이 많이 휘어지지는 않거든요. 그런데 요즘처럼 접히는 스마트폰이 나오면, 거기에는 잘 휘어지지 않는 산화인듐주석을 사용하기 힘들 테니 그래핀이 이용될 거라고 예상했어요. 하지만 결과는 그렇지 않았습니다. 여전히 산화인듐주석을 쓰고 있어요. 그래핀이라는 신물질이 실생활에 닿기 위해서는 다른 여러 분야와 이해관계가 우선 해결되어야 해요.

결국 신물질이 응용으로까지 가는 길은 그렇게 쉽지 않다는 말입니다. 신물질을 연구하는 연구원들 대부분은 응용 가능성을 생각하고 있지만 그래핀조차 아직도 응용이 쉽지 않습니다. 처음에 발견했던 사람들의 기대와는 다른 거죠. 그러면 지금까지 연구한 것이 다 의미 없고 접어야 하는 것이냐고 묻는다면, 답은 아닙니다. 지금 우리가 연구한 것들이 언젠가 다시 쓰일 수 있기 때문입니다. 지금 저희가 쓰는 휴대전화나 컴퓨터의 기본은 전자소자 실리콘이잖아요? 오늘날 실리콘을 쓰기 위해서 거의 반세기 가까운 연구결과들이 뒷받침되었어요. 이처럼 언젠가는 그래핀이나 나노튜브 같은 신소재가 우리가 생각지 못한 곳에 쓰일지도 모릅니다. 그래핀 연구에서 여전히 응용 가능성을 무시할 수 없는 이유이지요.

저는 지금 그래핀뿐만 아니라 새로운 이차원 물질도 연구하고 있어요. 새로운 물질을 찾아내고 거기에 어떤 성질이 있는지 계속 탐구하고 있죠. 세상에 또 다른 새로운 물질을 소개할 날만을 기다리면서요.

전자의 반정수배 양자홀 효과를
세계 최초로 관측하다

그래핀 얘기를 좀 더 해볼게요. 그래핀은 굉장히 독특한 물질입니다. 물리학은 크게 나누면 고에너지 물리학과 저에너지 물리학으로 나눌 수 있는데, 이 두 분야 물리학자들은 서로 생각하는 방법이 달라요. 고에너지 물리학 같은 경우에는 물질을 구성하는 입자가 굉장히 빨리 움직여서, 이 물질들의 상대성 이론 효과를 고려해야 합니다. 길이가 바뀐다거나, 물체가 느끼는 시간이 달라진다거나 하는 것들 때문에 아인슈타인의 상대성 이론을 잘 적용해야 하죠. 하지만 저에너지 물질은 안에 있는 입자가 빨리 움직이지 않기 때문에 보통은 저에너지를 공부하는 물리학자들은 상대성 이론을 많이 생각할 필요가 없어요.

그런데 그래핀은 움직이는 속도는 빛의 속도보다 훨씬 느리지만, 원자의 배열이 아주 교묘한 육각형 벌집모양으로 이뤄져 있습니다. 원자의 배열 덕분에 전자의 움직임이, 마치 빛이 움직이는 것과 같은 효과를 갖게 됐죠. 빛의 속도를 300분의 1로 줄인 효과를 가지고 있어서 그래핀에서 전자가 움직이는 것을 기술하려면 상대성 이론이 필요합니다. 그래서 저에너지 물리학이지만 상대성 이론을 적용해서 어떻게 그 현상을 구현해야 하는지 공부해야 했죠. 그런데 그렇게 적용해보니까 이전에는 보이지 않았던 새로운 현상들이 나타난 거예요. 한 가지 예로 '양자홀 효과Quantum Hall Effect'를 들 수 있습니다. 양자홀 효과란 아주 큰 자기장에서 이차원에 있는 전자가 휘는 운동이 계단 모양으로 불연속적으로 나타나는 현상을 말합니다. 보통 반도체에서는 불연속적인 계단이 1, 2, 3… 이렇게 정수배의 계단 형태로 나옵니다. 그런데 그래핀에서는 양자홀 효과가 정수의 계단 형태가 아닌 반정수의 계단 형태, 즉 2분의 1, 2분의 3, 2분의 5… 와 같은 불연속성으로 나타나는 거예요. 이와 같은 그래핀의 '반정수 양자홀 효과'를 이해하기 위해서는 기존에 응집물질에서 다루었던 이론과는 다른, 새로운 물리학의 관점을 도입해야 했습니다. 그 이론은 아주 흥미롭게도 상대성 이론과 양자역학을 접합하는 것이었어요. 상대론적 양자역학은 보통 고에너지 물리학에만 주로 쓰였던 이론이었는데, 그래핀으로부터 시작해 이제는 응집물질과 같은 저에너지 물리학에서도 이 이론이 중요하게 다뤄지게 된 겁니다.

양자역학에 관한
가장 흥미로운 이야기

양자역학에 대해서 좀 더 이야기해보자면, 물리학에서는 두 가지 재미있는 극한이 있어요. 첫 번째는 물체가 빛의 속도로 빨리 움직이면서 나타나는 상대론적인 효과입니다. 두 번째는 양자역학적인 효과입니다. 예를 들어 우리가 사는 세상에서 공을 던지면 포물선으로 날아간다든가, 움직이는 물체가 계속 움직이려 한다든가, 바퀴가 굴러간다든가 이런 물질에 대한 기술은 전부 다 뉴턴의 역학으로 설명이됩니다. 그런데 20세기 초반에 물질이 아주아주 작아지는 것을 보게되면서, 더 이상 뉴턴의 역학을 적용할 수 없는 새로운 현상들이 나타났습니다. 그런 것들을 기술하기 위해 나타난 이론이 '양자역학'입니다. 실질적으로 양자역학을 실험실에서 관측하려면 물질이 아주 작아져야 합니다. 그런데 그래핀 같은 경우에는 이미 한 장으로 작아져 있으니까, 그 안에서 전자가 움직일 때 상대론적인 효과도 있지만 양자역학적인 효과도 나타나지요. 그래핀을 통해서 두 이론을 모두 실험으로 관측할 수 있는 겁니다.

그래핀에서 전자가 빨리 움직이는 현상 때문에 발견 초기부터 많은 기업에서 전자재료로 쓰려는 노력을 많이 했습니다. 삼성을 비롯해서 많은 기업이 관심을 보였지만 반도체의 재료로 쓰기에는 단점이 있었어요. 반도체는 말 그대로 도체도 아니고 부도체도 아닌 중간이잖아요. 반도체가 되는 것은 그 전자에너지 스펙트럼에 간극이 있어서 그 사이에는 전자가 존재할 수 없는 상태가 되어야 하거든요. 그래핀은 그럴 간극이 없어요. 그래서 그래핀을 이차원에서 일차원으로 줄이면 양자역학 때문에 다시 간극이 만들어질 수 있을 것 같다고 생각했어요. 그렇게 나노리본, 나노띠 같은 것을 만들었죠. 실제로 간극이 나타나기도 하지만 아직 단점이 많아요. 아직 실리콘을 대체하기는 어려운 게 사실입니다.

과학자들이 어떤 물질을 50년 가까이 다루다 보면 나올 것이 없다고, 혹은 미래가 없다고 이야기하기도 합니다. 쉬운 예로 제가 대학생 때 응집물질에 관심이 있어서 대학원에 가서 연구하겠다고 말하면, 많은 사람이 "이제 반도체물리 시대는 지났다"라고 했어요. 그때가 1990년대입니다. 그때 이미 반도체 소자로 만들 수 있는 스케일이 1마이크로미터에 가까운 시대였고, 한계에 도달했다고 말했습니다. 그런데 1990년대부터 지금까지 발전한 속도가 또 엄청납니다.

지금은 많은 사람이 나노기술을 새로운 것처럼 얘기하는데, 실제로 우리가 쓰는 컴퓨터 칩에 들어가는 칩의 스케일이 10나노미터이고, 삼성에서는 이미 3나노미터, 5나노미터 칩을 시연하고 있습니다. 이런 결과들은 20년 전에는 상상할 수도 없었어요. 심지어 컴퓨터 칩 안에 트랜지스터가 10억 개, 100억 개 가까이 되는데 불량률을 0에 가깝게 만든다는 것은 놀라운 일입니다. 이런 것들이 공학적으로 구현되는 모습을 보면 공학자들을 존경할 수밖에 없어요.

다른 분야와의 소통이
더욱 중요한 시대가 오고 있다

저희가 연구하는 것은 저차원 물질입니다. 그래핀이 저차원, 이차원, 일차원으로 가서 극단적으로 얇아지거나 작아졌을 때 양자역학 효과들이 어떻게 나타날 것인지에 관심을 두고 연구했어요. 우리가 자연에서 보는 물질은 대부분 삼차원 물질인데, 사실 그래핀 말고도 원자한 장으로도 존재할 수 있는 이차원 물질이 상당히 많습니다. 무궁무진해요. 저는 어떤 이차원 물질에서 어떤 새로운 물리현상이 나타날지 탐구하는 데 특히 관심이 많습니다. 이차원 물질들을 쌓으면 다른 종류의 물질을 만들 수도 있어요. 그래핀 위에 그래핀을 쌓을 때 조금 비틀어 쌓으면, 원래 그래핀은 초전도체가 아닌데도 초전도체가 될 수도 있는 거죠. 또 초전도체 위에 자성을 가진 물질을 쌓으면, 그 사이에서 그동안 없었던 새로운 현상이 나타납니다.

이렇게 이차원 물질들을 서로 결합시키는 걸 '이종결합'이라고 말합니다. 이종결합을 하면 삼차원 물질에 없었던 새로운 성질의 물질이 나올 수 있고 우리가 알지 못했던 물리적 현상도 나타날 수 있겠죠. 이종결합을 연구하는, 신물질을 찾는 기초과학연구가 계속될수록 물리학 연구가 발전한다고 볼 수 있습니다.

조금 어려운 이야기일 수 있지만 고온 초전도체에 대해 이야기해볼게요. 초전도 현상은 온도를 내리면 갑자기 전기저항이 없어지는 현상이에요. 이 현상은 일반적으로 매우 낮은 온도에서 일어나는데 고온에서 이런 현상이 일어나는 물질이라면 고온 초전도체가 됩니다. 고온 초전도체가 발견된 지는 30여 년 정도 되었습니다.

1986년에 독일 물리학자인 요하네스 베드노르츠Johannes Georg Bednortz와 스위스 출신 물리학자 카를 뮐러Karl Alexander Müller•가 어느 누구도 생각하지 못했던 산화물 중에서 초전도가 되는 물체를 발견했습니다. 금속이 아닌 세라믹을 써서요. 이 물체가 초전도체가 되는 온도가 영하 140도 정도 됩니다. 많은 사람이 정말 깜짝 놀랐죠. 그동안 초전도 현상은 영하 240도까지 내려가야 나타났거든요. 그런데 무려 100도 이상 높은 온도에서 초전도가 일어난 것이죠. 워낙 획기적인 발견이라서 두 사람은 1987년에 공동으로 노벨물리학상을 받았어요. 그 이후로 고온 초전도체 연구 붐이 일어났습니다. 그런데 중요한 것은 왜 그 산화물에서 이런 현상이 일어나는지 이유를 찾지 못했다는 것입니다. 이것이 아마도 응집물질에서 가장 어려운 문제가 아닐까 합니다. 이 문제를 푸는 사람도 노벨상을 받게 될지도 모르겠

•   요하네스 베드노르츠와 카를 뮐러는 1986년에 금속이 아닌 산화물 재료의 세라믹을 사용해 기존의 임계온도보다 훨씬 높은 온도에서 초전도 현상을 구현하여 1987년에 노벨물리학상을 받았다.

습니다.

제가 왜 이 이야기를 하냐면 고에너지 물리학 이론 중에 초끈 이론 Super-String Theory[*]이라는, 우주의 구성단위를 이야기하는 이론이 있어요. 이 초끈 이론이 저에너지 물리학의 고온 초전도체를 설명하는 데 뭔가 연관 있을지도 모른다고 생각하는 과학자들이 있기 때문이에요. 만약 이런 과학자들이 초끈 이론으로 고온 초전도체 현상을 설명한다면 핵심적인 발견이 될 수 있죠. 그뿐만 아니라 그래핀이나, 이종 결합 물질도 초끈 이론과 맞닿아 있어요.

결론은 이겁니다. 저에너지 물리학에서 현상을 설명하고 문제를 해결하는 연구들이 고에너지 물리학 연구와 밀접하게 연결되어 있고, 고에너지 이론을 통해서 저에너지 현상들이 규명될 가능성이 있다는 겁니다. 학문 사이의 간극이 생각하지 않았던 곳에서 좁혀지는 경우가 있는데, 과학 또한 다른 분야와 소통하는 것이 굉장히 중요한 시대가 오고 있는 것이지요.

전망이 예측 가능한 과학은
재미없다

우리는 여러 물질에 둘러싸여 살아가고 있습니다. 그중에 놀라운 물

---

[*] 우주를 구성하는 최소 단위를 끊임없이 진동하는 끈으로 보고 우주와 자연의 궁극적인 원리를 밝히려는 이론이다. 상대성 이론의 거시적 연속성과 양자역학의 미시적 불연속성 사이에 존재하는 모순을 해결할 수 있을 것으로 생각되는 이론 중 하나다.

질들이 정말 많지요. 우리가 알고는 있지만 주목하지 않았던 물질들이 놀라운 물질로 변할 수도 있습니다. 마치 실리콘처럼요.

제 경험을 예로 들자면, 지금은 많은 집에서 LED를 쓰지만, 5년 전 제가 보스턴으로 이사 갈 무렵만 해도 그렇게 흔하지 않았어요. 제 아내는 늘 전기를 아끼는 습관이 몸에 밴 사람이에요. 새로 이사 간 집의 조명을 전부 LED로 바꿨는데도 계속 불을 끄고 다니는 거예요. LED는 동일한 밝기를 낼 때 필요한 에너지가 백열전등과 비교해 15퍼센트 수준밖에 안 되거든요.

아내에게 "이제 세상이 바뀌었으니, 우리도 좀 밝게 삽시다. 전기세 그렇게 많이 안 나오니까 신경 쓰지 말아요"라고 했어요. 아내가 다음 달 고지서를 받고 정말 그렇다는 걸 확인하고서 이렇게 좋은 게 있었냐며 놀랐죠.

물질을 연구하다 보면 어느 날 갑자기 신소재가 툭 튀어나올 수도 있지만, 우리가 쓰는 청색 LED를 발명한 나카무라 슈지中村 修二● 교수처럼 아무도 알아주지 않는 회사에서 20년 동안 열심히 하나만 연구하면서 결과를 만들어내는 경우도 있어요.

신물질을 연구하는 사람은 누구나 비밀스러운 동기가 있어요. 이를 테면 '상온에서 작동하는 초전도체를 발견할 것이라는 꿈' 같은 동기 말이지요. 연구하다 보면 기존에 없었던 놀라운 현상들이 눈앞에 나타나는 일이 벌어질 수 있습니다. 비록 보물상자에 꽝이 들어있다

● 전기공학자로 니치아 화학공업에서 근무할 당시에 실용적으로 제공하는 수준의 고휘도 청색 발광 다이오드를 발명하여 아카사키 이사무, 아마노 히로시와 함께 2014년에 노벨물리학상을 수상했다.

고 할지라도 언젠가는 나도 좋은 선물을 갖게 될지도 모른다는 희망을 갖고 열심히 열어봐야지요. 무엇이 어떻게 될지 예측할 수 있는 과학은 재미없다고 생각합니다.

저는 계속 새로운 물질을 탐구하고 싶어요. 앞에서 설명했던 이종 결합 중에서 그동안 몰랐던, 생각하지 못했던 새로운 결합들이 나타날 수 있지 않을까 많은 관심을 갖고 있어요. 더 나아가서는 새로운 물리적인 현상들을 넓게 응용과 연결할 수 있을 것 같습니다. 물리학자들이 응용에 크게 기여할 수 있는 것들은 양자역학적인 효과들을 직접적으로 이용할 수 있는 소재, 소자들을 만드는 일이라고 생각합니다. 요즘은 양자컴퓨터를 만드는 소재에 관심이 있어요. 이런 관심들을 가지고 연구하고 있습니다.

자기만의 방법론을
먼저 찾아라

뻔한 이야기겠지만, 과학자로서 중요한 자질은 매사에 호기심을 갖는 태도입니다. 그중 물리학에 관심이 있다면 신물질을 발견하고 어떻게 설명할 것인지, 어떻게 수치로 나타내고 다른 수치와 어떤 연관이 될 수 있는지 끊임없이 생각하는 것이 중요합니다. 생각의 꼬리에 꼬리를 물면서 계속 탐구해보는 것도 좋겠고요.

사실 물리학을 비롯해 어떤 학문도 공부하기 쉬운 것은 없습니다. 인류가 지난 몇백 년에 걸쳐 과학의 체계를 갖춘 것들을 하루아침에 이해할 수는 없겠죠. 다만 각각의 학문이 어떻게 관계를 맺고 있는지,

또 관계를 어떻게 맺어줄 것인지 호기심을 갖고 공부하면 스스로 체계를 설명할 수 있는 능력이 갖춰지지 않을까 생각합니다.

가끔 그래핀을 연구하고 싶다는 학생을 만납니다. 그런데 그래핀만 연구한다는 것은 굉장히 좁은 생각입니다. 제 생각에는 학생일 때 무엇보다 중요한 것은 그 학문을 공부하는 방법을 배우는 일이에요. 이를 테면 어떻게 문제를 바라보고, 무엇을 할 수 있는지 말이죠. 특히 학생일 때 다른 종류의 실험과 연구도 여러 번 해볼 수 있는 기회들이 많거든요. 학문의 방법을 연습할 수 있는 중요한 시간들입니다. 방법론을 계속 익히면서 자기 연구를 이끌어나가는 자리가 되면 그때 이전에 훈련했던 것들이 빛을 발할 겁니다. 굳이 어떤 물질을 연구하겠다는 마음가짐보다는 전체를 폭넓게 보려고 노력하는 게 중요합니다.

또 한 가지, 어떤 분야의 전망을 예측하는 일은 굉장히 어렵기도 하지만 학생들한테 무의미한 일이라고 생각합니다. 세상을 뒤흔든 발견은 대부분 사람들이 생각하지 못했던 곳에서 나타난다는 것을 항상 명심하세요. 그리고 그런 곳에서 발견이 나왔을 때 사람들이 더 놀라고 훨씬 재미있어 하죠. 인기가 많은 분야를 좇아가려 하지 마세요. 기본적인 과학적 체력을 갖춘 다음에 자기가 재미있다고 생각하는 것들을 하는 것이 가장 좋은 방법이라고 생각합니다.

과학의 창으로
세상을 보라

제가 과학자로서 중요하게 생각하는 가치는 첫 번째로 자기 자신이 재미있는 것을 연구해야 합니다. 자기의 과학적인 취향을 알아야 하죠. 사람마다 다르겠지만 자기가 좋아하는 것들, 중요하다고 생각하는 것들을 취사 선택하는 게 중요합니다.

두 번째로 정확하게 일하는 기본 실력을 갖춰야 합니다. 최선의 범위 내에서, 그리고 내가 할 수 있는 한계 안에서 정확한 실험을 하고 정확한 결과를 보여주는 것이 굉장히 중요합니다. 이런 직업적 소명이 제가 과학자로 살아갈 수 있게 하는 원동력인 것 같습니다.

과학이 주는 기술적 측면도 중요하지만, 저는 과학의 문화적인 측면도 중요하다고 생각합니다. 저에게 과학은 세상을 보는 창문입니다. 사람들이 세상을 보는 시각은 참 여러 가지입니다. 그중 과학은 종교, 신념, 정치처럼 주관적인 가치관이 아닙니다. 사람들이 합의할 수 있는 가장 강력하고 효율적인 시각이죠. 이게 과학이 주는 가장 큰 매력입니다. 물론 시간이 지남에 따라 잘못된 합의가 발견될 수도 있지만 과학은 그마저도 검증할 수 있습니다. 그래서 과학은 사람들이 세상을 볼 수 있는 중요한 창문이라고 생각합니다.

물리학분야에서 얘기하자면, 지난 20세기의 물리학은 콧대가 높았죠. 상대성 이론이라든가 양자역학이라든가 사람의 생각을 바꾸고 물리학자들의 생각을 바꾸는 발견들이 많았습니다. 모든 과학이 물리학에서 시작했다고 해도 과언이 아닙니다. 특히 양자역학은 마치 철학적으로 굉장히 복잡하고 심오한 진리가 있는 듯 받아들여졌습니다. 물리학의 굵직한 획을 그은 이런 이론들은 나온 지 100년이 다 되어가요. 슈뢰딩거 방정식도 100년이 다 되어가요. 상대성 이론은 벌써 120년쯤 된 이론이죠. 이런 이론들이 아직도 신기하다고만 생각하는 것은 이 이론들을 이해하지 못해서가 아니라 일반 대중에게 여전히 어렵고, 우리 삶과 동떨어져 있다고 생각하기 때문인 것 같아요. 이는 물리학이 더 이상 21세기 학문이 아닌 이유 중에 하나이기도 합니다. 물리학자들이 신기하다고 얘기할수록 일반 대중들은 어려운 것, 자신의 삶과 관계없는 것이라고 생각합니다. 그런데 양자역학은 우리 주변 가까이에 있거든요. 가령 레이저는 일상적으로 사용하고 있지요. 양자역학 효과가 들어가지 않으면 전자기기들이 제대로 작동하지 않아요. 다시 말해, 물리학자들은 그런 것들을 신기하다고 얘기하는 게 아니라, 그 이론을 더 쉽고 정확하게 설명할 수 있는 방법론을 찾는 것이 더 중요합니다.

마지막으로 물리학은 자연세계의 근본원리를 탐구하는 학문입니다. 단순히 기술적으로 응용하는 것을 넘어서, 문화적 차원에서 좀 더 과학적으로 사고하고 과학이 세상을 보는 또 다른 창이 되어주기를 바랍니다.

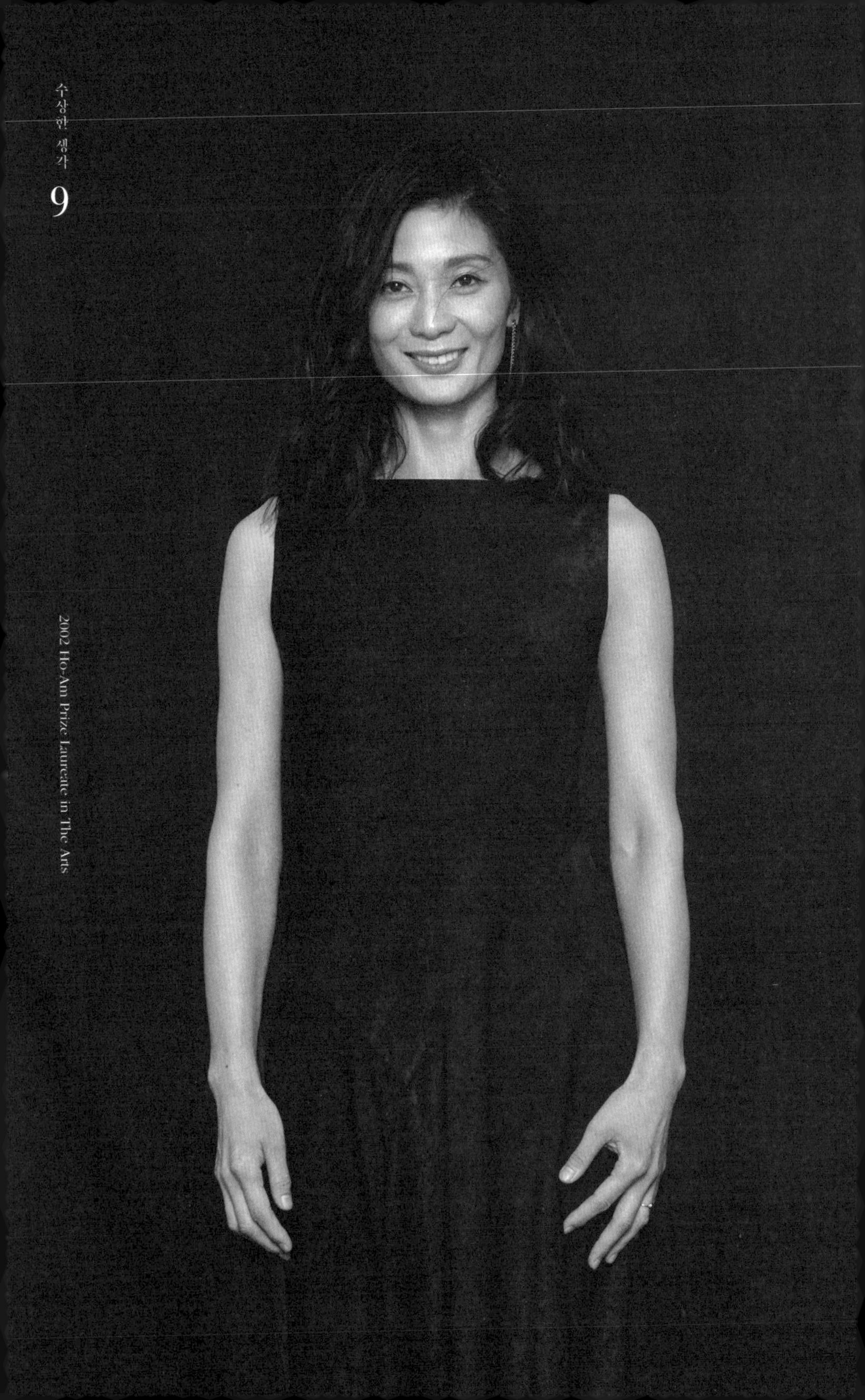
수상한 생각
9
2002 Ho-Am Prize Laureate in The Arts

발레는 삶을 이해하는 종합예술

강
수
진
—

예술

가장 중요한 것은 꿈을 위한 노력입니다.

그건 제 삶의 기본이자,

발레를 끝까지 하도록 이끌어준 원동력이었습니다.

1967년 서울 출생

1982년~1985년 모나코 왕립발레학교

1985년 스위스 로잔 국제발레 콩쿠르 1위 입상

1986년 독일 슈투트가르트 발레단 입단

1997년~2016년 독일 슈투트가르트 발레단 수석 발레리나

1999년 브누아 드 라 당스 수상

2002년 호암예술상 수상

2014년~현재 국립발레단장

최초와 최고의 삶을 살아온 대한민국을 대표하는 발레리나.

강수진 단장은 1985년, 세계적인 권위의 스위스 로잔 국제발레 콩쿠르에서 한국인 최초 1위를 차지했다. 1986년에는 세계 정상급 메이저 발레단인 독일 슈투트가르트 발레단 최초 한국인 단원이다. 1999년에는 무용계의 아카데미상으로 불리는 '브누아 드 라 당스Benois de la Danse' 최고여성무용수로 선정되었으며, 2007년에는 최고의 예술가에게 장인의 칭호를 공식적으로 부여하는 독일의 '캄머탠처린Kammertanzerin, 궁정무용가'에 선정되었다. 또 같은 해 '존 크랑코 1' 상을 수상했다.

한국인의 체형이 발레에 적합하지 않다는 통념을 깨고 세계 발레무대의 정상에 우뚝 선 강수진은 발레리나를 꿈꾸는 한국의 청소년들에게 자신감을 불어넣어 훌륭한 무용수가 탄생할 수 있는 가능성을 열어주었다. 자신의 배역에 대한 철저한 분석과 끊임없는 연습, 파트너와의 호흡 맞추기 등은 탄탄한 기본기, 뛰어난 표현력, 독창적인 캐릭터 창출로 상징되는 '강수진 카리스마'를 가능케 한 또 다른 요소로 평가받고 있다. 현재는 대한민국 국립발레단 예술감독 겸 단장으로, 우리나라 발레를 이끌어가고 있다.

빨래가 아닌
발레의 시작

발레는 많은 사람이 아는 것처럼 러시아에서 많은 발전을 이뤘지만, 역사를 따라가면 그 시작은 이탈리아예요. 그리고 발레가 본격적으로 번영하는 데 큰 역할을 한 인물은 프랑스의 루이 14세입니다. 당시 프랑스에서 발레는 관람을 위한 공연이 아닌, 귀족들이 직접 참여하는 궁중예술이었습니다. 루이 14세는 수많은 작품에 직접 배우로서 무대에 오르기도 했죠. 최초의 발레학교인 왕립무용아카데미 Académie Royale de Danse를 설립하면서, 프랑스에서 발레가 본격적으로 발전하도록 발판을 마련해주었습니다.

아시아에서는 일본이 가장 먼저 발레를 시작했어요. 반면 우리나라는 늦게 시작했지만 지금은 어느 나라보다 더 많은 발전을 하고 있고요. 어떤 분야든지 넘버원이 되어야 한다는 욕심이 큰 나라인 중국도 발레에 모든 지원을 아낌없이 해주지만, 아직 그 수준이 한국만큼 올라오지 않았다고 생각합니다. 한국인이 뭔가 이루고자 하는 열정이 높아서일까요? 한국은 일찍 시작한 일본보다, 모든 지원을 아끼지 않는 중국보다 발레가 훨씬 발전되어 있어요. 국내외를 가릴 것 없이 정말 잘하고 있고, 현재로서는 세계 정상급이라고 말할 수 있죠.

10년 전까지만 해도 우리나라에서 발레는 귀족문화에 속했지만, 다행히도 지금은 많은 사람이 발레를 가깝게 생각하는 것 같아요. 적어도 제가 자랄 때처럼 발레를 '빨래'라고 말하는 사람은 없으니까요. 그러나 발레의 대중화를 위해서는 아직까지 더 노력해야 하는 부분이 있습니다.

예술이란 영역을 의식주 문제가 다 해결된 이후에, 남는 시간에 하는 거라고 생각하는 사람들이 있는가 하면, 음악도, 미술도, 발레도, 모든 예술이 인간의 본성이라고 생각하는 사람들도 있습니다. 저는 발레가 원시시대부터 존재했을 거라고 생각해요. 원시인들이 발레라고 규정짓지 않았을 뿐이지 나름대로의 노래, 나름대로의 춤, 나름대로의 리듬으로 자신의 생각과 감정을 표현했을 테니까요. 그러다 프랑스의 루이 14세 때 발레의 기본적인 스텝과 리듬이 만들어지면서 보다 구체화된 거죠.

세상을 평화롭게 만드는 종합예술이 있다면,
그것은 발레

발레는 크게 클래식발레, 네오클래식발레, 모던발레로 나눌 수 있어요. '클래식발레'는 우리가 잘 아는 〈백조의 호수〉나 〈호두까기 인형〉 〈잠자는 숲속의 미녀〉 같은 정통발레를 말합니다. '네오클래식발레'는 클래식발레의 기본에 조금 더 자유로운 동작으로 완성한 발레예요. 특별한 줄거리나 스토리가 없기 때문에 동작을 중심으로 감상해야 해요. '모던발레'는 전통적인 발레에서 벗어나 새로운 감각으로 개성 있는 몸동작을 표현합니다.

예전에는 오로지 클래식발레만 고집하는 단체가 많았어요. 규모가 큰 단체들이 그랬죠. 반면 규모가 작은 단체는 주로 모던발레만 했습니다. 클래식발레를 하려면 그만한 오케스트라 악기와 구성원이 필요한데, 규모가 작으면 그 모든 것을 감당하기가 힘들었어요. 그래도 지금은 발레리나 나름대로의 개성적인 표현을 중요하게 여기는 단체가 많아지고 있습니다.

저는 발레를 통해 모든 예술분야가 함께 어우러지는 법을 배웠어요. 예를 들어 음악과 무대디자인, 스토리를 어떻게 조화롭게 표현해야 하는지 배운 거죠. 그래서 저는 발레가 세상을 평화롭게 만드는 종합예술이라고 생각합니다. 발레가 대중화된 지 오래되었지만 여전히 고급예술, 귀족문화라고 생각하는 사람들이 많아요. 그런데 저는 발레가 사람들이 즐겨하는 요가와 비슷한 면이 많다고 생각합니다. 나름대로의 고통스러운 수련 과정이지만, 그래서 더 아름답지요. 저는 오랜 시간 발레를 연습하고 무대에 섰던 수많은 경험을 통해 세상의 그 무엇보다도 발레가 주는 감동이 풍성하다는 것을 깨달았어요. 그 감동을 많은 사람이 경험해봤으면 좋겠어요. 그렇게 만드는 것이 저의 또 다른 숙제가 아닐까 해요.

발레를 꼭 공연으로 보거나 직업으로 삼을 필요는 없다고 생각합니다. 취미로 즐기기에도 좋다고 생각해요. 어린 나이에 배우는 것도 여러 면에서 도움이 되지만, 나이 든 사람에게는 더 좋은 취미예요. 허리, 척추, 골반, 어깨 이런 걸 잡아주니까 건강에 좋거든요. 몸뿐만 아니에요. 정신적으로도 매우 평화로운 마음을 갖게 해줘요. 그런 면에서도 발레가 세상을 평화롭게 만드는 종합예술이라고 생각하고, 우리 삶에 꼭 필요한 예술이라고 생각합니다.

10만 명 중 한 명
나올까 말까 했던 아이

저희 어머니들이 살았던 시대는 자신이 하고 싶은 게 있어도 못 했던 시대였어요. 전쟁 끝나고 다들 밥 먹기 어려워 죽겠는데 꿈이 뭐 중요하겠어요. 그런데 저희 어머니는 나름대로 끼가 있었던 것 같아요. 저희 할아버지가 화가였는데 나중에 기타도 배우시고 예술적인 감각이 있으셨거든요. 저희 부모님이 교육열도 있어서 자식들에게 미술, 음악, 한국무용 등 이것저것 시켜보셨어요. 그러다 언니는 음악에 재능이 있어서 음악 쪽으로 갔고, 저는 무용을 하게 되었어요. 예술은 재능이 없으면 못 하는 것 같아요. 전 그때 피아노도 별로였고, 아홉 살때 잠깐 배운 한국무용에도 큰 재미를 못 느꼈어요. 공부도 마찬가지로 재미없었어요. 국어, 사회, 수학 뭐든 끌리는 게 없었어요.

그러다 선화예술중학교 2학년 때 발레를 본격적으로 배웠어요. 제가 너무 늦게 시작한 편이라 따라가기가 쉽지 않았어요. 보통 발레는다섯 살쯤 몸이 유연할 때 시작하거든요. 중학교 입학하고 1년 동안은 거의 놀면서 보냈어요. 당연히 흥미도 못 느꼈죠. 그런데 중학교 2학년 때 만난 발레 선생님을 제가 정말 좋아했어요. 정말 예쁜 분이었어요. 선생님의 잘한다는 따뜻한 칭찬 한마디가 제 마음에 발레를하고 싶다는 욕구를 불러일으켰죠. 그때 처음으로 무언가에 몰입하는 즐거움을 느낀 것 같아요. 그리고 연습할수록 조금씩 동작이 만들어지는 과정이 정말 재미있었어요. 발레가 좋아지니까 공부도 좋아지더라고요.

중학교 때, 모나코 왕립발레학교의 교장인 마리카 베소브라소바

Marika Besobrasova 선생님이 제가 다니던 선화예술학교를 방문한 적이 있어요. 마리카 선생님은 루돌프 누레예프Rudolf Nureyev와 같은 당대 발레 영웅을 길러낸 유명 인사이기도 했죠. 마리카 선생님은 저에게 테크닉이나 기본기는 뒤처지지만 타고난 감수성과 표현력이 있다고 생각한 것 같아요. 선생님은 부모님에게 제가 "10만 명 중 한 명 나올까 말까 한 아이"라고 말하면서 유학을 권유했어요. 그렇게 저는 1982년 선화예술고등학교 1학년 재학 중 모나코 왕립발레학교 Monaco Royal Ballet School로 유학가서 1985년까지 공부했지요.

마리카 교장 선생님의
사랑이 가득한 인생수업

모나코에서 유학했던 시절로 다시 돌아가라고 한다면 안 돌아갈 거예요. 정말 힘들었거든요. 발레를 너무 못 따라가서 힘든 것도 있었지만 먹는 것이나 말하는 것, 사람 사는 데 기본적인 요소부터 충족이 안 돼서 그게 가장 힘들었어요. 엄마가 해줬던 밥과 김치가 너무 먹고 싶었던 기억이 지금도 나요.

그런데 돌이켜보면 저는 참 인복이 많았던 것 같아요. 말이 안 통해 힘들었을 때, 마리카 선생님이 저를 특히 많이 아껴주셨어요. 마리카 선생님은 당시 말은 안 통했지만 제가 우는 걸 받아주고, 제가 배가 아프다고 하면 약손을 해주시기도 했어요. '사자'라고 불릴 정도로 무서운 선생님의 진심 어린 사랑을 받는다는 생각에 다시 한번 끝까지 해보자는 마음을 먹었죠. 만약 마리카 선생님이 곁에 없었다면 저는 나쁜 길로 빠졌을 거예요. 살고 싶지 않다는 생각이 들었을 만큼 힘들었는데, 마리카 선생님 덕분에 그런 생각을 떨칠 수 있었어요.

그렇게 공부하고 연습해서 1985년 한국인 최초로 스위스 로잔 국제발레 콩쿠르에서 우승하며 이름을 알리기 시작했어요. 돌이켜보면 제 나름대로 그 무대를 굉장히 즐겼기에 좋은 성과를 거둘 수 있었던 것 같아요. 그 이후에는 무사히 졸업도 하고 미국이나 유럽 여러 곳에서 발레단 오디션 제의를 받았어요. 제의를 받을 때마다 저는 굉장히 순진하게 "아, 땡큐, 땡큐, 땡큐"라고 대답했어요. 그런데 마리카 선생님의 말씀이 제 인생을 바꿨어요.

"넌 아직 준비가 안 됐다. 1년 더 배워야 해. 나하고 같이 좀 더 살면서 발레 이외에 보통 삶에 대해서 배우자."

선생님이 1년 동안 제게 가르쳐주신 것은 인생을 살아가는 데 꼭 필요한 것들이었어요. 주말마다 저를 차에 태우고 이곳저곳 다니면서 정말 다양한 계층의 사람들을 만나게 했어요. 한마디로 인생수업을 해주셨죠. 포크와 나이프 놓는 순서와 같은 사소한 것들 하나하나까지 다 가르쳐주셨어요. 프랑스어 선생님도 구해주셨어요. 본격적으로 사회에 나가기 전에 서구사회에서 꼭 필요한 매너를 가르쳐주셨어요. 또 사람들은 발레라는 예술 자체를 "아름답다", "예쁘다"라고 느끼고 말하지만 사소해 보이는 모든 동작 하나하나에 의미를 두지 않으면 발레는 살아 있는 게 아니에요. 모든 예술이라는 것이 내면에서부터 나와야 하잖아요. 선생님이 그런 내면적인 준비까지 도와주셨어요.

저는 살아가는 과정에서 가장 힘든 건 사람과의 관계라고 생각해요. 사회생활하면서 만난 사람과 잘 맞으면 좋지만, 그렇지 않으면 그 어떤 것보다 힘들잖아요. 지금도 그렇지만 당시 어린 나이에는 사회생활이 더 어려웠어요. 그런데 마리카 선생님과 함께 시간을 보낸 후 독일에 갔을 때 그런 가르침이 많은 도움이 됐어요. 마리카 선생님과 1년을 더 지내지 않았다면 미국이나 다른 유럽의 좋은 학교에 갔더라도 제가 힘들어서 고꾸라졌을 거예요. 사실, 저는 누구와도 경쟁하는 성격이 아니었어요. 저만의 고집이 있었죠. 지금 생각해보면 선생님이 제 유학 시절의 가장 처음 단계를 잘 올라서도록 붙잡아주신 것 같아요.

유럽에서 생활하는 데 필요한 모든 것을 마리카 선생님에게 배웠다고 해도 과언이 아니예요. 실제로 저는 마리카 선생님을 엄마라고 부르고 선생님은 저를 딸이라 부르셨죠. 중요한 공연을 앞둔 시기에는 늘 전화로 힘을 북돋아주셨고, 때론 비행기를 타고 부랴부랴 오기도 하셨어요. 발레를 하는 과정에서 많은 훌륭한 지도자를 만나왔지만 제 인생을 열어준 스승은 마리카 선생님 한 분입니다.

수없이 넘어져도 다시 일어나
기회를 기다리며 준비하라

독일 슈투트가르트 발레단Stuttgart Ballet 생활을 시작했을 때, 처음에는 정말 많이 다쳤어요. 게다가 정신적으로도 안정되지 않았어요. 다들 잘하는 모습을 보며 스스로 위축됐던 것 같아요. 그런데 그중에서도 가장 힘들었던 것은 기다리는 일이었어요. 그때는 아무리 잘한다고 하더라도 기회가 바로 주어지지 않았어요. 물론 저보다 잘하는 사람도 많았지만, 선배들도 많아서 공연하는 시점까지 기다리는 일이 길고 힘들었죠. 끝을 알 수 없는 기다림뿐이었던 그 상황에서 제 스스로를 준비하는 일을 잘 못했던 것 같아요. 슬럼프가 당연히 왔죠.

그런데 불행 중 다행이라고 해야 할까요? 슬럼프를 이겨낼 수 있는 기회가 찾아왔어요. 준비가 전혀 안 돼 있을 때인데, 제가 무대에 설 수 있는 기회가 왔어요. 하지만 결국 점프를 제대로 하지 못해서 완전히 공연을 망쳐버린 거예요. 그때 제가 크게 깨달은 것이, 사람은 항상 준비가 돼 있어야 한다는 가르침이었어요. 제가 경험으로 느낀 교훈이 아니었다면 당시 그렇게 많은 연습을 하지 못했을 거예요. 한마디로 엉덩이에 불이 붙은 거죠. 부상을 당해도 계속해야 한다는 것도 배웠어요. 발을 삐었으니 사람들이 쉬라고 했지만 전 계속 연습했어요. 계속해야 한다는 것을 그때부터 알았어요.

또 발레는 몸과 마음 전체가 하나의 악기나 다름없어요. 하나가 되어야 해요. 그런데 어떤 날은 컨디션이 안 좋을 수 있잖아요. 그럼 연습을 그만큼 해야 하는 거죠. 연습을 해서 100퍼센트까지 끌어내진 못하더라도 60~70퍼센트만이라도 끌어낼 수 있다면 좋은 거예요. 고통스러울 만큼 정말 힘들었지만, 지금 생각해보면 사람은 경험으로 배우고, 또 실수하고, 다시 거듭나고 그러면서 성장하는 것 같아요. 그렇게 군무에 들어가기까지 1년 넘는 시간을 수없이 넘어지고 다시 일어서면서 준비했어요.

"힘든 때일수록 바를 잡았어요.
너무 아파서 울고 싶을 때도, 바를 잡고 울었습니다."

스텝 바이 스텝,
목표를 향해 나아가라

저는 군무를 굉장히 오래했어요. 요즘 발레리나들은 저와 다르게 들어가자마자 기회를 얻을지도 몰라요. 하지만 기회를 줬다가 준비가 안 돼 있으면 기회가 다시 오지 않을 수도 있잖아요? 저는 7년 동안 군무를 하면서 작은 솔로를 맡으면 그것이 제 자신을 검증받는 과정이라고 생각했어요. 그런 순간순간이 선생님들이나 주변 동료에게 꾸준히 노력하는 사람으로 인정받는 계기가 된 것 같아요. 물론 무대를 보는 관객들에게도 마찬가지죠. 그런 의미에서 무대는 제게 MRI 기기 같은 곳이에요. 제 겉모습뿐만 아니라 속에 있는 마음까지 다 보여지는 곳이니까요.

처음으로 주인공을 맡게 된 날의 기억이 아직도 생생해요. 하루는 무대 위에서 군무를 굉장히 즐기면서 했는데, 그날 공연을 지켜본 감독님이 〈로미오와 줄리엣〉에서 줄리엣 역할을 해보라는 거예요. 그렇게 주인공으로 발탁됐어요. 저는 제가 열심히 하고 꾸준한 사람이라는 것을 사람들이 믿어준 것이 제 첫 번째 성공 요인이라고 생각해요. 주변 동료들이 "수진이는 드러누울 정도로 아프지 않는 한, 꾸준히 연습해"라며 저를 믿어줬죠.

제가 극장에서만이 아니라, 집에서도 항상 연습을 많이 하고 언제든 준비되어 있다는 걸 동료들도 알았기 때문에, 제가 "오늘은 정말 잘 못할 것 같아"라고 말하면 "괜찮아. 너는 할 수 있는 사람이야"라고 말해줬어요. 그 말이 제게 얼마나 큰 힘이 되었는지 몰라요.

기술만 좋다고 훌륭한 발레리나가 되는 것은 아니에요. 재능과 노력, 연습 그리고 카리스마와 같은 것들이 잘 어우러져야 해요. 저는 그런 모든 과정을 저만의 스타일로 차곡차곡 밟아왔어요. 처음부터 잘하는 사람이 있다면, 거기에 대해서도 박수를 쳐주고 싶어요. 그만큼 재능이 뛰어난 거니까요. 하지만 저는 스스로 잘 알았어요. 제 테크닉은 연습에서 나온다는 걸요. 스텝 바이 스텝으로 목표를 향해 나아가야 하는 사람이라는 걸 잘 알았던 거지요.

저는 또 제 장단점을 잘 알고 활용했어요. 아무리 타고난 재능이 뛰어나더라도 자신의 장단점을 활용할 줄 모르면 재능 또한 금방 사라지거든요. 어떤 분야에서든 똑같을 거예요. 자신의 장단점을 활용할 수 있는 연구가 있어야 하죠. 제 장점이라면 여러 사람이 제 무대를 보고 "카리스마 있다"고 말한다는 거예요. 사실 이런 끼는 부모님에게 물려받은 것 같아요. 타고나지 않으면 만들지 못하는 것도 있어요. 그건 정말 제가 부모님에게 감사드려야죠.

바깥이 아닌 내 안에서
재미를 찾아라

발레도 그렇지만 모든 분야가 다 똑같아요. 자기 자신을 이겨내는 것이 가장 중요해요. 자신을 못 이기면 원동력도 떨어져나가요. 제가 유학 시절에 배운 게 힘들 때일수록 '바'를 잡아야 한다는 거예요. 독일에서 처음 사회생활을 시작했을 때도 힘들 때가 많았지만, 그럴수록 바를 잡았어요. 너무 아파서 울고 싶을 때도 바를 잡고 울었어요.

발레뿐만 아니라, 어떤 분야든지 몰입을 해야 하잖아요. 발레는 땀이 많이 나는 활동이에요. 그러면 다른 생각을 못해요. 연습하다가 부상을 당하면 누워서 움직일 수 있는 부위로 연습했어요. 그러다 보면 다시 발레를 사랑하게 돼요. 공연도 많고, 게스트로 다니는 곳도 많고 그래서 잠도 못 자고, 너무 하기 싫은 날도 많았지만 그걸 즐겼던 것 같아요. 이런 마음이 없으면 발레를 할 수 없었을 거예요.

사람들이 "기적이 일어난다"는 표현들을 하잖아요. 저는 발레연습을 하며 그런 기적을 많이 경험했어요. 어떤 부상은 정말 다시는 발레를 못하게 만들 것 같았어요. 그런데 제가 또 하는 거예요. 무대 뒤에서 펑펑 울고 심지어 이튿날은 잘 걷지도 못했지만, 무대 위에만 올라가면 아드레날린이 몸에 퍼지면서 통증이 줄어들었어요. 발레가 인간의 한계도 강한 정신력으로 이겨낼 수 있다는 것을 가르쳐준 것이죠. 객관적으로 보면 발레를 도저히 할 수 없는 상황인데도 해내는 경험이 쌓이면서 발레를 더욱 사랑하게 되었어요.

많은 후배가 물어봐요. "저, 언제쯤 그만둬야 할까요?" 우스운 이야기이지만 스무 살 때, 저는 발레를 서른이 넘어서까지 할 줄 몰랐어요. 당연히 마흔까지 할 줄도 몰랐죠. 그런데 지금까지 온 원동력은 무엇이었을까요? 생각해보면 이런 것 같아요. 저는 정말 많은 작품을 상상했던 것 이상의 능력으로 무대에 올렸어요. 예술이라는 게 제가 아닌 다른 사람의 삶을 사는 거잖아요. 그리고 완벽한 공연을 만든다는 게 굉장히 힘들거든요. 혼자만 잘해서 되는 게 아니라 모든 것이 잘 어우러져야 하니까요. 그런데 제 스스로 완벽하다고 생각할 만큼 만족스러운 공연을 한 뒤에는 세상 무엇과 비교할 수 없을 정도로 황홀한 감정을 느껴요. 공연에 완전히 도취돼서 어떤 것도 필요 없어져요. 그런 경지에 닿으면 힘들 때도 그 맛을 보고 싶어 다시 일어나게 되지요.

저는 항상 발레가 가장 좋을 때 그만두고 싶었어요. 그리고 펄쩍펄쩍 잘 뛸 수 있을 때 그만두고 싶었어요. 제가 은퇴한다고 했을 때도 사람들이 좀 더 할 수 있을 거라고 말했지만, 저는 알아요. 다시 예전만큼 제 안의 모든 것을 끌어올리지 못한다는 걸요. 정말 어마어마한 연습량이 필요하거든요. 그리고 충분히 제가 하고 싶은 만큼 발레를 맘껏 했기 때문에 미련이 없었어요.

사람들은 제가 완벽주의자 같다고 해요. 그런데 저는 완벽하다는 말 자체가 심심하게 느껴져요. 예술에 완벽이 있을까요? 그건 물음표라고 생각해요. 완벽한 건 지루하거든요. 발레는 매일 같은 스텝을 해도 매일이 달라요. 그것 또한 제가 발레를 끝까지 할 수 있었던 원동력이었어요. 그리고 당연하겠지만 무엇이든 재미를 느껴야 해요. 재미를 바깥에서 찾고 느끼는 게 아니라 자기 안에서 느껴야 해요.

공연할 때마다 되새기는 저만의 철학이 있어요. 한 사람의 관객이든 만 명의 관객이든 숫자에 관계없이 이 마음을 되새겨요. '나에 대한 존중, 관객에 대한 존중, 무대에 대한 존중하는 마음을 가져야 한다'고요.

제가 스토리 발레를 좋아하지만, 어떤 작품은 스토리를 원하지 않아요. 그런데 저는 그런 작품도 스토리 발레로 만들어요. 똑같은 스텝이라도 자기만의 것, 이야기가 있어야 한다고 생각했죠. 축구선수가 똑같은 드리블을 해도 관중은 "아, 누구다"라고 멀리서도 알아보잖아요. 발레도 마찬가지예요.

스토리 발레를 한다면 제가 직접 그 역할처럼 살아야 해요. 주인공의 역사를 살아야 해요. 제 역할만이 아니라, 스토리 배경까지 다 이해하고 공부해야 해요. 똑같은 걸음처럼 보여도 어떤 걸음은 슬픈 걸음이고 어떤 걸음은 즐거운 걸음, 또 어떤 걸음은 신경질 나는 걸음이 있어요. 정말 발레는 끝이 없는 공부인 거죠.

나 자신에게 기쁨을 주려면
끊임없는 오름이 필요하다

가장 행복했을 때는 예술가로서 당연히 항상 무대 위에서예요. 관객들이 같이 호흡을 해줬을 때 정말 행복해요. 관객이 호응을 안 해주면 공연이 너무 힘들어지죠. 관객들의 인내심, 사랑 덕분에 제가 만들어졌다고 할 수 있어요. 저의 발레 인생은 관객 없이는 이뤄지지 않아요. 관객들이 울고, 웃고, 감동받고, 그런 것들이 무대에서 모두 느껴졌을 때 행복해요. 특히 저는 작은 공연에서 환호받았을 때 정말 행복해요.

가장 좌절했을 때는 1999년에 '브누아 드 라 당스'를 수상하고 나서예요. 그 뒤 1년 동안 발레를 못했어요. 의사가 정강이뼈 스트레스성 골절 때문에 1년 이상 발레를 쉬어야 한다고 말했어요. 자지도 못하고, 걷지도 못했어요. 연습을 못 하는데 어떻게 공연을 하겠어요. 99명의 사람들이 제가 다시 복귀를 못 할 거라고 말했죠. 그런데 딱 한 사람, 제 남편만이 다시 일어설 수 있을 거라고 말해줬어요.

그 기간이 제게 완전한 전환점이 되어주었어요. 굉장히 생각하기도 싫은 때였지만 지금 되돌아보면, 제가 발레리나로 더 길게 활동할 수 있게 도와준 시간이었어요. 사람이 누워만 있으면 모든 근육이 없어져요. 다시 시작하려고 했을 때, 제가 다시 있던 곳으로 돌아가려고 하니 정신적으로 신체적으로 극복하는 데 꽤 많은 시간이 걸렸어요.

제가 항상 발레가 제 삶이라고 얘기하는 이유는 작품을 하면 제가 몰랐던 저의 성격들이 나와요. 그러면서 내면이 풍성한 사람이 된 것 같아서예요. 제 나름대로의 개성도 발레를 통해 표현할 수 있었고요. 지금 생각하면 어떤 때는 살아남기 위해서 발레를 한 것 같아요. 365일 중 어떤 날은 살아 있는 것 자체가 감사했어요. 제가 좋아하는 발레를 하면서 사람들에게 박수를 받는다는 것 자체가 한마디로 황홀한 경험이에요. 물론 그만큼 제 자신에게 기쁨을 주려면 끊임없는 오름이 필요해요. 수준을 높여야 하니까요. 어떤 분야든지 지속적인 자기 자신만의 꾸준한 노력이 있어야 해요.

국립발레단 단장으로서의
새로운 도전

국립발레단 단장으로서 지금의 제 일은 우선 두 파트로 나뉩니다. 하나는 예술감독 겸 단장인데요. 모든 책임을 져야 하는 무거운 자리예요. 당연히 힘든 점은 있죠. 하지만 제가 경험했던 것을 200퍼센트 전하는 일이 정말 행복해요. 작품 선정부터 연습, 무대에 올리는 것까지, 그 모든 과정이 떨리고 좋아요. 어떤 때는 발레를 했을 때보다 더 행복해요. 모든 스탭들과 단원들이 목표를 향해 노력하고 만든 것이 탄생했을 때 가장 큰 희열을 느껴요.

제가 또 이 일을 하면서 복이 많다고 생각하는 게, 여러 사람의 도움을 받아요. 단장이 하는 일에는 행정적인 일이 있고 예술적인 일도 있잖아요. 행정을 도와주는 국장님, 예술적인 부분을 도와주는 부예술감독님, 지도위원분들 외에 예술사업지원팀, 공연기획팀, 홍보마케팅팀, 경제관리팀 모두 무대 뒤 제 선생님이에요.

물론, 이 모든 과정 중 하나라도 잘못되면 제가 책임을 져야죠. 처음에는 제가 어떻게 국립발레단을 이끌까 많은 사람이 의구심을 갖기도 했을 거예요. 하지만 각자 맡은 자리에서 저를 많이 도와주기 때문에 제 자리에서 제 일을 제대로 할 수 있는 것 같아요. 그리고 예술감독으로서 작품을 선정하고 사람들과 만나고 이런 건 가장 잘할 수 있고, 잘해오던 일이었기 때문에 문제가 없어요.

하지만 제가 끊임없이 고민하는 것은 국립발레단이 가는 방향이에요. 발레가 또 예술의 한 분야이니까, 이 발레라는 예술을 통해서 우리나라 대중과 어떻게 소통할지 고민하는 일은 굉장히 어깨가 무거운 일입니다. 또 지금은 시대가 많이 달라졌잖아요? 21세기로 들어오면서 사람들이 편안하게 살 수 있는 기술이 풍부해졌지만, 이것과 우리 삶의 균형을 맞추는 건 어려운 일이에요. 특히 문화예술이라는 영역에서 한자리를 오래 차지할 수는 없어요. 옛날에는 모던한 것들이 지금은 클래식이 되는 것처럼 발레도 시기마다 할 수 있는 것이 다르니까요. 발전시켜야 하는 게 있고, 계속 복습해야 하는 게 있지요. 하지만 중요한 것은 항상 기본을 갖추어야 한다는 거예요. 클래식한 발레와 시대가 원하는 새로운 발레의 균형이 중요합니다. 그 점을 염두에 두면서 발레단을 이끌어나가려고 노력하고 있습니다.

예술가들이여,
자신만의 먹거리를 만들어라

발레는 아무리 잘하는 사람도, 아무리 잘하는 단체도 꾸준하지 못하다면 한순간에 무너질 수 있어요. 무엇을 하든지 꾸준함이 없으면 모래 위 성에 불과해요. 예전에 모던했던 것들이 지금은 클래식으로 남았죠. 저는 클래식이 중요하다고 생각해요. 왜냐하면 기본이니까요. 기본을 잘 갖춘 상태에서, 자기만의 것을 만들어야 해요.

한 예로 2015년에 'KMB 무브먼트 시리즈'라는 안무가를 키우는 프로그램을 만들었어요. 국립발레단이 기획과 제작을 하고 단원들이 안무를 하는 식이었죠. 발레단이 좋은 안무가들을 외국에서 영입하고, 배우고, 좋은 작품들을 지속적으로 올려야겠지만 발레리나를 비롯한 예술가들이 자기 나름대로의 새로운 먹거리를 지속적으로 만들어가려는 노력이 없다면 무용지물입니다. 관객들도 그런 새로운 시도를 기다리는 인내심을 가져줘야 국립발레단이 몇백 년 갈 수 있습니다.

우리나라 관객들의 수준이 예전과 비교할 수 없이 높아졌어요. 그래서 저희도 더 잘해야 해요. 이제는 거듭나면서 다시 올라가든지, 아니면 없어지든지 둘 중 하나예요. 그래서 예술단체와 관객들이 함께 인내하며 성장할 수 있으면 좋겠어요.

"지금 생각하면 어떤 때는 살아남기 위해서
　발레를 한 것 같아요."

우리 삶과 가장 가까운
발레를 꿈꾸다

앞에서도 말했지만, 어떤 분들은 발레가 여전히 어려운 고급문화라고 생각해요. 그런 면에서 국립발레단 단장으로서 제 역할이 더 중요합니다. 많은 사람이 발레 관람료가 굉장히 비싸다고 생각하는데, 그렇지 않은 공연도 많아요.

올해 9월에 국립극장 70주년을 맞이해서 국립발레단이 축하 공연을 하는데, 표가 7분 만에 매진됐어요. 예산 때문에 가장 좋은 자리는 비싸긴 했지만 이번 같은 경우에는 5만 원, 3만 원, 5,000원짜리도 있고, 가격이 다양했어요. 생각보다 대중적인 가격으로 발레를 볼 수 있는 거죠. 이런 발레 공연에도 관심을 많이 가지면 좋겠어요.

발레단이 앞으로도 여러 가지 다양한 색깔의 작품을 만드는 게 중요하다는 걸 깨닫고 있어요. 어떤 발레는 사람들이 하나같이 좋다고 하지만, 내가 봤을 때는 별로일 수 있잖아요? 그러면 재미없는 거예요. 다만 알면 알수록 재미를 느끼기는 쉽죠. 다양한 사람의 취향을 반영한 다양한 색깔의 작품을 많이 만들고 싶어요.

누구도 재미를 느낄 수 없는, 현실 생활과 멀찍이 떨어진 발레는 벌써 한 단계 지나갔어요. 지금은 전 세계가 하나가 되는 유튜브 시대잖아요. 그를 염두에 두고 발레도 기획부터 마케팅까지 더욱 신경 쓰고 있어요. 2019년에 '월드 발레데이'에 선정된 발레단의 공연이 유튜브로 생중계된 적이 있어요. 국립발레단도 처음으로 생중계를 했어요. 이제 다양한 멀티미디어를 통해서 발레를 접할 수 있는 시대가 온 거예요. 그러다 보니 그런 쪽으로도 많이 고민해요.

하지만 한 가지 중요한 것은 잊지 말아야죠. '스킨십!' 우리는 여전히 관객에게 만족을 주고 만족한 관객을 보며 더 환희를 느껴요. 그러니 그 점을 잊지 않고 지켜가야겠죠.

자신감과 자만감 사이의
균형을 가져라

저는 시대를 잘 타고난 것 같아요. 지금 시대에 태어났다면 여러분이 알고 있는 강수진이 존재할 수 있었을까요? 잘 모르겠어요. 정말 모든 것에 감사한 마음밖에 없어요. 세계적인 대가들과 직접 작업할 수 있는 행운도 누렸잖아요. 루돌프 누레예프처럼 기라성 같은 발레리노와 공연도 하고, 마리카 선생님을 만나 함께 생활하며 수업을 듣는 행운도 있었어요. 또 선생님이 저와 잘 맞을 것 같은 발레단을 추천해주셔서 좀 더 나은 선택을 할 수 있었고요. 아무리 좋은 단체라고 하더라도, 큰 단체라고 하더라도 저와 잘 안 맞을 수 있어요. 그런 걸 생각하면 정말 감사하죠.

또 저는 감사하는 마음을 갖는 게 중요하다고 생각해요. 그런데 요즘은 '내가 잘나서' '내가 잘해서'라고 생각하는 사람들이 많아요. 그런데 저는 항상 제가 부족하다고 생각했어요. 제 자신에게 채찍질을 많이 했죠. 그래서 마지막 무대까지 만족스럽게, 조금의 후회도 없이 끝이 아닐까요.

자신감과 자만심은 종이 한 장 차이입니다. 이 선을 잘 지키지 못하면 후퇴할 수도 있어요. 그런 균형을 잘 잡아주는 수련이 발레리나를 꿈꾸는 이들에게나, 발레리나에게나, 그리고 다른 분야의 다른 사람들에게도 필요합니다.

꿈을 이루기 위한
네 가지 능력

꿈을 이루려면 첫째, 자기 자신과의 싸움이 중요해요. 제가 교육에 대해서는 잘 모르지만, 우리나라 학생들이 정말 메마른 교육시스템에서 경쟁하며 힘들게 공부하는 것 같아요. 그런데 결국은 경쟁이라는 것도 마지막에 자기 자신과의 싸움에서 이기지 못하면 시간 낭비에 불과해요.

둘째, 자기 자신이 잘하는 것을 찾는 노력이 중요합니다. 그리고 마음속에 꿈 하나를 품으세요. 그런데 어떤 사람들은 꿈을 크게 가지라고 말해요. 하지만 저는 작더라도 모든 꿈이 소중하고 아름답다고 생각해요. 크든 작든 마음에 꿈을 하나 품으세요.

셋째, 타인을 이해하려고 노력하는 마음가짐이 중요합니다. 국립발레단에 처음 왔을 때 가장 중요하게 여기는 것이 팀워크였어요. 여러 명이 같이 하는 예술이니까 소통이 잘되어야 하고, 조화로워야 하죠. 그런 면에서 발레나 예술의 영역을 통해서 우리 청소년들이 자기 혼자만 이기적으로 사는 게 아니라 서로 이해하면서 소통하는 삶을 살면 좋겠어요. 중요한 건, 어떤 한 가지를 정말 잘하더라도 인간성이 갖춰지지 않으면 소용없어요. 이건 어릴 적부터 부모님의 가르침이 정말 중요합니다. 자기가 가진 게 적고, 할 수 있는 게 적어도 그런 것과 상관없이 굉장히 많은 결과물을 만들어내는 사람이 있어요. 반면 많이 가져도 불행한 사람이 있지요. 제가 말한 '인간성'은 이런 의미 예요. 세상 모든 일이 생각하기 나름이에요. 이런 사고방식은 어릴 적부터 어떻게 교육시키느냐에 따라 차이가 커요. 중학교 때 발레 선생님의 한마디로 제 진로가 바뀌었다고 말씀드렸듯이, 사람의 말 한마디가 많은 사람의 인생을 바꿀 수 있거든요.

마지막으로 가장 중요한 것은 노력입니다. 노력하면서 사는 것, 그건 삶의 기본이라고 생각해요. 인생 길다고 하잖아요? 제 생각에는 아니에요. 지금 나와 똑같은 사람으로 다시 태어날 수 없잖아요? 지금 인생에 충실해야 합니다.

〈오네긴〉 슈투트가르트 공연,
발레리나 강수진의 마지막 공연이다.

© 씨영상미디어

우주의 수수께끼를 푸는 입자물리

김영기

—

과학

우리가 예술에서 아름다움을 느끼는 것처럼
과학도 들여다볼수록 정말 아름답습니다.
자연이 보여주는 대칭은 특히 아름다워요.

profile

1962년 경북 경산 출생

1984년 고려대학교 물리학과 학사

1990년 미국 로체스터대학교 물리학 박사

1990년~1996년 미국 로렌스 버클리국립연구소 연구원

1996년~2002년 미국 UC버클리 교수

2003년~현재 미국 시카고대학교 교수

2005년 호암과학상 수상

2006년~2013년 미국 페르미 국립가속기연구소 부소장

2016년~현재 미국 시카고대학교 물리학과장

2020년~현재 미국 입자물리학회장

기본입자 질량의 근원을 이해하는 것이 연구 목적인 세계적인 입자실험 물리학자.

김영기 박사 연구의 초점은 물질의 질량에 관한 근원을 밝힐 수 있는 열쇠로서 현대물리학에 이론적으로 도입된 힉스입자의 성질을 연구하는 것이다. 김영기 박사는 여러 기본입자들의 성질을 측정해서 힉스입자의 질량을 예측하는 데 큰 공헌을 했다. 현재는 힉스입자를 통해서 암흑입자의 성질을 연구하고 있고, 앞으로는 힉스입자 사이의 상호작용을 측정함으로써 미래 우주의 진화와의 관계를 연구할 예정이다.

미국 페르미 국립가속기연구소의 가속기인 테바트론Tevatron을 이용한 양성자-반양성자 충돌실험Collider Detector at Fermilab 연구그룹의 공동대표를 지냈고, 페르미 국립가속기연구소 부소장을 지냈으며, 지금은 미국 입자물리학회의 회장을 맡고 있다. 현재 김영기 박사는 유럽입자물리연구소CERN에 있는 거대양성자충돌기LHC의 아틀라스ATLAS라는 실험그룹에서 연구 중이다. 김영기 박사는 검출기의 제작, 실험 운영, 실험 데이터의 물리적 분석 등 모든 연구 과정에 큰 기여를 했다.

이 세상에서
가장 작은 입자는 무엇일까?

입자물리학Particle Physics은 간단히 말해 우주를 만드는 가장 작은 알맹이들(기본입자)이 무엇이고, 이들이 어떻게 결합해서 우리가 사는 세상을 만들 수 있었는지 연구하는 학문입니다. 이 연구 과정에서 입자물리학자들은 현 우주에는 존재하지 않지만 우주 초기에 존재했던 새롭고 희귀한, 질량이 매우 큰 또 다른 기본입자들(탑 쿼크, W입자, 힉스입자 등)을 발견했어요. 아주 흥미로운 것은 우주 초기에만 존재했던 이 입자들은 현 우주의 여러 현상을 설명하는 이론을 만드는 데 꼭 필요한 입자들이라는 사실이지요.

가장 작은 알맹이라면 더 작은 것으로 쪼갤 수 없다는 의미겠죠. 가장 작은 알맹이의 개념은 기원전 2,500년 전 데모크리토스의 원자론Atomism이 첫 출발점이었습니다. 원자란 '더 쪼갤 수 없는 것', '눈에 보이지 않는 가장 작은 입자'라는 뜻입니다. 데모크리토스는 만물이 원자로 구성되어 있다고 믿었습니다. 사람들은 오랫동안 데모크리토스의 말처럼 원자를 더 쪼갤 수 없는 작은 입자라고 여기다 19세기 말, 원자에서 전자가 튀어나오는 것을 발견하면서 원자가 가장 작은 알맹이가 아니라는 것을 깨닫게 되었습니다. 그리고 전자 이외에 원자 안에 또 무엇이 있는지 연구하기 시작했고, 그러다 1909년에 '핵Nucleus'이 발견되었죠. 그래서 원자는 작은 알맹이이지만, 그 안을 들여다보면 원자보다 훨씬 더 작은 핵과 전자로 되어 있다는 것을 알게 된 겁니다.

과학자들은 항상 호기심이 많잖아요? 그렇다면 핵은 과연 가장 작은 알맹이인지 아닌지 궁금해서 계속 연구하다가 중성자와 양성자를 발견해냈죠. 그것으로 만족하지 않고 더 깊이 들어가 관찰해보니 중성자, 양성자는 그것보다 더 작은 입자로 만들어졌다는 것을 알게 됩니다. 우리는 그것을 업 쿼크Up quark, 다운 쿼크Down quark라고 부릅니다. 지금까지 연구한 실험들을 토대로 말한다면, 이 세상을 만드는 가장 작은 알맹이는 전자와 업 쿼크, 다운 쿼크입니다.

과학자들은 또 궁금하겠죠. 전자나 업 쿼크, 다운 쿼크가 진짜 가장 작은 알맹이인지, 아니면 그보다 더 작은 알맹이가 있는지 말이에요. 우리 세대가 그것을 밝히기 위해 열심히 노력하고 있지만, 이 문제는 아마도 다음 세대로 넘어가서 더 많은 연구가 이뤄지지 않을까 생각합니다.

그럼 가장 작은 입자를 발견하는 것으로 입자물리의 연구가 끝이 나느냐고 물을 수 있겠죠. 대답은 "아니요"입니다. 기본입자를 발견해서 그 입자들의 성질과 상호작용을 실험으로 측정하고, 이에 맞는 이론을 만들어 이 이론이 과연 다른 자연현상을 바르게 예측할 수 있는지 확인해야 합니다. 만약 잘못 예측을 하거나 설명할 수 없는 현상이 있으면 이 이론은 아직 완벽하지 않다는 결론을 내릴 수밖에 없겠죠. 우리는 완벽한 이론을 만들 때까지 계속 연구를 합니다. 지금까지의 연구결과를 분석해 보면, 이론을 구성하는 입자들이 작으면 작을수록 더 완벽한 이론을 만들 수 있다는 것입니다. 예를 들어 원자보다 훨씬 작고, 원자의 구성원이기도 한 전자와 쿼크를 가장 작은 알맹이라고 전제해서 이론을 만들어 보니 이 이론이 자연현상을 훨씬 더 잘 예측했어요. 기존보다 더 완벽하고 좋은 이론이 나온 것이죠.

흥미로운 이야기를 하나 해볼게요. 아주 작은 것을 보려면 아주 좋은 현미경이 필요하겠죠? 입자물리학 실험에서는 입자가속기가 현미경 역할을 합니다. 입자가속기는 전자, 업 쿼크, 다운 쿼크와 같은 가장 작은 알맹이를 보기 위해서 입자빔Corpuscular Beam•에 많은 에너지를 부여합니다. 이 에너지는 이러한 기본입자를 보게 해줄 뿐만 아니라 질량이 엄청나게 큰 기본입자를 만들 수도 있습니다. 아인슈타인이 말했듯이 질량은 에너지와 동등하니까요. 이렇게 질량이 큰 기본입자들은 현 우주를 구성하는 기본입자는 아니에요. 우주 초기에만 있었던 입자들이죠. 탑 쿼크Top quark, W입자, 힉스입자가 그것들이에요. 이런 입자들은 입자가속기로 만들어지자마자 바로 더 작은 질량의 입자들(전자 등)로 붕괴합니다. 우주의 나이가 한 140억 년 정도 되는데, 가속기로 140억 년 전에만 존재했던 입자를 만든다는 사실은 우리가 마치 타임머신을 타고 그때의 과거로 돌아간 것처럼 가슴 짜릿한 기분을 들게 합니다.

앞에서 이야기했듯이 전자나 업 쿼크, 다운 쿼크로 만든 이론이 다른 어떤 이론보다 더 좋은 이론이지만 이 이론도 불충분한 점이 많습니다. 하지만 재미있는 것은 우주 초기에만 존재했던 W입자, 탑 쿼크, 힉스입자와 같은 기본입자들을 합하면 훨씬 완벽하고 아름다운 이론을 만들 수 있다는 것입니다. 이것이 바로 현재 입자물리 이론인 '표준이론Standard Model'입니다. 표준이론을 통해서 현재 우리 우주와 40억 년 전의 우주가 아주 깊게 연결되는 것이지요.

표준이론은 지금까지 나온 여러 이론 중 가장 최고의 이론이긴 한

• 아주 작은 입자들이 동일한 방향으로 나아가도록 가늘게 좁힌 미립자 흐름 다발이다. 입자선이라고도 말한다.

● 중입자(쿼크)　　　　● 경입자(전자, 중성미자, 유온과 그들의 반입자)
● 게이지입자　　　　　● 힉스입자

표준이론의 모식도. 20세기 후반에 세계 많은 과학자들의 연구로 개발된 입자물리학 이론이다.
물질을 구성하는 기본입자(업 쿼크, 다운 쿼크, 전자, w 보손, 힉스입자)와 이들의 상호작용을 설명하는
모형이다.

데, 암흑물질 등 몇몇 자연현상을 설명할 수 없는 부분이 있습니다.
그래서 앞으로는 더 완벽하고 아름다운 이론을 찾는 데 필요한 실험
을 구상해야 합니다. 그러려면 더 강력한 도구들이 있어야겠지요. 그
도구 중 하나가 더 높은 에너지의 가속기인 입자충돌기입니다.

세상에서
가장 성능이 좋은 현미경

과학의 한 분야인 물리학은 그 안에서 다시 다양한 연구분야로 나누

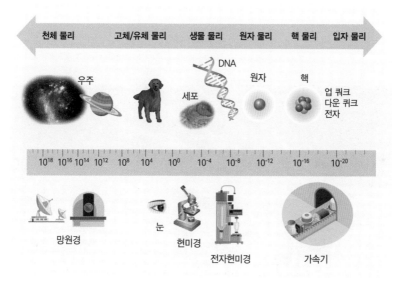

물리학의 종류

어지는데, 각 분야는 그들의 연구에 맞는 여러 기구들이 필요합니다. 예를 들어 항성이나 은하 등 아주 큰 물체를 연구하는 천체물리학에서는 망원경이 필요하고, 작은 분자에서부터 세포를 다루는 생물물리학에는 현미경이 필요합니다. 우리가 흔히 아는 현미경은 빛을 사용하는 현미경인데, 바이러스 정도의 작은 물체들을 연구하려면 빛이 아닌 전자빔을 써서 보는 전자현미경을 사용해야 합니다. 원자보다 더 작은 핵을 연구하는 핵물리학, 가장 작은 기본입자들을 연구하는 입자물리학으로 갔을 때는 전자빔과 같은 빔을 사용하되 빔의 에너지가 아주 커야 합니다. 이렇게 빔을 만들고, 빔에 많은 에너지를 부여하고, 빔과 빔을 충돌시키는 것이 입자가속기가 하는 역할입니다.

그렇다면 입자가속기 실험은 어떤 과정을 거쳐 발전해왔을까요?

유럽입자물리연구소에 있는 거대양성자충돌기다. 세계 최대의 입자가속기로, 둘레 길이만 27킬로미터에 달한다. 입자들을 가속해 충돌시킬 때 발생하는 다양한 반응을 추적해 새로운 입자를 생성한다.

현대식 가속기가 처음 만들어진 건 1930년대예요. 당시 버클리대학교 물리학과 교수였던 어니스트 로런스Ernest Lawrence•가 손바닥만 한 가속기를 처음 만들었습니다. 어니스트 로런스 교수님의 입자가속기는 전하를 띠는 원자, 이온Ion빔에 에너지를 부여해서 이온의 속력을 증가시킵니다.

그 이후 입자가속기는 여러 단계에 걸쳐 발전되어 왔는데 오늘날 가장 큰 입자가속기는 유럽입자물리연구소CERN에 있는 거대양성자충돌기Large Hadron Collider, LHC입니다. 거대양성자충돌기는 원주가 27킬로미터 정도 됩니다. 양성자를 거의 빛의 속도에 가깝게 가속시킨 다음 서로 정면 충돌시키는 가속기입니다. 양성자의 속력이 클수록 양성자의 에너지가 커지고, 양성자에 에너지를 부가시키기 위해서는 입자가속기가 커야 합니다. 1940~1950년에 가속기의 원주는 100미터 정도였다가 그다음에는 1킬로미터 정도로 커졌습니다. 이전 제 연구에 사용했던 페르미 국립가속기연구소Fermi National Accelerator Laboratory의 테바트론은 양성자-반양성자를 서로 정면 충돌시키는 가속기로, 1980년에 만들어졌는데 원주가 6킬로미터였습니다. 그리고 현재 유럽입자물리연구소의 거대양성자충돌기에 이른 것이지요.

입자가속기는 아주 성능이 좋은, 많은 수의 배터리와 자석의 연합이라고 볼 수 있습니다. 배터리를 써서 전하를 띤 입자들의 속력을 증

• 1930년에 입자가속기의 한 종류인 사이클로트론을 발명하고 이어서 고속입자를 만들어내는 대형 사이클로트론을 완성했다. 일명 '로런츠힘'을 이용해 입자를 가속시키는 사이클로트론의 발명 및 적용으로 1939년에 노벨물리학상을 받았다.

우주의 수수께끼를 푸는 입자물리 ─── 과학 김영기   271

가시켜 에너지를 높이고, 자석을 사용해 빔의 방향을 바꾸거나 한데 뭉치기도 합니다. 저속력인 빔을 바로 빛의 속도로 가게 하기는 어려워 여러 단계를 거쳐서 빛의 속도에 가깝게 만듭니다. 입자가속기는 또한 여러 종류의 입자빔을 만들기도 하는데, 예를 들면 양성자빔을 표적에 때려서 중성미자빔과 뮤온입자빔을 만들 수 있습니다.

입자가속기는 여러 종류가 있는데, 쓰이는 목적에 따라 다르게 만듭니다. 예를 들어서 페르미 국립가속기연구소에 있었던 테바트론이나 유럽입자물리연구소의 거대양성자충돌기는 최대한 많은 에너지를 입자빔에 부여한 다음, 서로 정면 충돌시키는 것이 목적입니다. 빔 에너지가 크다는 것은 아주 작은 입자를 볼 수 있다는 것을 의미하기도 합니다. 이것은 초기 우주에 더욱 가까워질 수 있다는 것이고, 우주 초기에만 존재했던 희귀한 기본입자들을 만들어낼 수 있다는 의미입니다. 그런데 사실 이런 희귀한 알맹이를 만들려면, 양성자 한 쌍씩 충돌해서는 안 됩니다. 아주 많은, 거의 1조 개의 양성자가 필요해요. 왜냐하면 이들은 희귀 입자들이기 때문에 쉽게 만들어지지 않거든요. 양성자들을 많이 충돌시킬수록 희귀 입자들이 만들어지고 검출될 확률도 커지죠. 1조 개 입자를 뭉쳐서 가속시키는 것이 쉬운 일은 아니에요. 생각해보세요. 양성자끼리는 전하가 전부 똑같으니까 자꾸 멀어지려고 하거든요. 1조 개나 되는 한 쌍의 양성자 빔들을 머리카락 두께 정도의 공간 안에서, 그것도 빛의 속도로 서로 충돌하게 만들어야 하는 거예요. 이런 가속기를 만들고 가동하기 위해서는 더 많은 입자가속기 과학적, 기술적인 연구가 필요하지요. 그래서 입자가속기 연구는 물리학의 아주 중요한 연구분야이기도 합니다. 지난 90년 동안 많은 노력을 해왔지만 앞으로도 더 많은 연구가 필요한 학문입니다.

페르미 국립가속기연구소에서
700명을 이끌고 연구한 여성 물리학자

저는 페르미 국립가속기연구소와 인연이 깊어요. 페르미 국립가속기
연구소는 타우 중성미자Tauon neutrino, 바텀 쿼크Bottom quark, 현 우주
에서는 볼 수 없는 탑 쿼크 등의 기본입자를 발견해서 표준이론을 성
립하는 데 크게 기여했습니다. 2009년 유럽입자물리연구소에 거대
양성자충돌기가 건설되기 전까지 테바트론으로 세계 입자물리학 실
험을 이끌어가던 곳입니다. 10여 년 전부터는 연구 방향을 바꾸어 세
계적인 중성미자가속기와 뮤온입자가속기를 이용한 여러 입자물리
학 실험이 활발하게 진행되고 있고, 앞으로 입자물리학에 또 다른 기
여를 할 것으로 기대하고 있습니다.

저는 박사학위를 받은 1990년부터 2011년 테바트론 운영이 중단
될 때까지 페르미 국립가속기연구소에서 테바트론 가속기를 써서 양
성자-반양성자 충돌실험CDF을 했어요(CDF는 연구그룹의 이름이자, 입자
검출기 이름). 테바트론 가속기에는 입자검출기 CDF와 D0(D 제로라고
읽는다) 두 개가 설치되어 있어요. 그중 CDF가 먼저 가동되었습니다.

2004년에는 페르미 국립가속기연구소 CDF연구그룹의 공동대표
로 선출되었죠. CDF연구그룹은 20여 개국에서 온 약 700명의 과학
자로 구성된 국제 연구팀입니다. 총책임자를 대표라고 부르는데 2년
임기의 대표 두 명을 팀원들의 투표로 선출했습니다. 많은 분이 어떻

게 아시아계의 조그마한 여성 물리학자가, 이렇게 큰 국제 연구팀의 리더가 될 수 있었는지 자주 묻습니다. 저는 검출기 설계, 제작부터 데이터 분석까지 제 연구에 몰두하면서도 여러 동료를 끌어주고, 가르쳐주려고 노력했어요. 그랬더니 많은 연구자가 제 의견에 귀 기울여 들어주고, 따라와준 것 같아요. 결과적으로 저는 규모가 큰 국제적인 입자물리실험단체의 대표로 선출된 첫 번째 여성이 되었죠.

CDF연구그룹 대표로 있는 동안 페르미 국립가속기연구소 부소장으로 임명되었어요. 페르미 국립가속기연구소는 전체 직원이 2,000명 정도 돼요. 400명 정도가 입자물리학이나 가속기물리학을 연구하는 과학자들이고, 300명이 공학자예요. 그리고 기술자들이 약 400명, 컴퓨터 전공을 하시는 분들이 300명 정도 되고 회계사나 변호사와 같이 행정업무를 하시는 분들이 있죠. 연구소 안에 소방서까지 있어요. 그뿐만 아니라 전 세계 많은 대학교에서 교수와 학생들이 연구하러 오는데, 그 수가 약 2,500명 정도 됩니다. 그래서 연구소가 마치 한 마을 같아요. 과학자도 많지만 공학자와 기술자와 같이 여러 분야의 사람들이 있어서 참 많은 것을 배울 수가 있었어요. 제가 CDF 실험을 주도할 때는 주로 과학자들과 소통하며 이끌었지만, 연구소를 맡아 운영할 때는 그동안 제가 알지 못했던 여러 곳곳에서 묵묵히 일하는 많은 분의 수고를 볼 수 있었어요. 과학실험을 위해서 얼마나 많은 사람의 노력이 필요한지 부소장으로 일하면서 새삼 느꼈습니다. 페르미 국립가속기연구소에서 한 명의 실험물리학자로 시작해 정말 많은 것을 배운 시간이었어요.

미국 시카고에 있는 페르미 국립가속기연구소

질량의 근원을 밝혀줄 보이지 않는
힉스입자의 성질을 찾아서

박사과정 동안 일본 국립고에너지가속기연구기구KEK에 있었던 트리스탄Transposable Ring Intersecting STorage Accelerator in Nippon이라는 전자–양전자 가속기를 써서 연구하는 AMY실험에 참여한 적이 있어요. 거기서 쿼크의 성질과 쿼크 사이에서의 힘, 강력Strong Force을 매개하는 글루온Gluon이라는 기본입자의 성질을 연구했습니다. 박사학위를 받은 1990년 말부터는 페르미 국립가속기연구소에서는 당시 가장 큰 에너지를 만드는 가속기인 테바트론으로 CDF실험을 거의 20년 동안 했습니다. 그 시기에 유럽입자물리연구소에서 거대양성자충돌기를 건설하고 있었어요. 저는 거대양성자충돌기가 완공된 이후 지난 10년 동안 이 가속기를 사용하는 유럽입자물리연구소의 아틀라스ATLAS 실험그룹에서 연구하고 있습니다.

저는 CDF연구그룹에서 연구를 시작하면서 질량의 근원에 관한 관심이 커졌어요. 우주 모든 것을 만드는 가장 기본입자는 전자와 쿼크이고, 이 입자들은 제각기 고유의 질량이 있어요. 전자와 쿼크의 질량은 어떻게 시작됐고, 어떻게 만들어졌는지, 이 입자들의 질량이 각기 다른데 이 질량 값은 누가 정해주었는지, 왜 이렇게 값이 다른지에 관한 궁금증이 생기기 시작했지요.

현대 입자물리학에서는 이론적으로 힉스입자를 도입해서 이 질문들에 답하려 합니다. 표준이론에서는 힉스입자가 기본입자들에 질량을 부여하며, 각 기본입자의 질량은 이 기본입자가 힉스입자와 얼마만큼 상호작용을 잘하느냐, 못하느냐에 따라 정해진다는 것입니다. 힉스입자와 상호작용을 아주 많이 하는 기본입자들은 질량을 아주 크게 갖게 되고, 힉스입자와 상호작용을 적게 하는 기본입자들은 질량이 아주 작다는 이론이죠. 이 이론이 맞는지 아닌지는 첫 번째로 힉스입자가 정말로 존재하는지 힉스입자 발견을 통해 확인해야 했어요. 힉스입자가 발견되면, 그다음은 힉스입자가 여러 기본입자와 얼마만큼 상호작용을 하는지 측정하고, 이 측정치를 그들의 질량과 비교해 보아야 합니다.

가장 큰 관문 중의 하나는 표준이론이 안타깝게도 힉스입자의 질량을 예측할 수 없다는 것입니다. 하지만 방법이 없는 것은 아니었어요. 우리가 만약에 힉스입자와 상호작용을 아주 많이 하는 입자들, 다시 말해 질량이 아주 큰 입자들의 질량을 아주 정밀하게 측정하면 힉스입자의 질량을 예측할 수 있습니다. 탑 쿼크는 모든 기본입자 중에서 질량이 가장 큰 입자이고(탑 쿼크 질량은 전자의 질량보다 약 100만 배 더 크다), W입자는 질량이 세 번째로 큰 입자입니다. 저는 탑 쿼크와 W입자의 질량을 정밀하게 측정함으로써 그 당시 발견되지 않았던 힉스입자의 질량을 예측하는 데 기여하는 것을 연구 목표로 세웠습니다.

탑 쿼크와 W입자의 질량을 아주 정밀하게 측정하는 것은 꽤 어려운 문제입니다. 워낙 정밀 측정이어야 해서 여러 방법으로 측정하고 많은 확인을 거쳐야 합니다.

저는 박사과정 학생들과 함께 "어떻게 하면 탑 쿼크와 W입자의 질량을 정밀하게 측정할 수 있는가"를 주제로 오랫동안 연구했어요. 이를 위해서는 정밀한 검출기 디자인, 건설부터 정밀한 데이터 분석에까지 새로운 아이디어 구상과 끈질긴 노력이 있어야 했어요. 그렇지만 참으로 보람 있는 일이기도 합니다. 유럽입자물리연구소의 아틀라스와 또 하나의 실험그룹인 CMS에서 2012년에 힉스입자를 발견했는데, 이 힉스입자의 질량이 우리 팀이 예측한 범위 내에 있었어요.

지금 제가 속한 아틀라스 실험그룹은 힉스의 성질을 연구하고 있습니다. 힉스입자가 여러 기본입자들과 얼마만큼 상호작용을 하는지 측정하고 있는데, 이것은 아까 말한 것처럼 기본입자들의 질량 값과 바로 연결이 됩니다. 한걸음 더 나아가, 지금 과학계의 가장 큰 의문 중의 하나인 '암흑물질Dark matter'을 힉스입자의 성질로 이해하려는 연구를 하고 있습니다. 사실 암흑물질은 표준이론으로는 설명할 수 없는 입자인데, 현재 입자물리학계의 가장 큰 과제 중의 하나는 표준이론을 뛰어넘어 암흑물질을 설명할 수 있는 새로운 이론은 찾는 일입니다. 만약에 힉스입자가 암흑물질과 상호작용을 하고, 그래서 힉스입자가 암흑물질에게 질량을 부여하는 것이 실험적으로 증명되면, 이 새로운 이론을 찾는 데 큰 기여를 할 수 있을 겁니다.

가깝고도 먼
입자물리학의 미래

앞에서도 이야기했지만, 제가 하는 연구는 '가장 작은 입자 찾기'라고 볼 수 있습니다. 그리고 그 물질 사이의 상호작용(힘)을 통해 우주의 가장 근본적인 자연법칙을 알아내고, 어떻게 현재의 우주가 이루어졌는지 알고자 하는 학문입니다. 그런데 여러분은 이런 궁금증이 생길지도 모르겠습니다. "왜 자꾸 더 작은 것을 찾는 거지?" 그 이유는 더 작은 입자를 발견해가는 과정에서 기존의 이론을 점점 더 완벽한 이론으로 만들어 갈 수 있기 때문입니다.

입자물리실험에는 입자가속기를 써서 하는 실험이 있고, 가속기를 사용하지 않는 실험도 있습니다. 또 입자가속기를 사용하는 실험에서는 한 대가 아니라 여러 종류의 가속기가 필요해요. 지금까지 이야기한 테바트론이나 거대양성자충돌기 같은 입자가속기는 빔에너지를 최대한 높게 해서 탑 쿼크와 힉스 같은 입자를 직접 만들어내는 가속기이고, 에너지는 작지만 아주 강력한 중성미자빔을 만드는 입자가속기도 아주 중요하지요.

잠깐 중성미자빔이 왜 필요한지 이야기해볼까요? 표준이론으로 아직까지 설명하지 못하는 게 있어요. 앞에서 말한 암흑물질이 그중 하나이고, 또 다른 하나는 반입자Antiparticle•에 관한 것이에요. 지금 추측하기로 우주 초기에는 기본입자와 반입자가 거의 똑같은 양으로 존재했는데, 지금의 우주는 기본입자들만 있어요. 그렇다면 우주 초기에 존재했던 반입자는 모두 어디로 갔을까요? 표준이론으로는 설명할 수 없는 이 현상은 입자물리학의 큰 과제 중의 하나입니다.

이 의문은 강한 중성미자빔을 써서 밝힐 수 있을 거라고 예측하고 현재 많은 실험들이 실행되고 있어요. 중성미자는 질량은 전자보다 약 100만 배 더 작고, 한 종류의 중성미자에서 다른 중성미자로 왔다

• 반입자-반입자는 보통 존재하는 전자, 양성자 등의 소립자와 물리적 성질은 같지만, 전하가 반대인 소립자를 말한다. 대부분의 기본입자는 반대입자를 가진 것으로 알려져 있다. 소립자와 반입자가 만나면 높은 에너지를 발생하며 질량이 없어진다. 반양성자, 반중성자, 양전자 따위는 양성자, 중성자, 전자의 반대입자다.

우주의 수수께끼를 푸는 입자물리 ——— 과학 김영기   279

갔다 계속 탈바꿈하는 아주 재미있는 입자입니다. 또 중성미자는 다른 물질과도 상호작용을 거의 안 해서 실험하기 되게 힘들어요. 중성미자 실험을 제대로 하려면 첫째, 엄청나게 많은 중성미자가 필요하고(이것이 중성미자가속기가 하는 일), 둘째, 무지하게 크고 성능이 좋은 검출기를 만들어야 합니다. 페르미 국립가속기연구소는 테바트론을 멈춘 후 지난 10여 년 동안 중성미자가속기와 중성미자 검출기 실험을 주요 주제로 연구하고 있습니다.

다시 암흑물질 이야기로 돌아가보겠습니다. 암흑물질은 현 우주 어느 곳에나 존재합니다. 그들의 영향은 비간접적으로 벌써 측정이 됐지만, 아직 암흑물질을 직접 찾지는 못했습니다. 앞서 말했듯이 암흑물질은 표준이론으로 설명을 못하기 때문에 표준이론보다 더 완벽한 이론을 찾아야 합니다. 우리는 아직 암흑물질의 질량이 얼마인지 전혀 모르고, 그들 또한 중성미자처럼 다른 물질들과 상호작용을 거의 하지 않아서, 검출하기가 여간 힘든 일이 아닙니다. 거대양성자충돌기로 암흑물질을 직접 만들어서 발견할 수도 있지만, 현 우주 어디에나 존재하므로 가속기 없이도 찾을 수가 있습니다. 어쨌든 여러 가지의 실험 기재들이 개발되고 또 진행되고 있어요. 다만, 입자물리학계에서는 지금쯤이면 벌써 암흑물질을 찾아야 하는데, 아직 못 찾은 데 대한 이유를 생각해보고 또 우리 생각의 한계점이 어디에 있는지 검토하는 중입니다. 지금은 우리의 생각을 훨씬 더 넓게 열어야 한다고 결론 짓고, 실험 범위를 전보다 확장해나가고 있습니다. 결국 이런 성찰은 우리의 시야가 더 넓어지고, 우리가 찾지 않았던 곳으로 나아가는 계기가 되었죠.

앞으로의
큰 과제

미래 입자물리연구의 가장 큰 쟁점 중 하나는 거대양성자충돌기 다음 입자가속기는 무엇이 되어야 하는지 정하는 일입니다. 고에너지 입자가속기를 개발하고 건설하는 데는 약 20년이 걸려요. 지금 가동 중인 거대양성자충돌기는 약 2037년까지 가동할 예정이니, 이제 우리는 차세대 고에너지 입자가속기는 어떤 것이어야 할지 결정지어야 합니다. 페르미 국립가속기연구소의 테바트론은 원주가 6킬로미터였고 유럽입자물리연구소의 거대양성자충돌기는 원주가 27킬로미터잖아요. 다음 세대의 가속기는 지금 생각으로 원주 100킬로미터의 원형가속기 정도로 예상하고 있어요. 세계 여러 지역에서 각자 자기들 나름대로 입자가속기에 관한 큰 그림을 그리고 있어요. 유럽 국가들은 유럽 입자물리연구소에 그런 가속기를 짓고 싶어 하고, 중국 역시 같은 미래를 꿈꾸고 있어요. 원형가속기가 아니라 선형가속기도 차세대 가속기로 한몫을 할 수 있는데, 이 경우는 40킬로미터 정도가 될 거예요. 한편으로 미국과 유럽의 가속기학계와 입자물리학계는 이들보다 훨씬 작지만 여기에 버금가는 고에너지 입자가속기 개발에 열정을 쏟고 있어요. 예를 들어 전자나 양성자 대신 뮤온입자를 이용한다든지 플라즈마 원리를 이용하는 가속기라든지요. 하지만 건설하기까지는 아직 많은 연구와 개발이 필요합니다.

차세대 고에너지 입자가속기는 그렇다고 하더라도 차세대 다음의 입자가속기는 어떠할지에 대한 물음표도 중요합니다. 크기에도 한계가 있어 100킬로미터보다 더 크게 가는 데에도 제한이 많습니다. 저는 미래의 입자가속기가 에너지는 더 크게 주지만 크기는 훨씬 더 작아져야 한다고 생각해요. 입자가속기 연구도 그 방향으로 가야 하고, 이를 위해서는 입자가속기학을 연구하는 과학자가 많아져야 한다고 생각합니다. 그래서 저는 지금 입자가속기 교육에 많은 힘을 쏟고 있습니다. 차세대의 입자가속기와 그다음 세대의 입자가속기를 위해 입자가속기를 전공하는 학생들을 많이 키워야 해요. 저도 제 학생들과 같이 입자가속기 공부와 연구를 하고 있습니다. 공부를 하다 보니 재미있는 게 많아요.

행복한 마음이
좋은 결과물을 만든다

저는 지금 시카고대학교 물리학과에서 학과장으로 일하고 있어요. 제가 우리 교수들과 학생들에게 주입시키듯 자주 하는 말이 있어요. "행복한 마음으로 영감을 북돋울 수 있는 분위기에서 연구하면 더 좋은 결과가 나올수 있다."

시카고대학교는 정말 학구적인 분위기예요. 소위 말하는 공붓벌레들이 많죠. 그래서 더 이 말을 강조해요. 왜 그런 말 있잖아요? 연꽃이 진흙에서 나오듯이, 성과도 고통에서 나온다고요. 그런데 지금은 생각이 달라졌어요. 물론 연구를 하는 것 자체는 많은 시간과 노력이 필요하고 거기에 따르는 고통도 많겠죠. 하지만 연구하는 데 영감을 주는 환경과 행복한 마음가짐이 더 좋은 연구결과를 가져다줄 수 있다고 생각해요.

저는 학과 건물의 외양부터 내부까지 학생과 교수가 즐겨 찾고 함께 즐거운 마음으로 많은 대화를 나눌 수 있는 곳으로 바꾸려고 노력하고 있어요. 모두가 우리 물리학과 건물에 들어설 때 '가기 싫은 곳' 혹은 '억지로 가는 곳'이라고 생각하지 않고 '가보고 싶은 곳'으로 생각했으면 좋겠다는 마음에서 물리학과 건물에 예술적인 감성을 더했어요. 그뿐 아니라 자라온 환경과 생각이 다른 사람들이 모여서 연구하면 더 훌륭한 결과가 나온다고 믿기 때문에 전 어떠한 차별(여성과 남성, 백인과 흑인, 아시아인의 차별)도 없는 과로 만드는 것을 목표로 세웠습니다. 어느 누구도 차별 없이 연구에 참여시키고 개인의 의견을 항상 존중하고 공평하게 대우하는 환경을 조성하는 것이 저의 포부입니다. 이런 노력 끝에 지금의 학과 분위기가 많이 바뀌었어요. 물론 아직 목적지까지 가려면 더욱더 큰 노력과 시간이 필요하겠지만 조금씩 바뀌고 있다는 것이 무엇보다 뿌듯합니다.

입자물리학이
우리에게 주는 메시지

많은 분이 물어봐요. "힉스입자나 탑 쿼크가 발견되어서 사회에 좋을 게 뭔가요?"라고요. 이 질문의 답은 "아직 모릅니다"입니다. 저와 같은 과학자가 하는 일은 우주의 법칙, 자연의 법칙을 밝히는 일입니다. 우리 입자물리학자들은 힉스입자나 탑 쿼크 같은 기본입자들을 찾고 그들을 통해 자연의 이치와 원리를 발견합니다. 이 원리가 우리가 사는 세상에 어떠한 도움을 줄지는 우리도 알 수 없지만 언젠가는 사회에 큰 도움이 될 거라고 믿습니다. 그때가 우리 자녀들의 세대가 될지 우리 손녀 손자의 세대가 될지 저희도 모릅니다.

우리가 연구하는 학문이 언젠가는 사회에 큰 도움이 될 거라고 확신할 수 있는 이유는 그동안 과학의 역사가 증명해주기 때문입니다. 20세기 초에 발표된 양자역학 이론을 예로 들어볼게요. 양자역학 이론이 처음 발견되었을 때 우리 삶에 어떻게 쓰일지 그 당시 과학자들은 전혀 예측할 수 없었어요. 하지만 1세기가 지난 지금은 양자역학의 덕택으로 컴퓨터, 스마트폰 같은 전자기기를 마음껏 누리고 있어요. 또 비슷한 예로 상대성 이론이 없었다면 우리는 지금 GPS의 혜택을 받지 못했을 겁니다.

한편 입자물리 연구에 필요한 도구의 발전은 사회에 바로 도움을 줄 수 있습니다. 예를 들어 입자물리 연구를 위한 입자가속기 발전과 검출기 발전은 곧바로 병원에서의 MRI 촬영이나 PETPositron Emission Tomography 촬영(양성자 방출 단층 촬영)에 커다란 기여를 했어요. 또 양성자 암치료를 가능하게 했습니다. 이뿐 아니라 입자물리학자들은 우리들 사이의 빠른 의견 교환과 소통을 위해 WWW(월드 와이드 웹)을 발명했어요. 그래요, 우리가 인터넷 주소를 칠 때 사용하는 WWW입니다.

인간 자체가 아름다움을 추구하는 본성이 있다고 생각해요. 사실 저는 순수과학 자체에서 아름다움을 많이 느껴요. 제가 신을 믿지는 않는데, 만약 어떤 거대한 존재가 있다면 저는 그게 자연의 법칙이라고 생각해요. 그 자연의 법칙이 아주 아름답다고 생각해요. 우리가 음악에서 아름다움을 느끼는 것처럼 과학도 들여다볼수록 정말 아름다워요. 자연이 보여주는 대칭은 특히 아름답습니다. 우주 초기로 갈수록 더 완벽한 대칭이 많아지거든요. 지금 우주는 대칭이 부서지면서 이루어졌는데, 힉스입자도 대칭이 부서지면서 나온 입자입니다. 대칭의 완벽함이 아름답지만 비대칭도 그 나름의 아름다움이 있습니다. 마치 완벽하고 대칭적인 예술을 추구하다 현대로 오면서 비대칭 비정형 속에서 아름다움을 발견하는 것처럼 말이에요. 과학과 예술이 닮은 데가 많아요.

앎의 즐거움을
느끼는 방법

청소년들의 학업에 도움이 되는 한 가지 조언을 해준다면, 서로 많은 토론을 했으면 좋겠어요. 자기가 알고 있는 지식을 설명하고 그것에 관해 토론해보는 경험은 아주 중요해요. 설명을 하고 토론을 하면서 자신이 몰랐던 점을 발견하게 됩니다. 아무리 잘 이해했다고 생각하는 내용이라도 다른 누군가에게 그들이 알도록 설명을 할 수 있을 때까지는 완전히 이해했다고 볼 수 없거든요. 또 토론을 하면서 다른 학생들의 관점으로도 문제를 이해할 수 있는 법을 배울 수 있어요. 여러 가지로 이로움이 많지요. 저는 아직까지도 학생들에게 강의를 하면서 더 깊이 배우고 있어요.

앎의 즐거움을 느끼는 법을 배웠으면 합니다. 그 앎이 아무리 조그마한 것이라도요. 저는 지금도 항상 배우는 입장에 있고, 배우고 아는 것이 나를 하루하루 즐겁게 만듭니다. 그리고 모르는 것을 이해하고 싶은 호기심과 부지런히 새로운 지식을 터득하는 습관을 길렀으면

"앎의 즐거움을 느끼는 법을 배웠으면 합니다.
조그마한 앎이더라도요."

좋겠어요.

　과학자로서의 길을 택한 사람은 성급하면 안 돼요. 진득진득하게 연구하는 노력이 필요해요. 조그마한 발견이라도 만족하고 끈기 있게 연구하는 태도가 필요합니다. 아무리 우수한 두뇌와 좋은 재능이 있다고 하더라도, 하루아침에 좋은 연구성과를 만들어낼 수는 없으니까요. 발견은 언제 어느 때 찾아올지 모릅니다. 차곡차곡 꾸준한 노력을 쌓는 것이 과학자로서 성공할 수 있는 비결입니다. 그리고 좀 더 큰 그림을 볼 수 있는 통찰력을 길러야 합니다. 이 또한 많은 연습과 노력을 통해 얻어낼 수 있습니다.

인간의 뇌 속에 숨은 지도 찾기

승
현
준
―

공학

아이디어는 어디에나 있습니다.
다만 행동으로 옮기는 게 중요합니다.
얼마나 확신을 갖고 나아가느냐가 중요합니다.

profile

1966년 미국 텍사스 출생

1986년 미국 하버드대학교 물리학과 학사

1990년 미국 하버드대학교 물리학 박사

1990년~1992년 이스라엘 예루살렘 히브리대학교 연구원

1992년~1998년 미국 AT&T Bell연구소 연구원

1998년~2014년 미국 MIT 교수

2008년 호암공학상 수상

2014년~현재 미국 프린스턴대학교 교수

2020년~현재 삼성리서치 연구소장

뇌의 작용을 연구하여 공학에 응용할 수 있는 전산수학 모델을 개발한 계산신경과학분야의 세계적 선도 연구자.

승현준 박사의 주요 업적 중 하나는 비음수 행렬분해를 특징학습 기법으로 개발한 것이다. 이 특징은 지식습득의 기본 단위다. 승현준 박사는 생물학적 신경망을 설명하는 수학적인 이론도 고안했으며, 그 이론은 제어와 최적화의 공학 원리에 기초한다. 안구운동을 제어하는 뇌간의 신경망 모델을 제안했고 '쾌락적' 뉴런과 시냅스의 이론도 주장했다.

최근 승현준 박사는 '커넥토믹스Connectomics(신경세포연결학)'라는 분야를 이끌 새로운 기술 개발에 주력하고 있다. 이 기술의 목적은 나노 규모의 3차원적 두뇌 영상을 사용하여 신경세포의 형상을 재구성하고 시냅스를 인식할 수 있는 전산 알고리즘을 개발하는 것이다. 이는 궁극적으로 뇌신경망의 지도를 그려 뇌 구조에 관한 정보를 공급하고 뇌 기능의 발전과 질환을 이해하는 데 크게 기여할 것으로 기대되고 있다.

커넥톰과

항공사 취항지도

먼저 제 연구분야인 계산신경과학Computational Neuroscience에 대해 쉽게 설명해보겠습니다. 계산신경과학이란 뇌를 컴퓨터로 가정하고 연구하는 것을 의미합니다. 뇌의 기능을 컴퓨터에서 재연하는 연구를 하는 것이죠. 인공지능과 비슷하게 들릴 수도 있겠지만 인공지능을 연구하는 과학자가 컴퓨터로 뇌를 모방한다면 계산신경과학자는 뇌를 먼저 연구하고 이해하려 한다는 점이 다릅니다. 저는 그중 커넥톰Connectome 이라고 불리는 '뇌신경 연결지도'를 그리는 일을 하고 있습니다.

커넥톰에 대해 좀 더 자세히 이야기하면, 커넥톰은 신경계 뉴런들의 연결을 보여주는 '뇌의 지도'를 일컫습니다. 게놈이 유전자 염기서열을 밝힌 인간 몸의 지도라면, 커넥톰은 뉴런의 연결망을 탐구하는 인간 정신의 지도입니다. 커넥톰은 '연결한다'는 뜻의 커넥트Connect 와 염색체를 뜻하는 크로모솜chromosome 의 합성어로, 인간의 뇌라는 복잡한 물질의 작동 원리를 지도 그리기 방식으로 이해하려는 개념입니다.

인간의 뇌 속에는 1,000억 개의 신경세포, 뉴런이 있고 이들은 시냅스로 연결돼 있습니다. 뉴런 간 시냅스는 자극의 빈도에 따라 늘어나기도 하고 줄어들기도 합니다. 뉴런은 외부에서 빛과 소리 같은 자극을 받으면 시냅스를 통해 이웃 뉴런에 전기 혹은 화학신호로 메시지를 전달합니다. 이때 커넥톰은 특정 자극을 받은 최초 뉴런이 어느 뉴런과 연결되는지, 그 모양과 패턴은 어떠한지를 파악해 전체 뉴런의 연결망을 그린 것입니다. 쉽게 비유하자면 항공사 취항지도를 생각하면 됩니다. 비행기에 타면 때로 좌석 앞에 있는 잡지에 손이 갈 때가 있습니다. 그 잡지 맨 뒤페이지를 보면 세계지도 위에 그 항공사가 운항 중인 도시들을 연결하는 선이 그어져 있습니다. 그게 바로 취항지도예요. 여기에서 각 도시를 뉴런으로 바꾸고, 비행노선을 뉴런 간의 연결로 바꾸면 커넥톰이 됩니다. 도시가 뇌의 뉴런이고, 도시 연결선이 신경계의 연결이죠. 다만 1,000억 개의 도시가 있고, 각 도시에 수천 개의 비행노선이 있다고 상상해봅시다. 그러면 크기나 복잡성에서 커넥톰과 견줄 만한 지도가 될 것입니다. 인간의 뇌와 신경계를 이루는 세포, 그리고 그 연결망은 상상 이상으로 거대합니다.

커넥톰에 대해 이야기하면 이렇게 묻는 사람들도 있습니다. "뉴런이 수억 개인데, 수억 개의 연결을 일일이 다 들여다보는 게 적절하냐"고요. 저는 그건 낡은 생각이라고 말하고 싶어요. 지금까지 두뇌과학에서는, 예를 들자면 지도를 펴고 '이 나라는 영화를 잘 만들고, 이 나라는 빵을 잘 만든다'는 정도의 이야기만 하고 있는 수준입니다. 물론 어떤 영역에서 어떤 일을 하는지 보는 건 중요합니다. 하지만 뇌를 100개의 영역으로 나눠서 보는 건 학문적인 입장에서 19세기에 머문 수준이라고 할 수 있어요. 우리 시대에는 100개의 영역에서 무엇을 하고 있느냐가 문제가 아니라 1,000억 개의 뉴런이 어떻게 연결되는지 알아보는 정도의 수준에 이르러야 하지 않을까 싶습니다.

인간 게놈 프로젝트 이후
최대 과학혁명

커넥톰이란 단어는 2006년에 처음 등장한, 비교적 신조어입니다. 하지만 아이디어 자체는 훨씬 오래전부터 있었어요. 저는 대학교에서 이론물리학Theoretical Physics*을 공부했는데 이 학문에서 살아 있는 물질과 죽은 물질, 의식이 있는 물질과 없는 물질의 차이를 구별할 수 없다는 벽에 부딪혔습니다.

1990년대 들어 유럽에서는 뇌과학에 관심이 높아지면서 '인간 뇌 프로젝트Human Brain Project'라는 10억 유로짜리 연구가 시작됐어요. 수학 이론으로 인간 뇌의 시뮬레이션을 성공시키겠다는 계획이었죠. 저는 우주의 물질을 수학적으로 분석하는 일을 하다가 유럽의 연구에 자극을 받았어요. 그래서 뇌, 더 구체적으로 신경계를 수학공식으로 치환하는 연구에 매달렸습니다. 하지만 개별 뉴런은 방정식 모델로 구성할 수 있었지만, 뉴런 간 연결은 상호관계를 알지 못하는 한 공식으로 만들 수 없다는 사실을 깨달았어요. 신경계 시뮬레이션을 만드는 데 실패한 거죠. 한때 우울증에 걸릴 정도로 힘들었습니다. 또 실제 인간의 뇌와 동떨어진 수학 이론만 캐고 있다는 반성도 했어요. 그러다 2006년 초, 연구 방향을 바꾸어 커넥톰을 본격적으로 연구하기로 마음먹었습니다. 그때 뇌 속 뉴런 간의 연결을 연구하는 학문, 커넥토믹스Connectomics란 용어가 생겨났지요.

---

* 이론물리학은 수학적 모형을 이용하여 자연현상을 이해하는 물리학의 한 분야다. 자연현상뿐만 아니라 관측 가능한 새로운 예측을 할 수 있어야 한다.

"나는 나의 게놈이자, 커넥톰이다.
하지만 어제의 커넥톰은
오늘의 커넥톰과 분명 다를 것이다."

커넥토믹스란 이런 것입니다. 뇌 신경세포, 즉 뉴런은 뇌선으로 서로 연결돼 있고, 뇌선은 스파게티처럼 얽혀 있어 구조가 매우 복잡합니다. 이 구조는 두뇌의 놀라운 능력의 물질적인 기초가 되지요. 커넥토믹스는 이런 뇌선들을 추적해 연결지도를 만듭니다. 모든 뇌선을 파악하면 커넥톰이라는 새로운 과학의 보물을 얻게 될 것입니다.

이런 이유로 커넥톰 연구는 인간 게놈 프로젝트 이후 최대의 과학혁명으로 불리고 있습니다. 인간 게놈 프로젝트란 인체의 유전정보를 담고 있는 게놈을 해독해 유전자지도를 작성하고 유전자 배열을 분석하는 연구를 말합니다. 게놈은 유전자gene와 크로모솜의 합성어로, 유전물질인 DNA의 집합체를 뜻합니다. 생명현상을 결정짓기 때문에 흔히 '생물의 설계도' 또는 '생명의 책'으로 비유되기도 하지요.

나는 나의 유전자 이상이다,
나는 나의 커넥톰이다

2010년 TED 강연에서 제가 구상한 신경과학의 미래 모습을 이야기했습니다. '나는 나의 커넥톰이다'라는 주제로 미래의 신경과학은 뉴런의 연결을 밝힌 지도가 완성되어 뇌에 대한 이해가 한층 더 빨라질 것이라고 말했습니다. 또 우리의 기억과 개인의 정체성이 사람마다 다른 커넥톰으로 암호화되어 있다는 가설을 제기했죠. 이 가설을 조금 더 확장시켜《커넥톰Connectome》이란 책에서 설명했습니다. 이 책은 〈월스트리트 저널〉이 선정한 2012년 최고의 논픽션에 뽑혔어요. 한국에서는 김영사에서 번역 출간되었고요.

유전자지도가 생물학적으로 이미 결정된, 부모에게 물려받은 형질의 배열순서를 뜻한다면 커넥톰은 후천적인 뇌신경계 연결지도입니다. 그래서 커넥톰 역시 게놈처럼 70억 인류 중 같은 사람이 단 한 명도 없이 전부 다르지요. 심지어 평생 고정된 것이 아니라 뇌의 활동 여부에 따라 신경의 연결 상태가 바뀌어요. 잦은 생각과 강한 경험은 굵은 배선을 만들고, 반대인 경우 연결이 끊어지기도 해요. 이런 과정을 '4R'이라 부릅니다. 각 신경은 그들 간 연결의 세기를 강화 혹은 약화시키면서 '재조정Reweight'하고 새로 연결하거나 기존의 연결을 끊는 '재연결Reconnect'을 해요. 또 신경가지가 자라거나 줄어드는 '재배선Rewire'을 하기도 하고, 오래된 신경은 죽고 새 신경이 생기는 '재생성Regeneration'을 합니다. 이 과정을 반복하면서 뇌 속 지도를 계속 바꿔나가는 거죠.

이런 이야기를 자주 해요. "나는 나의 게놈이자, 나의 커넥톰이다. 하지만 어제의 커넥톰은 오늘의 커넥톰과 분명 다를 것이다" 게놈이 운명론자라면, 커넥톰은 자유의지론자인 셈이지요.

그렇다면 커넥톰은 우리에 관한 어떤 흥미로운 사실을 담고 있을까요? 커넥톰이 가장 먼저 보여줄 수 있는 것은 우리가 유일무이Unique하다는 것입니다. 물론 이것은 우리가 이미 알고 있는 사실이지요. 하지만 우리의 독특함이 정확히 어디에서 왔는지 밝히기는 의외로 어려운 일입니다. 여러분의 커넥톰과 저의 커넥톰은 매우 달라요. 우리의 커넥톰은 예쁜꼬마선충*의 커넥톰처럼 규격화되어 있지 않으니까요.

만약, 뇌가 어떻게 작동하는지 궁금하다면 왜 궁금한지 그 이유를 먼저 떠올려보세요. 사람들의 뇌는 왜 그렇게 다르게 작동하는가 궁금한 것은 아닌가요? "나는 왜 외향적인 내 친구처럼 사교적이지 못한 걸까?", "나는 왜 같은 반 친구보다 읽기를 어려워하는 걸까?", "내 사촌에게 왜 상상의 소리가 들리기 시작한 걸까?", "왜 우리 엄마의 기억력이 점점 떨어지고 있는 걸까?", "내 남자친구는 왜 이해심이 없는 걸까?"

우리의 정신이 이토록 서로 다른 것은 각자의 커넥톰이 다르기 때문이에요. 어쩌면 성격과 IQ의 차이도 커넥톰으로 설명할 수 있을지도 몰라요. 우리 뇌 속에 가장 은밀한 부분, 즉 우리의 경험이나 기억조차도 커넥톰에 암호화되어 있을 수 있다는 의미지요.

커넥톰 이론이 나온 지는 꽤 오랜 시간이 지났지만, 사실 신경과학자들은 아직 이게 사실인지 잘 몰라요. 하지만 이 이론이 함축하는 바는 엄청나다는 것은 확실히 압니다. 만일 이 이론이 사실로 입증된다면, '정신질환을 치료하는 일'은 궁극적으로 '커넥톰을 바로잡는 것에 관한 문제'가 돼요. 사실상 교육을 받거나 술을 덜 마시거나 친구와의 관계를 회복하거나 하는 모든 종류의 개인적인 변화는 커넥톰을 변화시키는 것으로 치료할 수 있다는 의미니까요.

• 길이 1밀리미터 정도의 작은 선충. 유전공학이나 해부학 신경과학에서 모델 생물로 많이 연구하고 있다. 예쁜꼬마선충은 세포 수와 해부학적 구조가 항상 일정하다. 커넥톰이 완성된 첫 생물이기도 하다.

게놈이 운명론자라면
커넥톰은 자유의지론자

커넥톰 이론에 반기를 드는 이론도 있어요. 그 이론은 '인간의 정신이 서로 다른 이유는 게놈이 다르기 때문'이라고 주장해요. 결과적으로 우리가 지금의 우리인 이유는 바로 유전자 때문이라는 거죠. 이미 우리는 우리의 형질이나 기질, 신체적인 특징이 유전자 때문이라는 사실을 알고 있어요. 그리고 지금은 유전자가 정신질환에서 어떤 역할을 담당하며, 성격이나 IQ의 차이에 영향을 미친다는 점도 알고 있고요. 개인적 게놈의 새로운 시대가 열리고 있는 건 사실이에요. 머지않아 우리는 우리 자신의 DNA 염기서열을 저렴한 비용으로 훨씬 빠르게 알 수 있을 거예요. 그렇다면 이미 유전체학이 그렇게 강력한데, 굳이 커넥톰을 연구해야 하는 이유는 무엇일까요?

그 이유는 간단합니다. 유전자만으로는 뇌가 어떻게 현재에 이르게 되었는지 설명할 수 없습니다. 게놈은 우리가 어머니의 자궁 속에 있을 때부터 이미 존재했지만, 어머니와 처음 만났던 기억을 갖고 있지는 않지요. 기억은 살아가는 과정에서 얻어진 거니까요. 태어나기 전부터 가지고 있었던 것이 아니에요. 어떤 사람은 피아노를 칠 줄 알고, 또 어떤 사람은 자전거를 탈 수 있죠? 이 역시 유전자로 프로그램된 본능이 아니라 학습된 능력입니다.

살아가면서 겪는 인생의 수많은 순간들이 어떻게 나의 커넥톰을 변화시키는지 정확히 알지는 못합니다. 그러나 앞서 이야기했던 4R(재조정, 재연결, 재배선, 재생성)이 경험의 영향을 받는다는 것을 보여주는 증거들이 꽤 많아요. 동시에 4R은 유전자의 안내도 받아요. 실제로 정신은 유전자의 영향을 받는데, 뇌가 스스로를 배선하는 시기인 유아기와 유년기 동안에 특히 그렇습니다.

유전자와 경험, 이 두 가지가 모두 커넥톰 형성에 영향을 미칩니다. 우리의 뇌가 어떻게 지금과 같은 모습이 되었는지를 설명하고자 한다면, 이 두 가지 요인의 영향을 모두 고려해야 하는 거죠. 커넥톰 이론과 유전자 이론의 차이를 정리하자면, 커넥톰 이론은 세상에서 살아가는 결과를 반영하기 때문에 유전자 이론보다 훨씬 더 풍부하면서도 복잡합니다. 또한 덜 결정론적입니다. 우리가 하는 행위, 심지어 우리가 무엇을 생각하는지, 이런 모든 과정이 나의 커넥톰을 만들어가는 중인 셈이니까요. 결론적으로 뇌의 연결이 우리가 누구인지를 만들지만, 그 연결 과정에서 중요한 역할을 담당하는 것은 바로 우리 자신이라고 할 수 있어요.

앞에서 했던 말을 조금 바꿔 커넥톰 이론을 다시 설명하면, "나는 나의 유전자 이상이다. 나는 나의 커넥톰이다"라고 요약할 수 있어요.

'나는 나의 커넥톰이다'라는 문구에 대해 이런 의문을 품는 사람도 있습니다. "'나는 나의 유전자 이상이다'란 말에는 동의하지만 '나는 나의 커넥톰' 이상이 아닐까? 정말 '나는 나의 커넥톰인가?'" 답을 하기 전에 이 말을 하고 싶어요. 사실 이 문구를 만드는 데 많은 시간이 걸렸거든요. 신경과학계에서 오래전부터 세웠던 가설 중 하나가 '인간이 경험을 할 때마다 뉴런의 패턴이 변한다'는 거예요. 단순하게 뉴런 하나하나의 연결이 변하는 게 아니라 패턴 전체가 변하는 것이죠. 모든 사람의 커넥톰은 모두 다르고, 나의 커넥톰은 유일무이하죠. 그럴 수밖에 없는 이유는 짐작하겠죠? 인간의 기억이 모두 다르고, 경험이 다르니 사람마다 다른 커넥톰을 가질 수밖에 없겠지요. 결국 인간에게서 잘 변하지 않는 것, 기억과 성격이 커넥톰에 저장된다면 '나는 나의 커넥톰이다'란 정의가 가능한 것입니다.

만일 커넥톰 이론이 옳다면, 우리는 우리가 원하는 행동의 변화를 위해 커넥톰에 어떤 변화가 필요한지 배워야 해요. 그다음에는 이런 변화를 일으킬 수 있는 수단을 개발해야 하고요. 만약 여기까지 성공한다면 신경과학은 정신질환을 완치하고, 뇌 손상을 치료하며, 우리 자신을 향상시키는 데 상당한 역할을 하게 되겠지요.

하지만 커넥톰의 복잡성을 고려한다면, 결코 쉬운 도전은 아니에요. 엄청나게 어려운 일이죠. 실제로 예쁜꼬마선충의 커넥톰은 7,000개밖에 안 되는데, 신경망지도를 그리는 데 12년이 넘게 걸렸어요. 그런데 인간의 커넥톰은 예쁜꼬마선충의 커넥톰보다 1,000억 배 이상 커요.

다행인 것은 오늘날 컴퓨터 기술이 이런 도전을 할 수 있을 정도로 충분히 발전했다는 거예요. 현재 컴퓨터는 정교한 현미경을 조작하여 뇌의 이미지에 대한 엄청난 양의 데이터베이스를 수집하고 저장할 수 있어요. 또 뉴런 간의 연결지도를 그리는 데 필요한 어마어마한 양의 데이터를 분석하는 데도 유용하지요. 이런 기계의 도움으로 우리는 오랜 세월 동안 모습을 드러내지 않았던 커넥톰에 대해 조금씩, 더 자세하게 알게 될 겁니다.

새로운 시민참여형 연구,
아이와이어를 제안하다

2010년에 TED 강연을 할 때만 해도, 저는 커넥토믹스의 개척자가 되어 새로운 학문 탄생의 역사를 써나갈 거라는 기대에 차 있었어요. 그런데 그다음부터는 이렇게 힘들 수가 있나 싶을 만큼 어려운 시기가 계속 찾아왔습니다. 흰머리와 주름이 수도 없이 늘었고요.

2010년에만 해도 다 자란 성체의 커넥톰이 완전히 밝혀진 것은 예쁜꼬마선충뿐이었어요. 뉴런이 302개인 이 작은 벌레의 커넥톰은 1986년에 공개되었습니다. 뉴런이 300개 남짓인 벌레의 뉴런 간 지도를 밝히는 것일 뿐인데도 무척이나 힘들고 시간도 오래 걸렸지요. 그러니 하등 벌레보다 훨씬 복잡한 생물체의 커넥톰을 완전히 이해하는 것은 당치도 않은 일이라며 비웃는 것도 어쩌면 당연한 일이었을지도 몰라요. 심지어 저와 제 학생들이 2000년대부터 인공지능을 이용해 커넥톰 그리는 속도를 높이는 연구를 시작했지만 그때까지도 여전히 제자리걸음이었습니다.

그러다 2012년에 집단지성으로 뇌를 맵핑하는 게임인 아이와이어 Eyewire를 시작했어요. 아이와이어는 뉴런의 복잡한 배선도를 그리기 위해서 제안한 시민참여형 연구였습니다. 어느 정도 자동화가 가능하지만 사실 이런 작업은 인간이 더 잘합니다. 그래서 누구나 참여할 수 있는 게임으로 만든 것이죠. 2012년 말에 아이와이어를 만들었는데 130여 개국 12만 명이 참여했습니다. 제가 가장 중요하게 생각하는 건 이 간단한 게임을 통해 쥐 망막 뉴런에 대한 연구를 여러 사람들과 나누고, 거기에서 재확산이 된다는 사실이에요. 이는 요즘 과학계의 경향인 '열린과학'이라고 할 수 있어요. 과학이라는 울타리, 대학이라는 울타리를 넘어서 많은 사람을 참여시키는 거죠.

다행스럽게도 지금은 또 다른 성체의 커넥톰이 조금씩 보이기 시작했어요. 바로 노랑초파리 성체의 커넥톰인데요. 노랑초파리의 뉴런은 대략 10만 개예요. 예쁜꼬마선충의 뉴런보다도 훨씬 많습니다. 그러니 인공지능의 도움 없이는 노랑초파리의 커넥톰 지도를 그리는 것은 상상할 수도 없었어요. 얼마 전에 미국 하워드 휴즈 연구재단의 자넬리아 연구소HHMI Janelia Research Institute가 초파리 뇌의 약 절반 정도되는 커넥톰 초안을 발표했습니다. 우리 연구실은 초파리 뇌의 연결지도를 완성하기 위해 자원봉사자 수천 명을 모집하는 플라이와이어Flywire라는 온라인 커뮤니티를 발족했고요.

거대한 3D 컬러링북,
플라이와이어

플라이와이어는 아이와이어의 후속 게임입니다. 아이와이어가 보여주는 쥐 망막 뉴런 이미지는 거대한 3D 컬러링북이라고 생각하면 돼요. 온라인 자원봉사자(아이와이어러)들은 뉴런끼리의 선을 지키면서 색을 칠합니다. 눈 뒤쪽의 얇은 신경조직인 망막은 단순한 센서나 카메라보다 훨씬 더 많은 역할을 해요. 시각 정보는 망막에서 최초로 시각적 계산을 끝마친 후에야 뇌에 도착하기 때문이죠. 아이와이어에서는 뉴런을 3D 이미지로 재구성합니다. 이 재구성은 움직이는 자극이 망막 신경에서 어떻게 계산되는지 이해하는 데 도움이 되었어요.

또 여러 유형의 쥐 망막 뉴런의 종류를 정리하는 데에도 주요했습니다. 쥐의 망막에는 적어도 100개의 뉴런 유형이 있는 것으로 추정돼요. 하지만 아직 정확히 몇 종류인지는 모릅니다.

이 연구에 도움을 준 아이와이어러들은 '시민 과학자들'이나 다름없습니다. 그래서 제가 발표한 여러 논문에도 공동저자로 올라가 있어요.

아이와이어의 크라우드소싱Crowdsourcing* 활동은 언론의 많은 주목을 끌었어요. 그런데 아이와이어 프로젝트가 최초의 딥러닝Deep Learning** 기반 온라인 서비스 중 하나라는 사실을 아는 사람은 많지 않아요. 딥러닝에서는 합성곱 신경망Convultional Neural Network이라고 해서, 이미지의 층을 필터링해서 다음 이미지에 씌우는 아주 중요한 학습 방식이 있습니다. 2000년대부터 우리 연구소에서 이 합성곱 신경망 방식을 응용하기 시작했어요. 전자현미경으로 만든 뇌 이미지를 자동으로 뉴런지도로 재구성하기 위해서였지요. 아이와이어는 2010년에 훈련된 기본 수준의 합성곱 신경망을 이용합니다. 아이와이어러들은 뉴런을 색칠하는 작업을 하면서 사실상 합성곱 신경망으로 상호교류를 하고 있는 셈이죠. 이렇게 반자동화된 프로세스로 색칠을 하면 손으로 색칠을 하는 것보다 훨씬 빠르고 정확하거든요.

플라이와이어의 기반이 되는 새로운 합성곱 신경망은 아이와이어

---

* 생산이나 서비스 과정에 일반 소비자나 대중을 참여시켜 아이디어를 얻고 이를 기업 활동이나 연구에 활용하는 방식이다.

** 사물이나 데이터를 군집화하거나 분류하는 데 사용하는 기술이다.

프로젝트 때의 신경망보다 훨씬 강력해요. 덕분에 뇌의 뉴런도 훨씬 빠르게 재구성할 수 있게 되었습니다. 아이와이어 때보다 100배나 더 많은 뇌 이미지 데이터를 처리할 수 있죠. 빨라진 인터넷 연결 속도도 전 세계 자원봉사자들이 대량의 데이터를 어려움 없이 주고받을 수 있게 해줬어요.

저는 플라이와이어에 대한 기대가 높아요. 플라이와이어가 최초의 성체 초파리 커넥톰을 완성해줄 것이라고 믿거든요. 신경과학계에서는 이미 초파리들이 어떻게 비행을 하고 소리를 듣고 구애를 하는지를 연구하기 위해 플라이와이어에서 나온 정보를 이용하기 시작했습니다.

초파리 신피질 회로지도의
놀라운 성과

아이와이어가 신경과학자들이 쥐 망막의 신경회로가 어떤 식으로 시각적 자극의 방향을 계산하는지 이해하는 데 도움을 주었다는 사실은 앞에서도 언급했죠. 그런데 흥미롭게도 초파리 시각계에서도 유사한 역할을 하는 신경회로지도를 그렸는데, 이 두 신경회로의 몇 가지 작동 원리가 똑같았어요. 깜짝 놀랄 만한 사실이었어요. 초파리와 쥐는 한눈에 보기에도 전혀 다른 종이고, 두 종의 조상들이 갈라져 나온 시기도 거의 7억 년 전으로 추정되니까요.

또 쥐나 인간 같은 포유류의 뇌는 초파리나 선충 같은 무척추동물 종의 뇌와는 완전히 달라요. 인간 뇌에는 행주만 한 면적에 얇은 판처럼 생긴 신피질Neocortex이라는 뇌 조직이 있습니다. 진화 과정에서 인간 두개골 안에 뇌를 억지로 욱여넣다 보니 신피질이 아주 쭈글쭈글한 모양이 되었어요. 인간 뇌 표면의 독특한 특징인 주름은 그래서 생긴 겁니다. 신피질은 인간 뇌에서는 가장 큰 구조이기 때문에 대다수 신경과학자들은 인간 지성을 조금이라도 이해하려면 신피질을 이해하는 것이 필수라고 생각합니다. 모든 포유류의 뇌에는 이런 신피질이 있지만 초파리와 선충의 뇌에서는 이런 구조가 발견되지 않았어요. 쥐의 신피질 크기는 인간 뇌 신피질 크기의 1,000분의 1도 되지 않지만, 포유류 종들의 신피질은 여러 유사점이 있을 것으로 생각됩니다.

제 연구실에서는 미국 앨런 뇌과학연구소Allen Institute for Brain Science와 베일러의과대학교Baylor College of Medicine와의 협업을 통해 우리 고유의 연산 기술을 적용해 쥐 신피질의 연결지도를 그리는 연구를 하고 있습니다. 최근에는 0.003세제곱밀리미터밖에 되지 않는 초파리의 작은 신피질의 신경회로 지도를 공개했습니다. 우리가 그린 초파리 신피질 회로 지도는 포유류 뇌의 연결체학도 꿈으로만 그치지는 않을 것이라는 가능성을 입증했지요. 또한 이 지도는 유전자에 따라 결정되는 신피질 고유의 구조적 특징을 밝히는 연구와 경험에서 학습까지 이어지는 신피질의 경로를 설명하는 연구에도 사용되고 있어요. 두 연구가 인공지능 혁신에 미칠 영향은 1960년대 신경과학이 합성곱 발명가들에게 미쳤던 영향에 못지않을 것입니다.

다음 그림은 아이와이어러들이 쥐 망막으로 재구성한 방향특이성 신경절세포의 3D 렌더링 이미지예요. 이렇게 재구성된 뉴런의 완전한 모습은 아이와이어 뮤지엄museum.eyewire.org에서 확인할 수 있습니다.

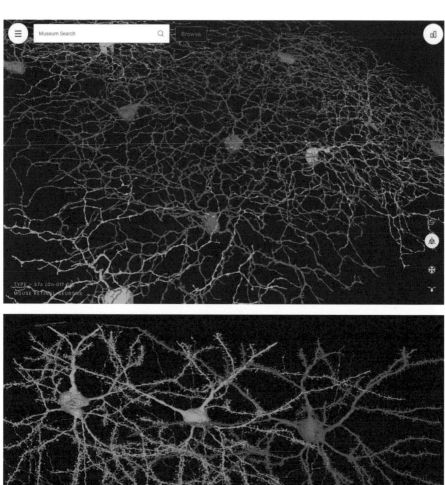

아이와이어로 재구성한 쥐 망막 뉴런

커넥토믹스는
뇌의 미래를 어떻게 바꿀 것인가

이 이야기를 하는 지금도 우리 연구실에서 3년째 매달리는 연구가 있습니다. 앨런 뇌과학연구소의 전자현미경이 찍은 쥐 신피질 1세제곱밀리미터 영역의 이미지를 처리하는 연구입니다. MRI 뇌 사진에 빗대어 설명하면, MRI의 1픽셀이 1세제곱밀리미터입니다. 전자현미경으로 찍은 이미지는 훨씬 고해상도라서, 신피질 1세제곱밀리미터에서 나오는 이미지만도 1페타바이트나 됩니다. 10억 개의 디지털 사진에 해당하는 용량이죠. 그 정도 고해상은 되어야 뇌의 1세제곱밀리미터에 들어 있는 5킬로미터의 신경 배선과 10억 개의 신경 시냅스를 관찰할 수 있습니다. 위에서도 말했듯이 이 고해상도 데이터를 이용해서 일단은 정상적인 뇌 기능을 연구하고 있어요. 장기적으로는 고장 난 뇌를 이해하는 연구에서도 고해상도 데이터는 큰 도움이 될 겁니다.

저는 커넥토믹스가 결국에는 "정신질환이 있는 사람의 뇌는 정확히 무엇이 다른가?"라는 질문에 답을 줄 것이라고 믿습니다. 알츠하이머병이나 파킨슨병처럼 일부 뇌 질환은 병리적 징후도 뚜렷하고 뉴런도 죽은 것이 확실하게 나타납니다. 그러나 정신질환으로 정의되기는 해도 신경병리학상 뚜렷하고 일관된 증거가 발견된 것이 전혀 없는 정신질환도 있습니다. 조현병과 자폐증이 여기에 해당합니다. 한 가지 가능한 가설은 건강한 뉴런들이 건강하지 못한 패턴으로 연결돼 있고, 이 패턴을 과거에는 관찰조차 할 수 없었다는 것입니다. 2030년쯤에는 커넥토믹스 기술이 발전해 뉴런의 '연결이상증Connectopathies'을 밝혀낼 것으로 예상합니다.

그때가 되면 쥐의 뇌 전 영역에 대한 커넥톰도 완성되겠지요. '쥐 커넥톰 프로젝트'는 전 세계 신경과학자들이 진지하게 논의하고 연구하는 주제이기도 합니다. 이 '위대한 도전'을 완수하려면 엑사바이트Exabyte(10^{18}) 용량의 뇌 이미지를 확보하고 분석해야 합니다. 2030년에 성공을 거두게 된다면 페타바이트Petabyte(10^{15})의 뇌 이미지를 처리할 수 있는 지금의 기술보다도 1,000배는 더 기술이 발전했다는 의미입니다. 그만한 기술 도약이 불가능하다고 생각할 수도 있지만, 과거 기술 발전을 보면 낙관도 버릴 수 없습니다. 2020년의 연결체학은 2010년의 연결체학보다 1,000배 이상 발전했기 때문입니다.

곧 내 기억을
컴퓨터에 입력하는 시대가 온다

제가 좋아하는 이야기를 하나 해볼게요. 어린 소년이 물속에서 첨벙거리며 깔깔 웃고 있습니다. 그러더니 밖으로 나와서 묻습니다. "스승님, 개울은 왜 흐르나요?" 어린 제자를 조용히 바라보던 노인이 대답합니다. "땅이 물에게 움직이는 것을 가르친단다." 사원으로 돌아오는 길에 두 사람은 위태로운 다리를 건넜습니다. 아이가 노인의 손을 꽉 움켜쥐었습니다. 아이는 그 저 아래에 있는 개울을 보면서 묻습니다. "스승님, 협곡은 왜 저렇게 깊을까요?" 두 사람이 안전한 반대편에 도착하자, 노인이 대답합니다. "물이 땅에게 움직이는 것을 가르친단다."

저는 우리 뇌 안에 있는 개울도 거의 비슷한 방식으로 움직인다고 믿어요. 커넥톰을 통한 신경활동의 흐름은 현재 우리 경험을 움직이며, 우리의 기억이 될 인상들을 남겨둡니다. 커넥토믹스는 인간 역사에서 전환점에 해당합니다. 인류가 아프리카 대초원의 유인원에서 진화하는 동안, 인류를 특별하게 만든 것은 다른 종에 비해 커다란 뇌였습니다. 인류는 이 큰 뇌를 사용해 상상하지 못할 놀라운 기술을 만들어냈어요. 결국에는 이 기술들이 더욱 강화되어 우리 자신을 아는 데 사용될 뿐 아니라, 우리 스스로를 더 향상시키는 데에도 사용될 것입니다.

21세기가 마무리되기 전에 인간의 커넥톰이 완성되리라고 예상합니다. 그리고 이 커넥톰의 완성은 정신장애의 치료라는 의학적 발전을 넘어서 과연 인간이라는 존재는 무엇인지에 대한 우리의 생각도 완전히 바꿔놓을 것입니다. 공상과학소설처럼 들릴지도 모르지만 커넥톰의 연결 정보만 완벽히 안다면 내 기억과 성격을 컴퓨터에 입력하는 시대가 올 수 있을지도 모릅니다.

기억을 예로 들겠습니다. 기억이 뉴런들의 연결, 패턴을 통해 저장된다면, 우리는 커넥톰을 통해 기억도 볼 수 있어야 합니다. 의식이란 뇌 속에서 벌어지는 여러 시그널의 패턴이란 것이 많은 데이터를 통해 증명되고 있습니다. 즉, 뇌의 연결이 부호화되어 있는 것입니다. 현대과학에선 그것을 '마음'이라고 부른다고 이야기하고 있죠.

제가 농담 삼아 하는 말이 있습니다. '정보야말로 새로운 영혼'이라고요. 어떤 사람들은 뇌 속의 정보를 끄집어내어 컴퓨터에 넣을 수 있다고 생각합니다. 만약 의식이라는 것이 뇌 속에서 일어나는 전기 시그널, 패턴이라고 한다면 실제로 컴퓨터에 옮길 수 있는 거죠. 그렇게 본다면 이미 나의 모든 존재가 컴퓨터라는 다른 존재로 옮겨갔으니 정보가 우리 영혼인 것입니다. 아마 이 지점은, 공상과학과 미래가 만나는 지점이 아닐까 합니다.

철학적으로 보면 이게 물질주의냐 아니냐의 문제로 논의될 수 있습니다. 신경과학에서는 오히려 물질주의가 아닌 것으로 봅니다. 기억이나 성격이 저장되는 건 물리적인 저장이 아니라 패턴을 통해 저장되는 것이기 때문이죠. 예를 들면 종이책과 전자책을 생각해봅시다. 물리적으론 완전히 다르지만 똑같은 책이죠? 글자가 어떤 방식으로 나열이 되었는지, 패턴이 똑같기 때문이죠.

무언가를 조종할 수 있는 힘은 그것을 좋게 쓸 것인가, 나쁘게 쓸 것인가의 문제가 따를 수밖에 없습니다. 물론 인공적으로 조종하는 것을 굉장히 두려워하는 사람들이 있습니다. 하지만 그 문제는 어떻게 보면 새로운 것이 아닙니다. 인간은 늘 새로운 것을 만들어왔고 그 새로운 기술이 앞으로 좋은 영향을 끼칠지, 나쁜 영향을 끼칠지의 문제는 항상 있었으니까요.

많은 사람이 과학의 미래를 두려워합니다. 물론 조심할 필요성은 있겠지만 무조건 두려워할 필요는 없다고 봅니다. 왜냐하면 지금까지 과학은 사람들이 생각하는 것보다 진보가 느렸어요. 1930년대에 올더스 헉슬리Aldous Leonard Huxley는 《멋진 신세계》에서 인간이 어머니의 몸 밖에서 수정돼 자라날 거라고 했습니다. 하지만 그런 일은 아직 일어나지 않았죠. 인간은 새로운 발명에 대해 어떻게 쓸 것인가 충분히 생각하고 토론하면서 길을 찾아나갈 겁니다.

일상의 경험을 넘어
근원적인 세계에 대한 갈망

고대 그리스 철학자 플라톤의 그 유명한 '동굴의 비유'에는 죄수들이 나옵니다. 이 죄수들은 평생을 동굴에 갇혀 동굴 벽에 비친 그림자만 보며 살아야 합니다. 그림자만이 그들이 보는 유일한 '실재reality'입니다. 그들은 태어날 때부터 팔다리에 족쇄가 채워져 있었고 동굴 밖 생활은 경험해본 적도 없습니다. 플라톤은 철학자란 동굴에서 탈출해 마침내 바깥세상의 실재를 보게 된 사람과 같다고 비유했습니다.

지식을 신비주의식으로 풀이하는 비유는 많아요. 플라톤의 '동굴의 비유'도 그중 하나일 뿐입니다. 불교의 깨달음도 지식을 신비스럽게 풀이합니다. 신비주의자들은 육안으로는 보이지 않는 숨은 실재가 존재한다고 믿습니다. 고된 수련 때문인지 아니면 특별한 재능을 타고났기 때문인지는 몰라도, 극소수의 사람들은 장막 뒤에 숨은 무언가를 엿볼 수 있는 재능이 있지요. 그 사람들은 그 숨은 실재가 진정한 실재이고, 관습적 세계는 허상에 불과하다는 것을 알아봅니다.

한편, 물리학자들은 물질은 눈에 보이지도 않을 정도로 아주 작은 소립자로 이뤄져 있다고 말합니다. 반짝이는 다이아몬드도 출렁이는 강물도 불타는 태양도 그냥 보기에는 다 다른 것들이죠. 하지만 이것들 모두 똑같은 소립자로 구성돼 있고, 물리학적으로 모두 똑같은 수학법칙의 지배를 받습니다. 신경과학자들은 신호가 신경세포 안팎을 여행하는 것이 우리가 생각하고 감정을 느끼게 되는 숨은 이유라고 말하지요. 그래서 결국 물리학도 신경과학도 숨은 실재를 드러내려고 노력합니다. 한쪽은 물질을 드러내고 한쪽은 마음을 드러내려 한다는 것이 다를 뿐이죠.

　과학자도 신비주의자도 제 비유가 잘못되었다고 말할지도 모르겠습니다. 어쨌거나 과학과 신비주의는 지식을 해석하는 방법에서 크게 차이가 있지만 둘 사이에는 공통점도 있습니다. 숨은 실재를 엿보기를 갈망하고, 눈에 보이는 일상의 경험이 아니라 보이지 않지만 더 근원적인 세계를 향해하고 싶어 한다는 점입니다.

　제가 왜 과학에 이끌렸는지 생각해보았습니다. 아마도 정처 없는 신비주의나 종교적 충동이 이유였던 것 같아요. 가끔 학생들에게 왜 과학도가 되었는지 묻곤 했습니다. 학생들 대부분이 문제해결을 좋아하기 때문이라고 대답하더군요. 조금 의외였습니다. 나로서는 그들의 대답을 이해하기 힘들었고 믿기지도 않습니다. 문제해결 능력이 필요한 분야는 얼마든 있으니까요. 문제를 해결해야 하는 건 과학만이 아니죠.

　어느 늦은 밤 해변에 모닥불을 피고 둘러앉아 학생들에게 같은 질문을 했습니다. 대학원생 하나가 "과학이 재미있어서요"라고 대답하더라고요. 그러자 박사후과정 중인 학생이 기겁하며 소리쳤습니다. "미쳤어? 나는 내 수학 계산에 오류가 없는지 찾아보느라 사흘 밤낮을 잠도 못 잤어. 마이너스 부호 하나가 빠진 걸 간신히 찾아냈어. 과학은 고문이야!" 신비주의에 고문이 빠진다면 신비주의가 아니겠죠.

인터뷰를 마치고

세계가 주목한 과학자, 예술가,
사회봉사자의 삶은 어떤 모습일까?

한 사람이 걸어온 삶의 발자취를 주목해보는 일은 뜻깊은 배움의
기회입니다. 더군다나 세계적으로 주목받는 값진 열매를 만들어낸
사람의 인생이라면 더욱 그렇습니다. 이 책은 11명의 과학자와 예술
가, 그리고 사회봉사를 실천하는 사람들의 삶을 만나는 자리를 제공
합니다.

호암상은 과학과 공학, 의학, 예술, 그리고 사회봉사 영역에서 주
요한 업적을 이룬 분들에게 수여됩니다. 호암상을 수상한 분들의 이
야기를 책에 담는다며 수상자들을 인터뷰해달라는 요청을 받았을
때 가장 먼저 들었던 생각은 "세계가 주목한 이분들의 삶은 어떨까?"
였습니다. 처음에는 과학, 공학, 의학 수상자들의 삶과 연구를 짚어달
라는 임무가 주어졌는데, 인터뷰가 진행되면서 예술과 사회봉사 수
상자들도 만나게 되었습니다. 익숙하지 않은 분야까지 맡게 된 데는
그분들이 어떤 동기와 원동력으로 그토록 멋진 삶을 살아왔는지 배

우고 싶은 바람이 컸습니다.

인터뷰 질문들을 구성하면서 염두에 둔 세 가지 키워드가 있습니다. 수상자들이 이뤄낸 업적이 우리 인류에게 주는 의미는 무엇일까? 그들의 연구와 업적, 삶을 이끌어온 원동력은 무엇일까? 그리고 각자의 영역에서 우리의 미래를 어떻게 조망하고 있는가? 이 책에는 과학과 예술을 넘나드는 다양한 주제와 전문적인 깊이가 담긴 만큼 독자들이 흥미롭게 읽을 내용들이 풍성합니다.

인터뷰를 진행하면서 분야와 관계없이 수상자들의 삶에서 공통점으로 느낀 부분이 있습니다.

첫째, 자신의 재능과 취향에 따라서 삶의 방향을 선택했다는 점입니다. 우리 안에는 예술가가 있다는 표현이나 누구나 창의성이 있다는 말은 우리 모두가 주어진 예술적 본능이나 재능, 그리고 창의성을 가지고 삶을 마음껏 펼쳐낼 수 있음을 보여줍니다. 하기 싫거나 재능이 없는 일에 매달리는 대신에 자신이 좋아하고 잘하는 길을 찾는 것이 중요합니다.

둘째, 좋아하는 일만 하면 아마추어에 불과하겠지만 수상자들은 고통을 선택하며 프로가 된 분들입니다. 하루 10시간씩 연습하지 않았다면, 뚝심을 가지고 한 가지 연구주제를 오랫동안 붙들지 않았다면, 세계적인 발레리나나 과학자가 될 수 없었을 것입니다. 한탕주의로 홈런만 치려고 했다면 세계적으로 인정받는 성과를 얻을 수 없었을 것입니다. 누구나 갖고 있는 아이디어나 창의성도 행동에 옮기는 거칠고 힘든 과정을 거치지 않으면 사장되고 맙니다.

셋째, 의도하지 않았던 길을 걸어갔다는 점입니다. 생물학자가 꿈이었지만 미술가가 되었거나, 수학자나 로봇공학자가 될 줄은 몰랐는데 그 길을 걷게 되었거나, 암치료제 개발에 관심이 없었지만 그 일을 하게 되었다는 이야기들은 서로 일맥상통합니다. 세계적 업적을 이룬 수상자들의 삶에도 우발성이 종종 중요한 역할을 했고 동시에 의도하지 않은 길이 열릴 수 있었던 열쇠는 그만큼 성실한 노력으로 준비했기 때문입니다.

한 분 한 분이 걸어온 삶의 자취들을 인터뷰에 담으면서 제가 살아온 삶의 궤적을 되돌아보고 앞으로의 길을 조망했습니다. 독자 여러분도 같은 경험을 하게 될 것입니다. 수상자들의 삶에는 다양한 만남이 있었습니다. 훌륭한 스승, 혹은 똑똑한 제자를 만났고 영감을 준 부모님을 만났으며 함께하는 동역자들을 만났습니다. 인류의 미래를 위해 무언가 숭고한 일을 하는 삶의 과정은 분명 다양한 만남을 거치기 마련입니다.

종종 우발적이기도 한 만남들은 우리 삶에 다양성을 제공하며 놀라운 창의력과 성실함, 삶의 동력을 제공하는 원천이 됩니다. 이 책의 독자들 중에는 청소년도 많을 것입니다. 인생을 먼저 걸어간 호암상 수상자들의 삶의 이야기들을 만난 청소년들이 자신의 재능과 흥미에 따라 삶의 길을 멋지게 개척하여 미래의 호암상의 주인공이 될 수 있길 바랍니다.

관악산에서

우종학(서울대학교 물리천문학부 교수)

찾아보기

호암상 수상자 11인의
수상한 생각